MADELEINE
ZÜLKE

Boho Watercolor

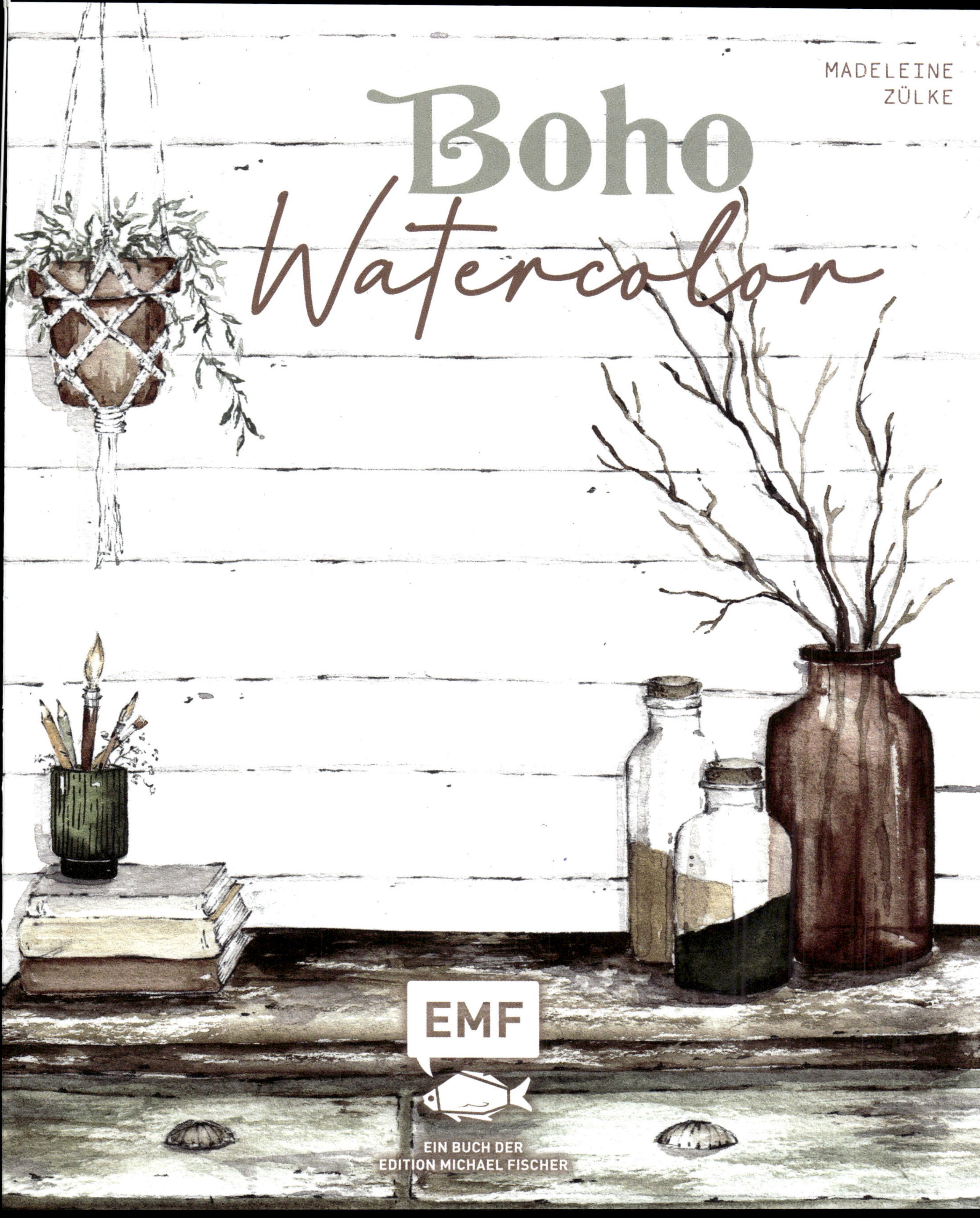

EMF

EIN BUCH DER
EDITION MICHAEL FISCHER

Inhalt

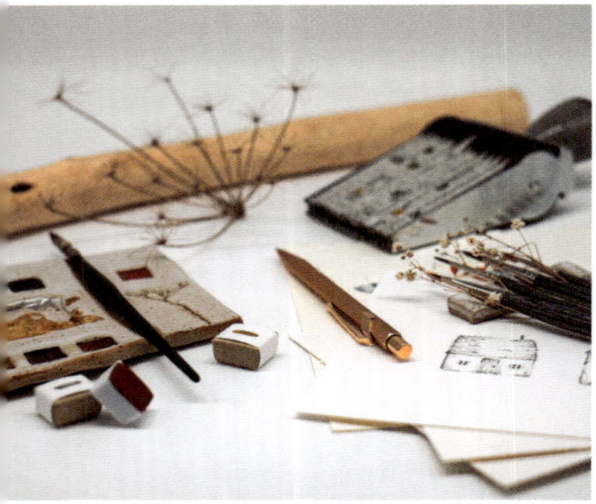

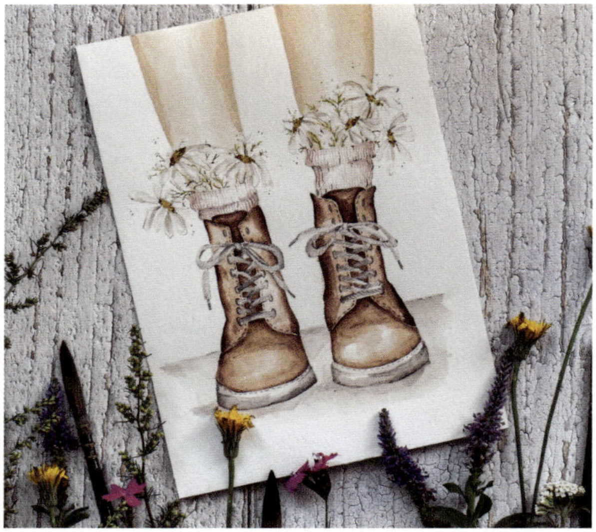

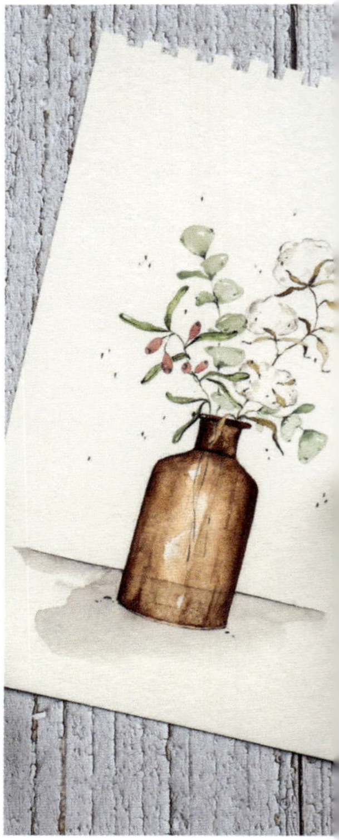

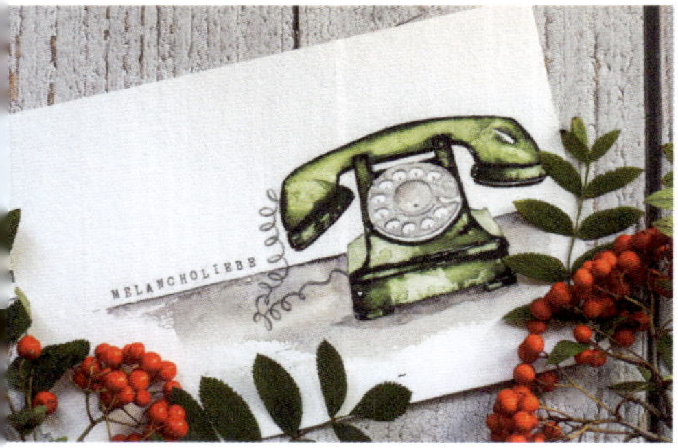

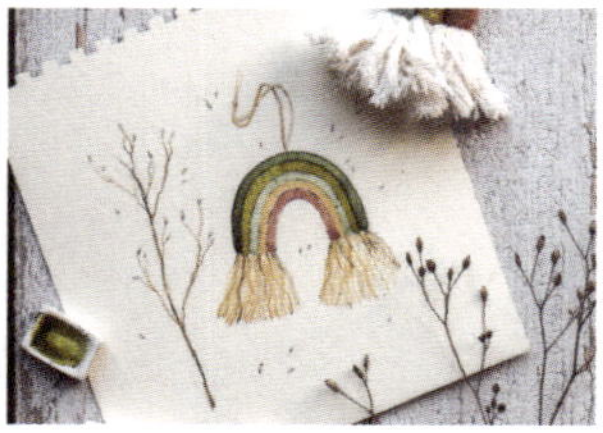

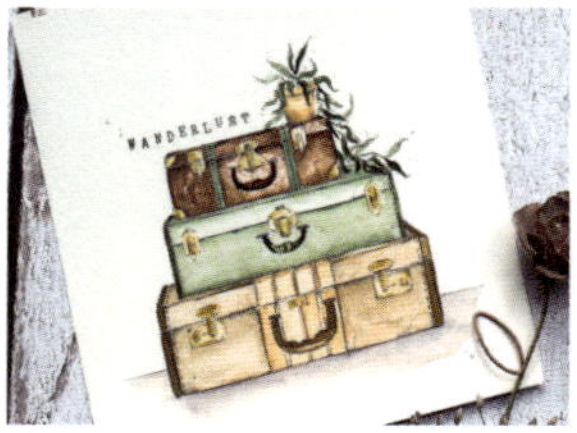

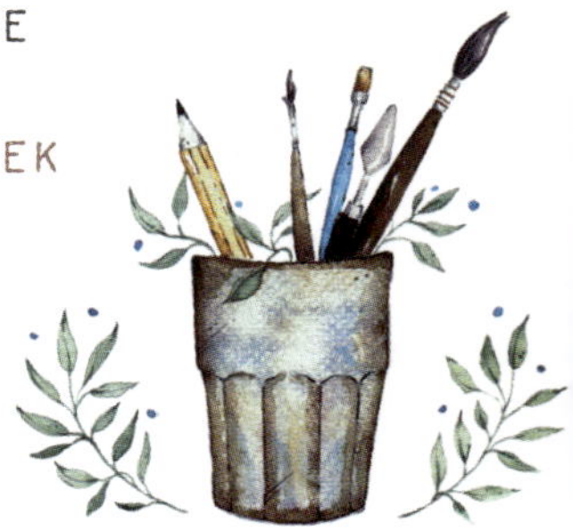

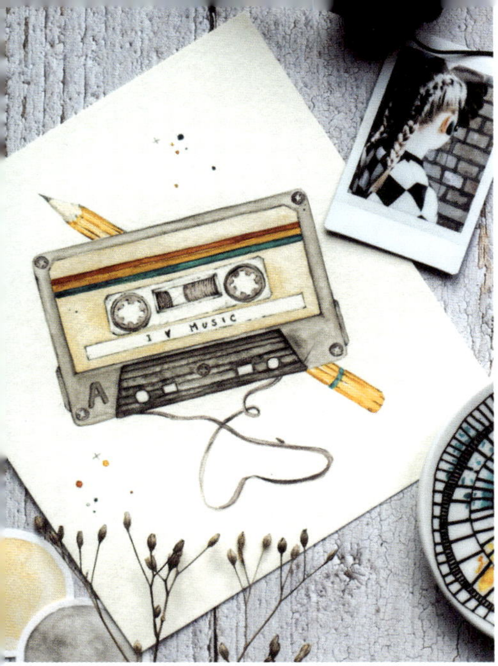
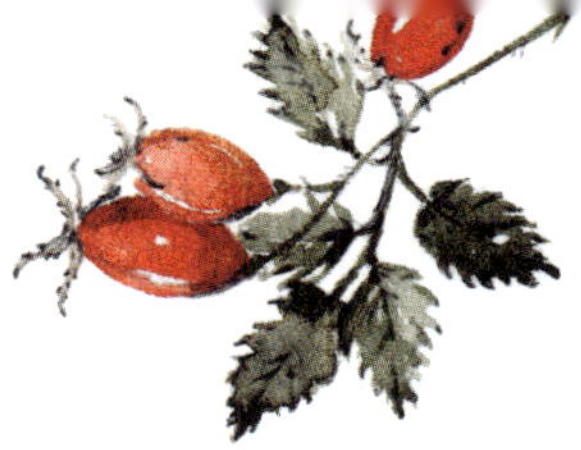
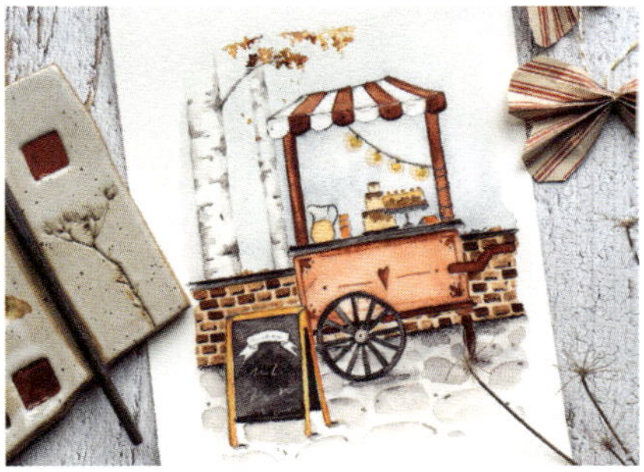
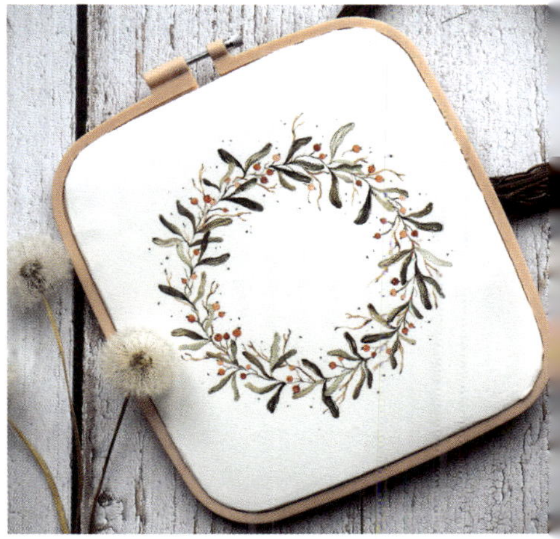
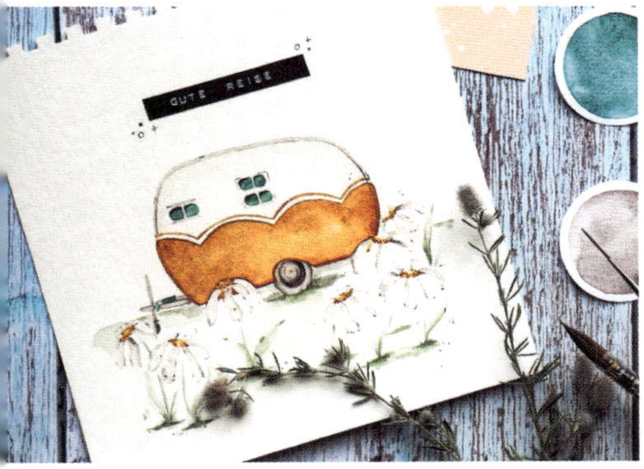
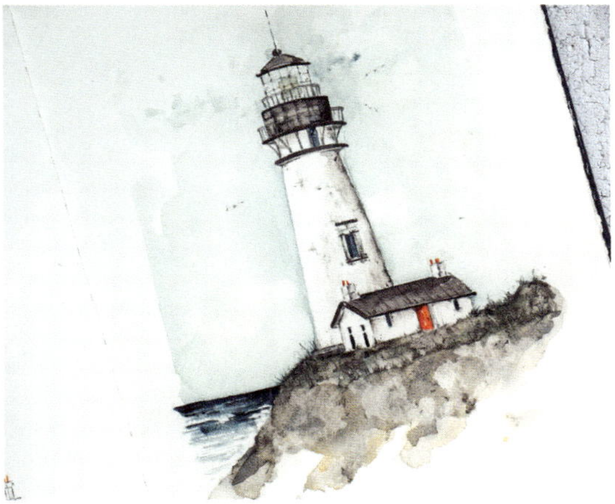
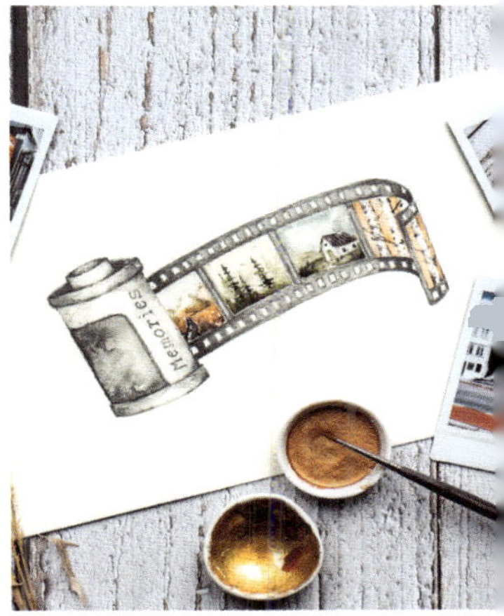

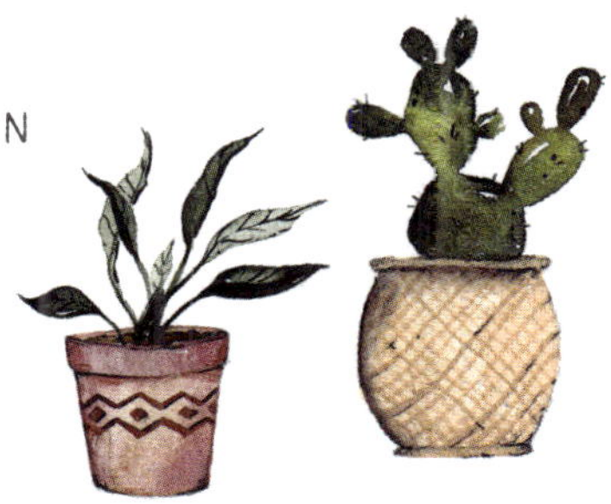

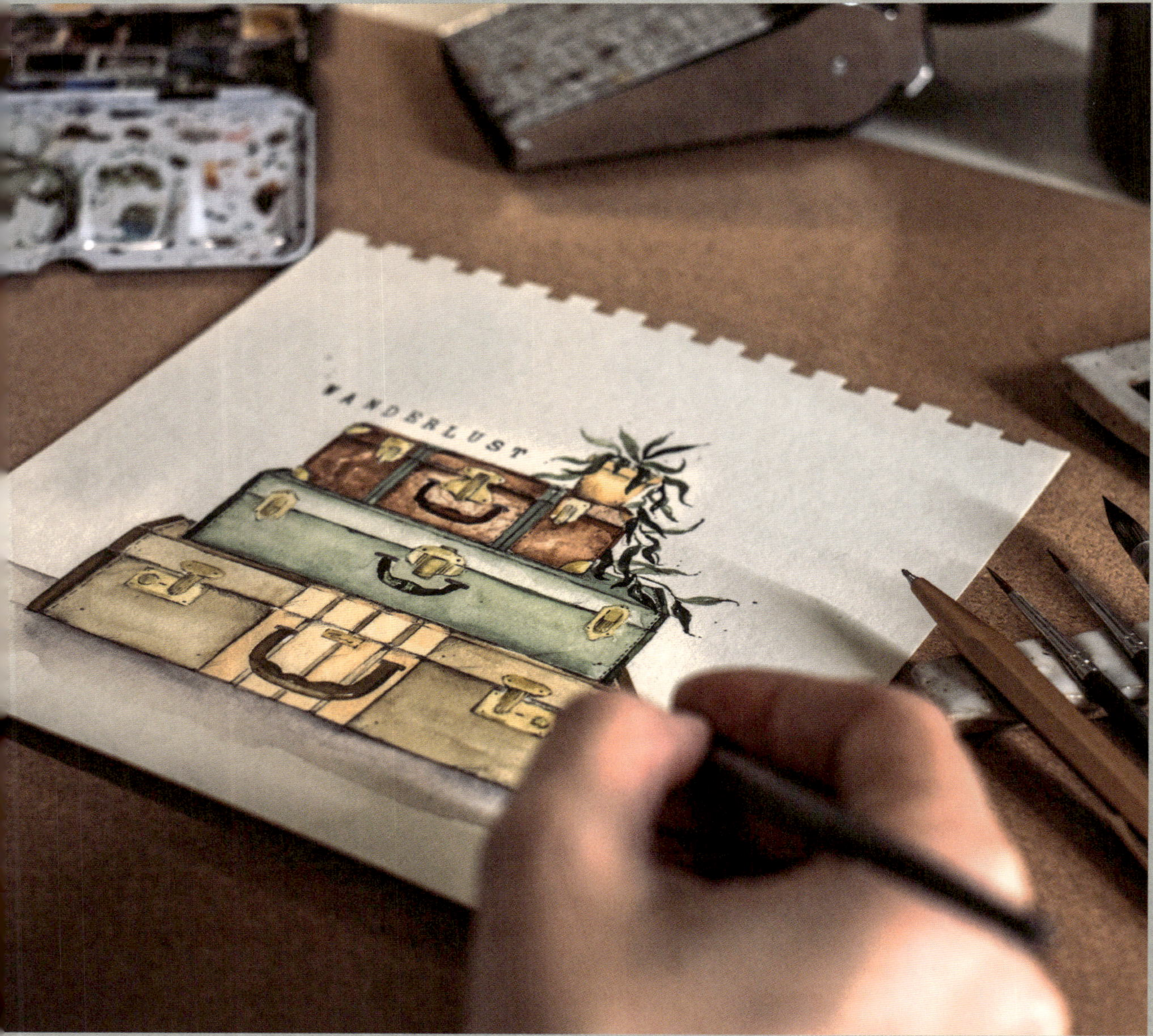
WANDERLUST

Vorwort

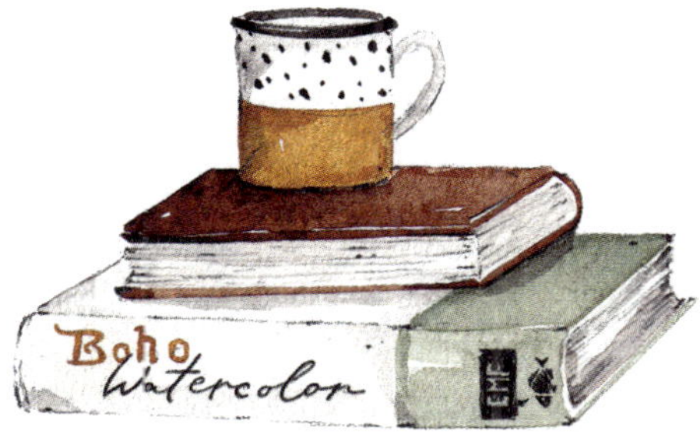

ALLES BEGANN AM KÜCHENTISCH MIT ZWEI FURCHTBAR ALTEN PINSELN, EINEM SCHULMALKASTEN UND JEDER MENGE NEUGIER IM BAUCH – OB ICH NOCH MALEN KANN?

Manchmal ist das Leben scheinbar zu voll, zu hektisch und zu laut, um sich kleine Auszeiten zu nehmen. Dabei sind die Momente des Krafttankens so wichtig.

Bei nichts kann ich so gut abschalten und die Welt ausblenden wie beim Malen. Es war für mich einfach unausweichlich, wieder damit zu beginnen. Warum wieder, fragst du dich vielleicht.

Meine jungen Jahre durfte ich an einer freien Jugendkunstschule verbringen. Unsere kreativen Kurse fanden im Dachgeschoss in gemütlichen Runden statt. Noch heute erinnere ich mich zu gerne an diese Zeit. Der Geruch von Linolplatten, Acrylfarben und das Rascheln großer Papierbögen versetzt mich in diese prägende Lebensphase zurück.

Natürlich wollte ich ein kreatives Leben führen. Nach meinem Abschluss habe ich einen Beruf erlernt, in dem man viele alte und moderne Handwerkstechniken therapeutisch anwenden kann. Getreu dem Motto „Erst einmal etwas Vernünftiges lernen", bevor man die „brotlose Kunst" studiert, ging ich meinen Weg. Doch von meiner liebsten Universität für bildende Künste wurde ich schließlich abgelehnt.

Mehrere Berufsjahre, ein bezauberndes Kind und eine Hochzeit später nahm ich mir irgendwann wieder vor zu malen. Aus ein paar Minuten wurden Stunden, Tage und Monate. Aus dem Schulmalkasten wurden Künstleraquarellfarben und schließlich meine ganz eigenen, nach alter Handwerkstechnik hergestellten Töne aus besonderen Pigmenten. Und aus jeder Menge Neugier, die nach wie vor noch in mir tobt, entstand dieses Buch, das du jetzt in den Händen hältst.

Lass uns gemeinsam Kraft tanken, bei zeitlosen Motiven abschalten und Neues ausprobieren. Ich möchte dich ermutigen, zu experimentieren und niemals deine Neugier zu verlieren. Dabei sollen das Malen und Illustrieren besonders eines: dir guttun.

Lass uns neue Erinnerungen erschaffen!

Ich wünsche dir von Herzen eine gute Zeit!

Madeleine

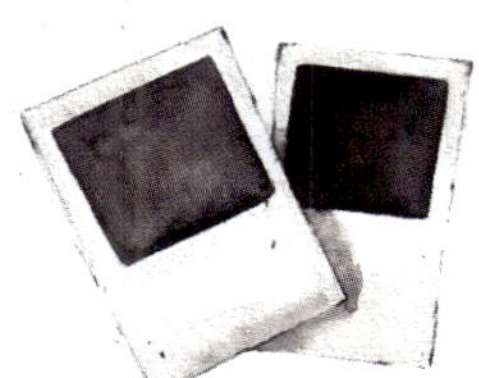

Grundlagen

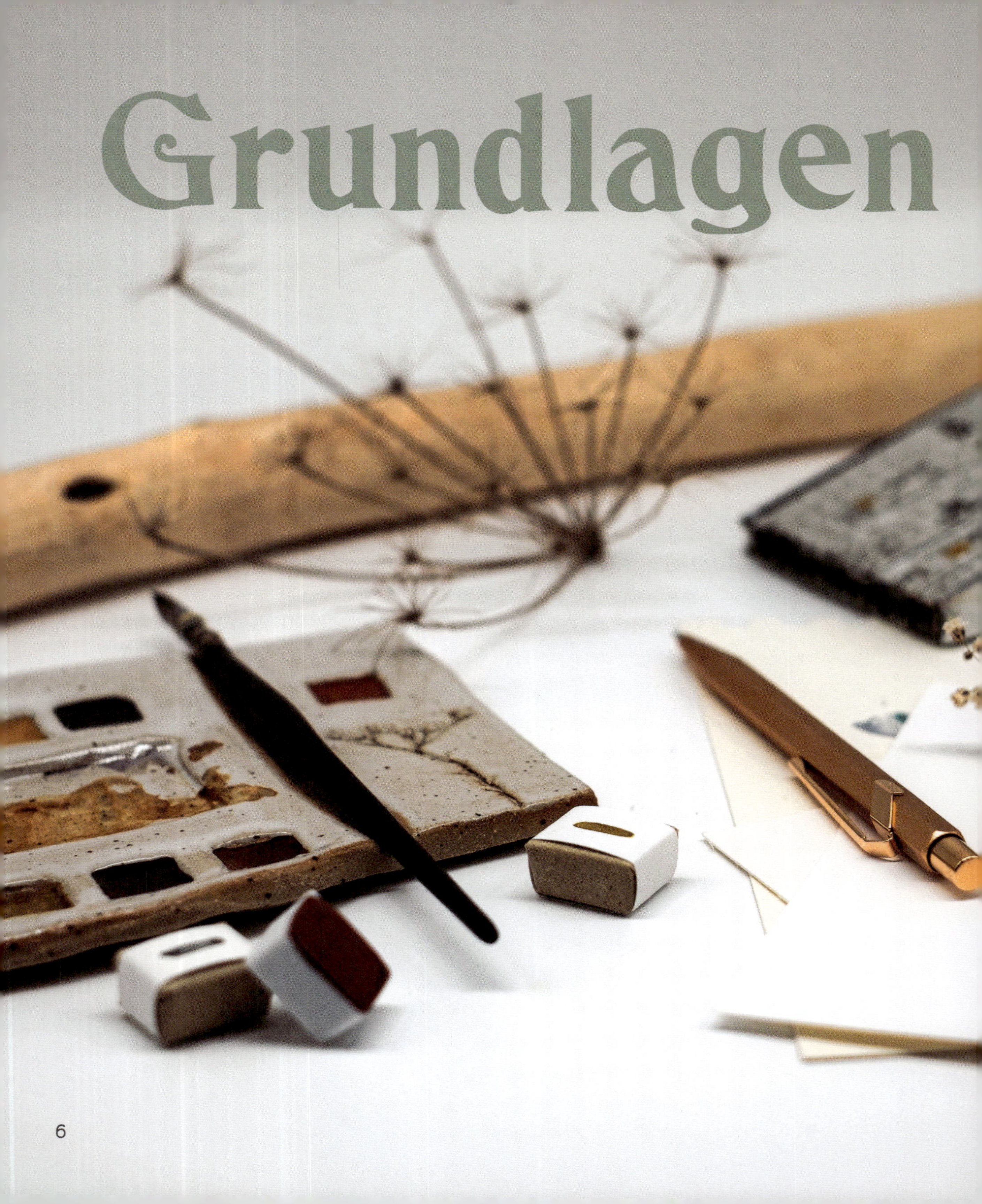

AQUARELLFARBEN SIND ETWAS BESONDERES. ES GIBT WOHL KAUM ANDERE FARBEN, BEI DENEN DU ALL DIE BESONDEREN EIGENSCHAFTEN DER PIGMENTE SEHEN KANNST. ES IST FASZINIEREND, WIE DIE FARBEN FLIEẞEN, GRANULIEREN UND INEINANDER ÜBERGEHEN. BEI KAUM EINER ANDEREN FARBART KANN MAN DIESE EFFEKTE SO DEUTLICH ERZEUGEN.

Doch wie gehst du am besten mit den kleinen Näpfchen und Tuben um? Welches Papier und welche Pinsel eignen sich?

In diesem Kapitel findest du all die Tipps und Tricks, die mir geholfen haben, mit Aquarellfarben malen zu lernen, und alle kleinen Besonderheiten, die mir bis heute bei der Arbeit mit Aquarellfarben begegnet sind.

Dabei bin ich nicht allwissend, sondern kann dir nur weitergeben, was ich selbst nutze und hilfreich finde. Es gibt sehr viele tolle Grundlagenbücher zum Thema Aquarellmalerei, wenn du über Boho Watercolor hinaus noch tiefer in das Thema eintauchen möchtest. Doch die wichtigsten Basics aus diesem Buch zu Material und Technik werden dir den Start in die Watercolor-Welt erleichtern.

Auch wie du Farben abtönen und mischen kannst und wieso einige Pigmente granulieren, also sich in kleinen Gruppen zusammenlagern und Strukturen bilden, und andere nicht, wirst du in Boho Watercolor erfahren.

Entdecke mit mir gemeinsam Farbwelten und stelle sie dir mithilfe deiner Farbkärtchen zusammen. Das Wichtigste ist jedoch, dass du eine gute, kreative Zeit hast. Probiere dich ein bisschen aus und tauche mit mir ab in eine bunte Welt voll nostalgischer Motive.

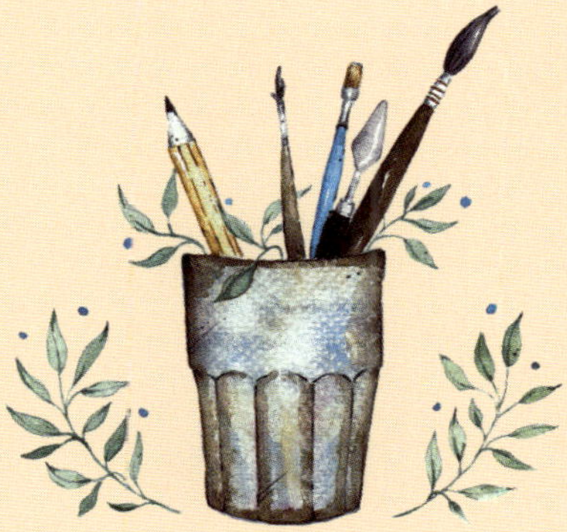

Papier

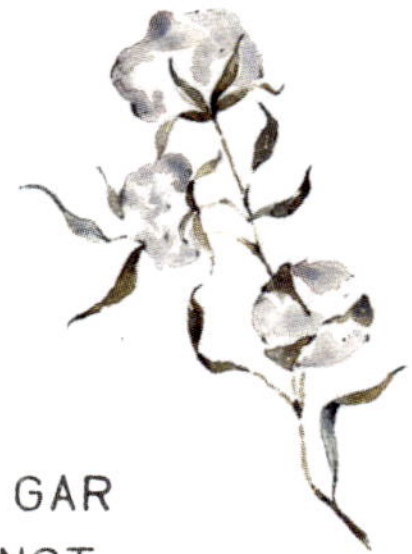

WAS EIN GUTES AQUARELLPAPIER AUSMACHT, IST GAR NICHT SO LEICHT ZU BEANTWORTEN, DENN ES HÄNGT OFTMALS VON GANZ PERSÖNLICHEN VORLIEBEN AB.

Aquarellpapiere gibt es in unterschiedlichen Arten. Die folgende Übersicht soll dir helfen, dich ein bisschen besser mit all den Begrifflichkeiten, die auf den Papierblöcken stehen, zurechtzufinden:

COLD PRESSED

- beschreibt die Herstellungsart, kalt gepresstes Papier, das eine mittlere bis stark strukturierte Oberfläche haben kann

HOT PRESSED

- beschreibt die Herstellungsart, heiß gepresstes Papier, meist eine glatte Oberfläche

SATINIERT

- glatte, „geschlossene" Oberfläche, eignet sich gut, wenn du deine Werke scannen möchtest
- der Farbauftrag kann jedoch schnell fleckig werden

BÜTTEN

- beschreibt handgeschöpftes Papier, man erkennt es oft am typischen handgerissenen Rand (Büttenrand)
- kann sehr sensibel sein, Radieren kann die Oberfläche schnell schädigen
- es gibt auch hot pressed Büttenpapier, welches strapazierfähiger ist

TONED

- getöntes Aquarellpapier in antikem Braunton oder Grauton
- kann sehr spannend sein, wenn man zusätzlich mit weißer Gouachefarbe malen möchte
- oft etwas dünner und nicht so gut für sehr wässriges Malen geeignet

FEINKORN/MITTLERES KORN/ GROBKORN/TORCHON

- beschreibt die Oberflächenstruktur des Papiers, dabei ist Torchon sehr grob und erinnert an Leinenstruktur
- teste die Farbverläufe auf verschiedenen Oberflächenstrukturen, um herauszufinden, wie sich die Farben verhalten und was du persönlich bevorzugst

COTTON/HADERN/ZELLSTOFF

- beschreibt, woraus dein Papier besteht
- Cotton steht für Baumwolle und hat sehr tolle Eigenschaften beim Malen, die Farben trocknen nur langsam, sodass du dir viel Zeit lassen kannst
- Hadern beschreibt textile Fasern, zum Beispiel Baumwoll-Alttextilien
- oft gibt es Papiere, die beides miteinander kombinieren, da Hadernfasern länger und stärker sind als Baumwollzellulosefasern
- Zellstoff ist aus Holz und ähnlichen Materialien gewonnene Zellulose

GRAMMATUR

- gibt an, wie viel ein Quadratmeter des Papiers wiegt
- beschreibt, wie stark ein Papier ist, ich empfehle eine Grammatur von mindestens 300 g/m^2
- zum Experimentieren, für Skizzen und für Farbtests reicht auch eine Grammatur von 180 g/m^2 aus
- je dünner ein Papier ist, desto günstiger ist es oft, doch es wellt sich sehr schnell und schafft es kaum, das Wasser gut aufzunehmen

Ich persönlich empfehle dir ein mindestens 300 g/m² dickes Aquarellpapier aus Cotton, das eine nicht zu raue Oberfläche aufweist, um Details genau herauszuarbeiten zu können. Zu Beginn sollte dein Papier auch nicht zu empfindlich sein, um Bleistiftskizzen gut radieren zu können.

Aquarellpapier kann ganz schön preisintensiv sein. Auf einem sehr hochwertigen Papier zu experimentieren, Farben auszutesten und einfach mal loszulegen, kann sich daher als schwierig gestalten. Vielleicht geht es dir zu Beginn auch so, dass dich die tolle Qualität eher einschüchtert. Deshalb trau dich bitte auch, zu günstigem Papier zu greifen, auf dem du ohne Hemmungen testen, mischen, üben und herumprobieren kannst, bevor du dein eigentliches Motiv startest.

Manche Papierarten sind durch Verleimungen und Beschichtungen nicht frei von tierischen Bestandteilen. Doch immer mehr Hersteller verzichten beispielsweise auf Gelatine, die als Beschichtung das Lasieren erleichtern soll.

Die Hersteller Hahnemühle und Etchr sind Beispiele für tierproduktfreie, qualitativ hochwertige Papiere.

Für die Motive in diesem Buch habe ich mich für folgende drei Papiere entschieden:

- Etchr Lab Watercolor Pad hot pressed, 300 g/m²
- Hahnemühle Carnet Aquarelle und Carnet de Voyage, naturweiß, 400 g/m²
- Hahnemühle Expression cold pressed, 300 g/m²

Tipp

Frage bei deinem Kunstfachhändler des Vertrauens nach Papierproben, denn oft stellen bekannte Papierhersteller extra Testbogen zur Verfügung.

Oder tausche ein paar Bogen mit Gleichgesinnten. So wirst du schnell herausfinden, welches Papier du gerne magst.

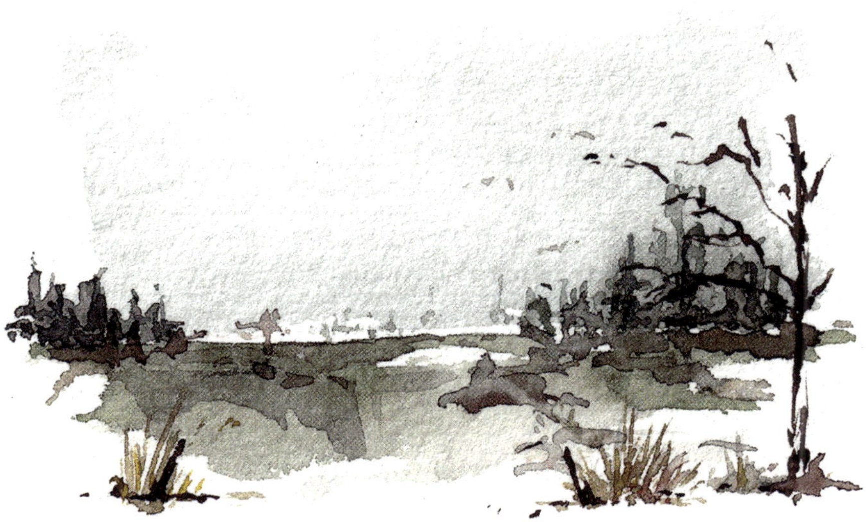

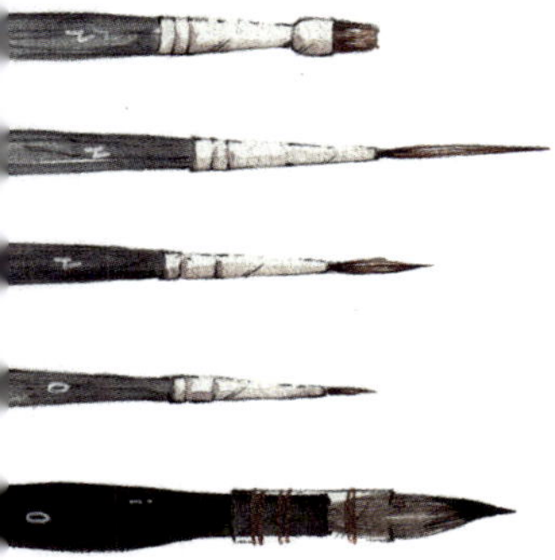

Pinsel

DIE VIELZAHL AN ANGEBOTENEN PINSELN KANN EINEN GANZ SCHÖN ÜBERFORDERN. BRAUCHST DU WIRKLICH ALLE PINSELARTEN IN JEDER GRÖẞE?

In diesem Buch habe ich nur mit meinen Lieblingspinseln gemalt, das waren insgesamt fünf verschiedene Modelle. Auch wenn meine Auswahl an Pinseln größer ist, greife ich immer wieder zu diesen fünf zurück und verwende sie am häufigsten. Je nach Motivgröße variiert bei mir die Größe des Pinsels.

1. VERWASCHPINSEL MIT FEINER SPITZE

Dieser Pinsel eignet sich sowohl für das Grundieren großer Flächen als auch für zarte Linien und Details. Sein großer Körper kann viel Wasser halten.

Meine Empfehlung: da Vinci CASANEO 498, Größe 0, und CASANEO 490, Größe 2

2. RUNDPINSEL, MITTLERE GRÖẞE

Diese Pinselart ist ein wahrer Alleskönner. Für größere Flächen, zum Schattensetzen und Illlustrieren von Punkten sowie Strukturen.

Meine Empfehlung: da Vinci COLINEO 5522, Größe 4 und 6

3. RUNDPINSEL, KLEINE GRÖẞE

Gerade für Details, zum Füllen kleiner Flächen, für Striche und Akzente kommen die Pinsel kleiner Größen bei mir zum Einsatz. Abhängig davon, wie fein du illustrieren möchtest, empfehle ich dir die Größen 0 bis 2. Doch es gibt auch noch feinere Modelle mit der Bezeichnung 2/0, die für feinste Linien und Striche geeignet sind. Zum Füllen kleiner Flächen sind die zarten Pinsel mit wenigen Pinselhaaren jedoch nicht gut geeignet.

Meine Empfehlung: da Vinci COLINEO 5522, Größe 0 und 2

4. SCHLEPPERPINSEL

Durch das ungewöhnlich lange Pinselhaar hast du wenig Kontrolle über deine Pinselführung. Das schafft lockere und natürliche Effekte, zum Beispiel bei floralen Elementen, Pflanzenstielen, Ästen, abstrakten Elementen und vielem mehr. Durch die Länge des Haares brauchst du weniger oft Farbe aufzunehmen als mit einem feinen Rundpinsel. Auch gerade Linien gelingen mit diesem Pinsel sehr gut.

Meine Empfehlung: da Vinci COLINEO 1222, Größe 0 und 4

5. FLACHPINSEL

Dieser Pinsel erleichtert dir das Ziehen von breiten Linien und Streifen (siehe Motiv „Die Kassette" ab Seite 70). Sie werden „ordentlicher" als mit dem Rundpinsel. Eine kleine Größe reicht aus.

Meine Empfehlung: da Vinci COLINEO 5822 Flachpinsel, Größe 4

Pinselhaare bestehen aus Naturhaaren, also Echthaaren, wie vom Eichhörnchen oder Marder, oder aus synthetischen Härchen. Mittlerweile sind die synthetischen Pinsel in ihren Eigenschaften, wie dem Halten von Wasser, so gut dem Echthaar nachempfunden, dass du sehr gut auf Tierhaarpinsel verzichten kannst. Die COLINEO-Reihe von da Vinci ist den Kolinsky-Rotmarderhaarpinseln nachempfunden und hält das Wasser perfekt – ideal für deine Aquarellillustrationen.

Alle in Boho Watercolor empfohlenen Pinsel und Papiere findest du auf www.gustavson.de, dies ist mein persönlicher Lieblingsshop für Künstlerbedarf.

Farben

FARBEN UMGEBEN UNS JEDEN TAG ZU JEDER ZEIT. DASS WIR ÜBERHAUPT SO VIELE UNTERSCHIEDLICHE NUANCEN SEHEN KÖNNEN, LIEGT AN DEN RUND SECHS MILLIONEN ZAPFEN, DIE AUF UNSERER NETZHAUT LIEGEN. WAS WIR DAMIT MACHEN KÖNNEN, IST, DAS LICHT, JE NACH ZURÜCKGEWORFENER WELLENLÄNGE, NACH FARBE ZU BEWERTEN.

WAS SIND AQUARELLFARBEN?

Alle Farben bestehen aus einem farbgebenden Bestanteil (Pigmente oder Farbstoffe) und Bindemitteln, die dafür sorgen, dass die Farbe am Untergrund haften bleibt. Bei Ölfarben kommt oft Leinöl zum Einsatz, Wachsmalkreiden können Bienenwachs oder andere Wachsarten enthalten. Pastellkreiden kommen mit sehr wenig Bindemittel aus, deshalb kannst du sie direkt auf dem Papier verblenden und verwischen und musst sie anschließend mit einem Fixierspray abriebfest versiegeln.

Bei Aquarellfarben sind die farbgebenden Bestandteile Pigmente. Im Gegensatz zu Farbstoffen, wie du sie von Tinte kennst, sind Pigmente kleinste, wasserunlösliche farbige Teilchen. Als Bindemittel kommt bei den meisten Herstellern das wasserlösliche Gummi Arabicum zum Einsatz. Dabei handelt es sich um den Saft der Akazie, dieser wird auch in der Lebensmittelindustrie verwendet. Schau gerne mal genauer auf die Zutatenliste von Gummitierchen und Co., du wirst überrascht sein, wo dir Gummi Arabicum überall begegnet.

WAS BRAUCHT MAN ZU BEGINN?

Ähnlich wie bei den Pinseln empfehle ich dir gerade zu Beginn in wenige, aber qualitativ hochwertige Farben zu investieren. Der Unterschied zwischen günstigen und preisintensiveren Farben ist zum Beispiel der Einsatz von Füllstoffen, sodass weniger reines (und teures) Pigment benötigt wird, während Aquarellfarben in Künstlerqualität sehr ergiebig, hochpigmentiert und oft länger gewalzt wurden.

Aquarellfarben lassen sich wunderbar miteinander mischen, abtönen und kombinieren. Dabei kannst du aus strahlenden Einpigmentfarben ganz wunderbar eine Vielzahl an Mischfarben und erdigen Töne zaubern. Andersherum funktioniert das leider nicht. Aus Mischfarben lassen sich keine strahlenden Grundfarben mischen. Ob du dabei Tuben oder Näpfchen bevorzugst, ist eine Frage der persönlichen Vorliebe. Ich selbst präferiere Näpfchen, da es mir leichter fällt, diese Farben zu dosieren. Die Pigmente, egal ob Tuben oder Näpfchen, sind bei denselben Farbtönen die gleichen.

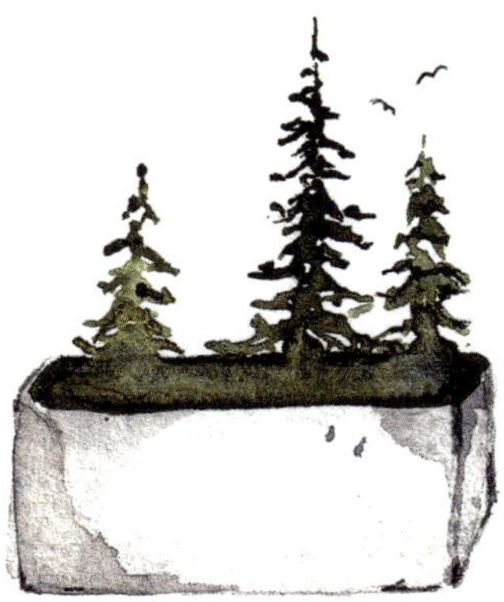

DER PIGMENTCODE

Ist dir schon einmal aufgefallen, dass sich auf den Näpfchen und Tuben kleine Codes verstecken? Sie bestehen aus einer Kombination von Buchstaben und Zahlen, wie zum Beispiel PB 28, PY150 oder NB 1. Was ist das?

Die Antwort ist ganz einfach. Pigmente sind staubfein zermahlene farbige Pulver, deren Teilchen sich im Gegensatz zu den Farbstoffen nicht auflösen. Sie können aus Erden, sogar Edelsteinen bestehen oder auch synthetisch hergestellt sein.

Jedes Pigment (P) hat seinen eigenen Code. Dabei steht B für Blue, Y für Yellow, R für Red, Br für Brown und so weiter. Die Zahl bezeichnet genauer, um welchen Blau-, Gelb- oder Rotton es sich handelt. So ist zum Beispiel PB 28 Kobaltblau Mattblau und PY 150 Indisch Gelb imitiert. Egal welchen Hersteller von Aquarellfarben du bevorzugst, dir werden immer diese Codes begegnen, mit denen du herausfinden kannst, welche Pigmente genutzt wurden. Doch Vorsicht: Ab und zu begegnen dir auch Codes, hinter denen sich verschiedene Farbtöne verstecken können. Beim Mischen ist dies besonders interessant, denn um strahlende Ergebnisse zu erhalten, mischst du am besten Farben miteinander, die nur aus einem Pigment bestehen (Einpigmentfarben), wie zum Beispiel Cyan, Magenta oder Yellow. Doch auch aus Mehrpigmentfarben, also Näpfchen und Tuben, auf denen mehr als ein Pigmentcode angegeben ist, können sehr schöne Mischergebnisse entstehen. Sie sind dann meist noch natürlicher und gedeckter.

Und was ist mit dem NB 1? Dahinter versteckt sich eine meiner Lieblingsfarben – echtes Indigo. Da Indigo ursprünglich aus einer Pflanze gewonnen wird, also natürlichen Ursprungs ist, taucht im Code ein N, statt eines Ps auf.

Doch schau dir gerne einmal an, aus welchen Pigmenten dein Indigo besteht. Wahrscheinlich findest du kein NB 1 mehr, sondern eine Kombination verschiedener Pigmente oder das synthetische Indigo.

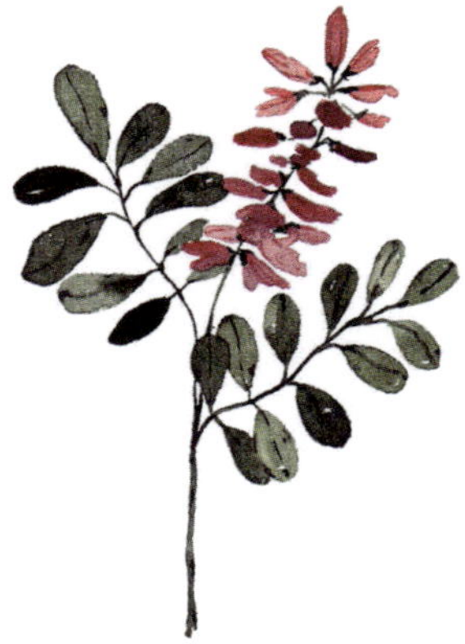

Auch meine Neutraltinte besteht aus drei verschiedenen Pigmenten, dabei habe ich die granulierenden Eigenschaften des blauen Pigments genutzt, um einen facettenreichen Ton zu erzeugen.

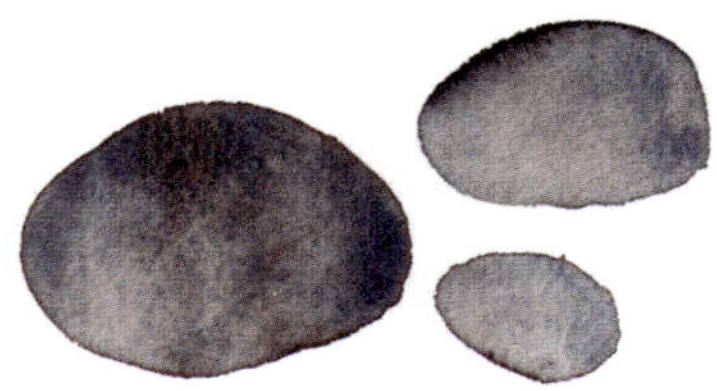

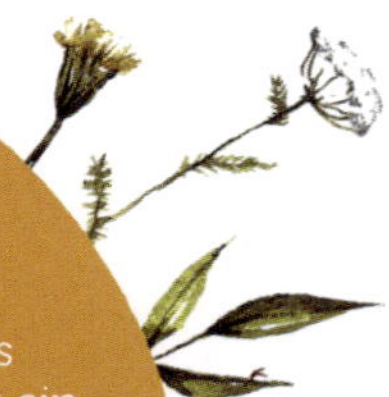

Tipp

Vielleicht hast du schon etwas von „Neutraltinte“ gehört. Dies ist ein schöner dunkler, schwarzvioletter Ton, der sich prima für Schattensetzungen eignet, da er nicht so hart ist wie tiefes Schwarz. Du kannst ihn einfach aus allen drei Primärfarben mischen. Beginne dabei immer mit der hellsten Farbe und gib nach und nach die dunkleren Töne hinzu, bis du mit deinem Farbton zufrieden bist.

WAS GIBT ES SONST NOCH FÜR EIGENSCHAFTEN?

Anhand von kleinen Symbolen kannst du sehen, wie lichtecht deine Farben sind, ob sie deckend oder eher lasierend sind und ob sie sich leicht wieder vom Blatt ablösen lassen oder sich tief im Papier verankern. Auch ob sie granulierende Eigenschaften haben, kannst du so entdecken. Meist erkennst du dies an einem G.

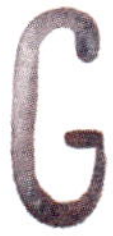

Wichtig sind diese Informationen zum Beispiel, wenn du deine Illustration an einem hellen Ort aufhängen möchtest. Greife in diesem Fall am besten zu Farben mit höchster Lichtechtheit, weil sonst mit der Zeit Farben verblassen oder ihren Ton verändern können. Einige Hersteller nutzen Sterne als Symbol. Je mehr Sterne, desto höher ist die Lichtechtheit.

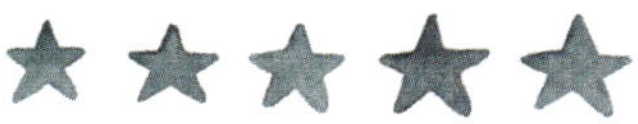

Auch die Anlösbarkeit von Pigmenten ist interessant, wenn du beispielsweise einen wolkigen Himmel illustrieren möchtest. Verwendest du zum Beispiel einen leicht anlösbaren (non-staining) Blauton, kannst du sehr unkompliziert mit einem Küchenkrepp in das nasse Blau tupfen, um dort weiße Wolken entstehen zu lassen. Leicht ablösbare Pigmente erkennst du am leeren Dreieck.

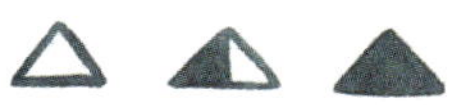

Lasierende Farben lassen das darunterliegende Papier und vorherige Farbschichten durchscheinen. Selbst als Vollton direkt aus dem Näpfchen behalten sie diese Eigenschaft, während deckende Farben viel mehr Wasser benötigen, um lasierend zu wirken. Direkt aus dem Näpfchen überdecken sie die darunterliegenden Farbschichten komplett. Das kann durchaus praktisch sein, um kleine Patzer zu kaschieren.

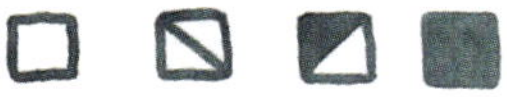

Ob eine Aquarellfarbe lasierend oder deckend ist, staining oder non-staining, lichtecht oder nicht, all diese Eigenschaften liegen weder am Hersteller, der Verarbeitung oder bestimmten Zusätzen, sondern an den Pigmenten selbst.

WARUM GRANULIEREN AQUARELLFARBEN?

Pigmente können sich, solange sie noch schwimmen, in Grüppchen zusammenschließen und spannende Strukturen erzeugen. Dies kannst du zum Beispiel für altes Leder oder Fassaden nutzen. Um die granulierenden Eigenschaften zu unterstützen, kannst du die Farbe nass auftragen und strukturierteres Papier nutzen.

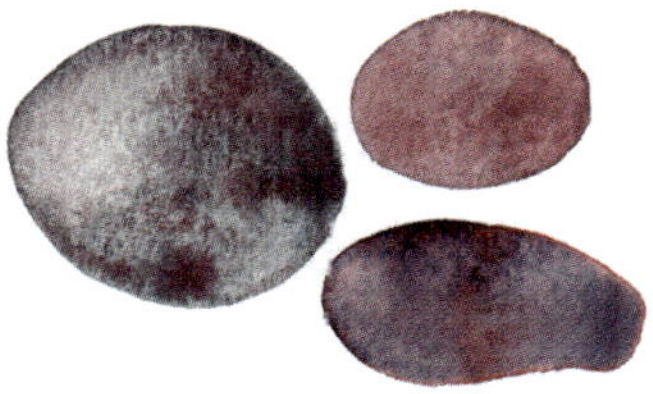

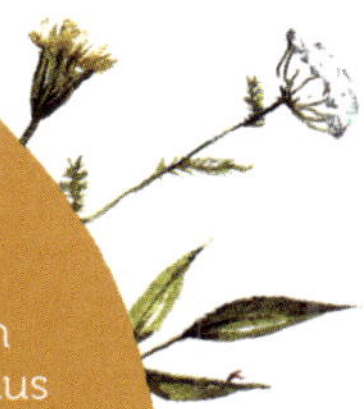

Tipp

Supergranulierende Farben sind übrigens das Ergebnis aus der Kombination mehrerer granulierender Pigmente. Du kannst sie also selbst erzeugen, indem du granulierende Farben miteinander vermischst. Sei gespannt, welche Ergebnisse dich erwarten!

Grundtechniken

GERADE IN DEN ERSTEN SCHRITTEN WIRKT EIN AQUARELLMOTIV OFTMALS EHER FLACH UND LANGWEILIG. GIB AN DIESEM PUNKT AUF KEINEN FALL AUF, DENN TIEFE UND KONTRAST ENTSTEHEN ERST NACH MEHRMALIGER BEARBEITUNG DES PAPIERS MIT FABRE UND WASSER.

LAVIEREN

Bei einer Lavur handelt es sich um eine Nass-in-Nass-Technik, bei der du die Aquarellfarben wunderbar fließen lassen kannst. Die Ergebnisse sind dabei wenig kontrollierbar, dafür aber erfrischend überraschend. Du kannst sowohl nasse Flächen ineinander übergehen lassen als auch zuvor angefeuchtete Stellen mit Farbe betupfen. Achte dabei bitte darauf, nicht zu nass zu malen, da sonst Wasserkränze entstehen. Probiere gerne verschiedene Aquarellpapiere aus, um herauszufinden, auf welcher Oberfläche dir die Farbverläufe am besten gefallen.

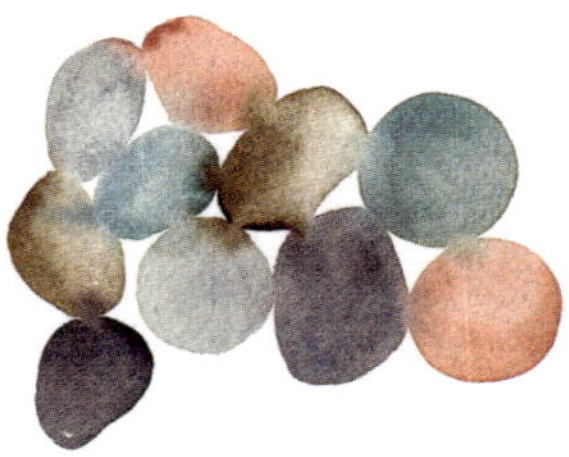

LASIEREN

Beim Lasieren legst du Farbschichten übereinander. Dabei ist es wichtig, dass du die Farbe immer gut trocknen lässt, bevor du die nächste Fläche aufträgst. Mit dieser Technik bekommst du mehr Tiefe und Kontraste in deine Aquarellzeichnung, da der Farbeffekt von Schicht zu Schicht immer dunkler wird. Du kannst sowohl verschiedene Farben Schicht für Schicht übereinanderlegen und auf diese Weise spannende Effekte kreieren, als auch im selben Farbton bleiben und so Tiefe und Kontrast erzeugen.

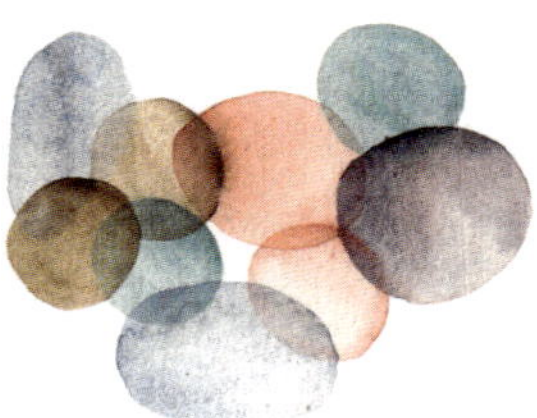

MALEN MIT TROCKENEM PINSEL

Um Strukturen und Shabby-Chic-Effekte, wie Schlieren und unterbrochene Farbverläufe, zu erzeugen, eignet sich diese Technik sehr gut. Dabei nimmst du relativ viel Pigment mit sehr wenig Wasser auf und streichst mit dem gesamten Pinselkörper über das Papier. Dabei entstehen körnige, rissige Effekte.

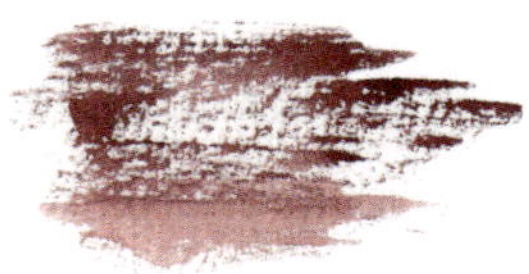

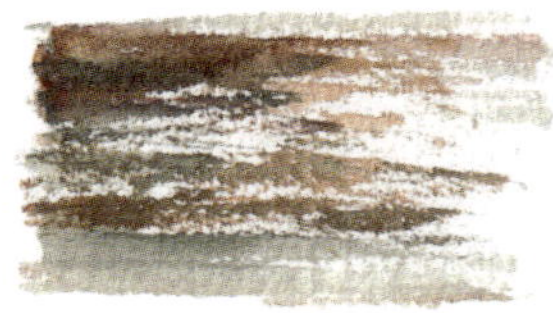

Tipp

Teste immer erst auf einem Schmierpapier, ob dein Rund- oder Verwaschpinsel trocken genug ist. Ein wenig Küchenkrepp kann helfen, überschüssiges Wasser abzustreifen.

PIGMENTE SCHUBSEN

Bei den verschiedenen Eigenschaften der Pigmente bist du schon auf den Begriff „non-staining" gestoßen, der beschreibt, dass ein Pigment leicht löslich ist und sich nicht tief im Papier verankert. Diese Eigenschaft brauchst du beim „Pigmenteschubsen", wie ich diese Technik inoffiziell nenne. Dabei grundierst du zunächst eine Fläche mit deiner Farbe in mittlerer bis starker Tönung und lässt sie gut trocknen. Achte darauf, dies erst auf deinem Wunschpapier zu testen, bevor du dich an ein komplettes Motiv wagst. Nun kannst du mit deinem Pinsel und mit ausschließlich klarem Wasser erneut in die Farbe gehen und Pigmente zum Rand der Fläche drängen oder Muster erzeugen. Beim Streifenmuster drängst du Stück für Stück Farbe an den Rand, lässt die Fläche erneut gut trocknen und setzt dann ein Stück weiter unten den nächsten Streifen an, bei dem du wieder Pigmente an eine Kante schiebst. Diese Technik wird dir zum Beispiel beim Projekt „Die Kassette" begegnen (ab Seite 70). Nach meinen ersten Erfahrungen mit Aquarell habe ich gelernt, dass es nicht möglich sei, von Dunkel nach Hell zu gehen. Mit diesem Trick kann man diese Grundregel ein wenig brechen.

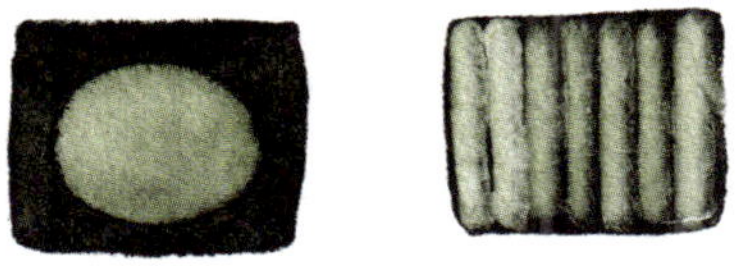

Farben abtönen und mischen

WIE VERHALTEN SICH FARBEN? UM DAS ZU VERSTEHEN, IST DER BESTE WEG, MIT IHNEN ZU EXPERIMENTIEREN.

Laut Farblehre gibt es die drei Primärfarben Rot, Gelb und Blau. Theoretisch kannst du aus diesen Farben alles mischen. Doch dann gibt es noch die Unterscheidung in warme und kalte Töne, granulierende Farben, deckende und lasierende Eigenschaften sowie Pigmente, die sich beim Mischen einfach separieren. Gerade am Anfang kann ein Blick in die Farblehre, gerade bezogen auf die Watercolor-Welt, ganz schön kompliziert erscheinen. Beim Farbenmischen habe ich schon so manche Überraschungen und spannende Effekte entdeckt. Aus diesem Grund „verschone" ich dich an dieser Stelle mit Farbkreisen und komplizierten Erklärungen, sondern fordere dich auf, einfach mit dem Experimentieren loszulegen. Für mich persönlich war dies der Grundstein meiner Pigmentliebe.

DIE MISCHTABELLE

Zum Herantasten eignen sich am besten Einpigmentfarben in den Primärfarben und das Anlegen einer Mischtabelle. Der Vorteil dieser Tabelle ist, dass du deine Farben viel besser kennenlernst, da du alle Farben miteinander kombinierst. Du wirst sehen, wie viele unterschiedliche Töne sich aus nur wenigen Farben erzeugen lassen. Als Beispiel zeige ich dir eine Mischtabelle mit den drei Grundfarben. In der Diagonalen von oben links nach unten rechts siehst du meine reinen Farben aus dem Näpfchen. Alle anderen Töne oberhalb und unterhalb der Grundfarben sind Mischtöne. Oberhalb der reinen Farben wurde mehr von der ersten Farbe genommen als von der zweiten, unterhalb mehr von der zweiten als von der ersten. Denn natürlich können auch mit nur zwei Farben verschiedene Mischergebnisse erzielt werden.

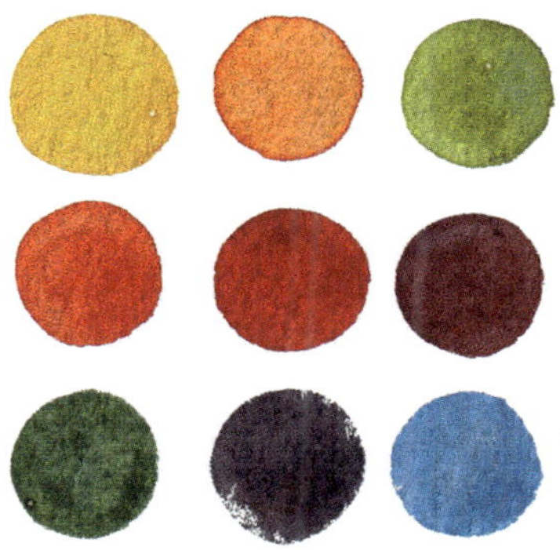

Oft bekommt man ganz zufällig im Malprozess tolle Farben angemischt und vergisst dann leider mit der Zeit, wie genau diese angerührt wurden. Mit einer Mischtabelle passiert das eher nicht, denn du kannst sehen, woraus die Farben bestehen. Dazu suchst du dir eine Mischfarbe, die dir besonders gut gefällt, und gehst zur Seite und nach unten zur Diagonalen. Schon hast du die beiden reinen Töne gefunden, mit der deine Mischfarbe entstanden ist.

Ich persönlich arbeite sehr gerne mit Mischtabellen, denn ab und zu gibt es unerwartete Überraschungen. Manche Pigmente wollen sich nicht miteinander verbinden, die Farben separieren sich wieder und erschaffen so wunderschöne Effekte. Auch granulierende Farben miteinander zu mischen führt zu sehr spannenden Resultaten. Probiere es auf jeden Fall aus!

Bei dieser Tabelle siehst du, was entstehen kann, wenn man verschiedene Mehrpigmentfarben miteinander kombiniert. Im unteren Bereich siehst du die Farbtöne in leichter Pigmentierung (viel Wasser, wenig Farbe).

Die Farben werden, je mehr verschiedene Pigmente zusammenkommen, immer erdiger und gedeckter, bis irgendwann ein Braun, Grau oder Schwarzton entsteht.

Übung:

Probiere das Farbenmischen unbedingt einmal aus! Schnapp dir für den Anfang fünf bis sechs deiner Lieblingsfarben und erstelle deine eigene Mischtabelle. Du kannst dabei darauf achten, Primärfarben oder Einpigmentfarben zu wählen. Oder du entscheidest dich mit ein bisschen Mut und geschlossenen Augen für ein paar Farben. Manchmal entfalten sie so eine sehr interessate, unerwartete Wirkung. Im „schlimmsten Fall" entstehen eine Handvoll Braun- und Grautöne.

Zum Download einer Vorlage für eine Mischtabelle kannst du den QR-Code scannen oder das Buch unter emf-verlag.de suchen und dort „Downloads" anklicken.

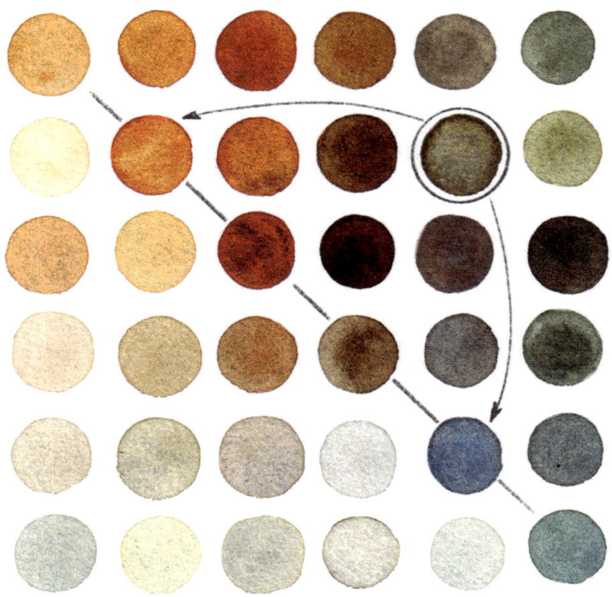

GEDECKTE UND ERDIGE FARBEN

In meinen Illustrationen kombiniere ich gerne erdige, gedecktere Farben mit ein paar strahlenden Highlights.

Ich töne meine Farben ab, um natürliche Farben zu mischen. Mein Favorit dafür ist Umbra grünlich, ein sanfter Braunton. Mit ihm kannst du auch das strahlendste Grün in ein tiefes Olivgrün verwandeln.

Und noch einen anderen Trick verrate ich dir: Du kannst Töne mit ihrer Komplementärfarbe abtönen. Das ist der Ton, welcher der Farbe im Farbkreis gegenüberliegt, wie Rot und Grün, Blau und Orange sowie Gelb und Violett. Doch sei vorsichtig mit der Dosierung der Abtönfarbe, eine kleine Menge ist ausreichend, sonst entstehen schlammige Brauntöne.

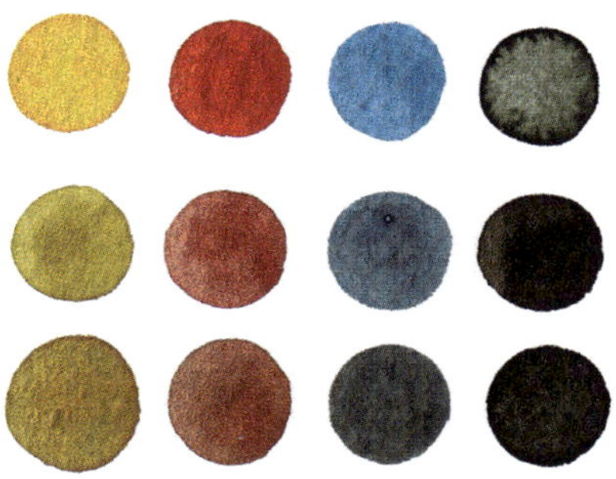

Abtönen mit Umbra grünlich

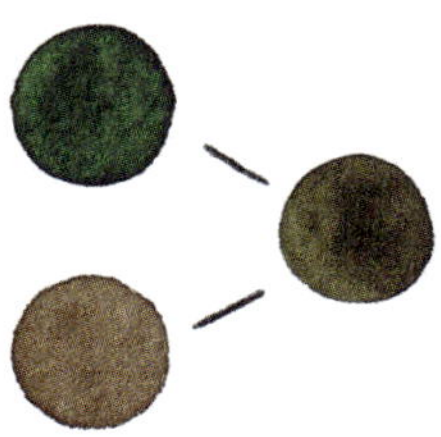

Abtönen mit Komplementärkontrastfarbe

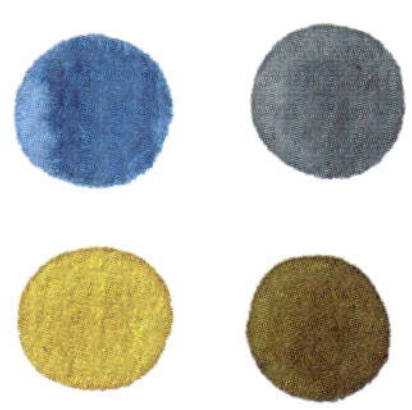

Tipp

Besonders angenehm wirken Illustrationen, in denen ein Farbton öfter vorkommt. Probiere es aus, mehrere Töne mit Umbra abzutönen und mit ihnen zu malen. Du wirst merken, dass das Gesamtbild viel harmonischer wirkt.

TONWERT

Im Laufe der einzelnen Projekte wirst du immer wieder auf Bezeichnungen wie „stark pigmentiert“, „mittlere Pigmentierung“ oder „schwach pigmentiert“ stoßen. Damit meine ich die Sättigung der Farbe. Du erreichst sie durch das richtige Verhältnis von Wasser und Pigment. Viel Wasser und wenig Pigment ergeben einen zarten, lasierenden Farbton. Direkt aus dem Näpfchen mit wenig Wasser resultiert ein intensives Ergebnis.

Probiere es aus und schau, wie viele verschiedene Sättigungsstufen du aus einem Farbton herstellen kannst.

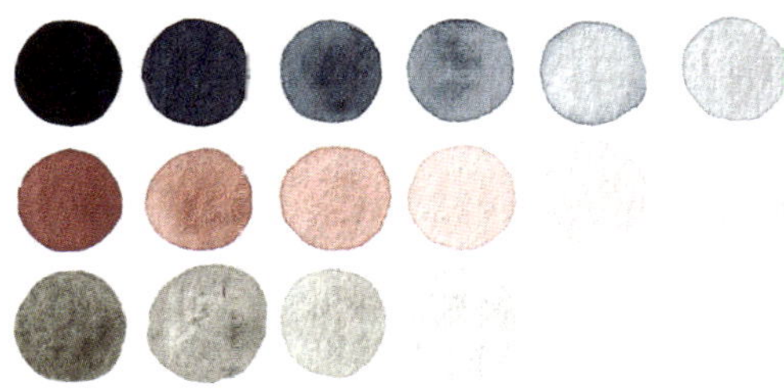

Tipp

Gerade bei leicht pigmentierten, wässrigen Farbmischungen ist es wichtig, dennoch nicht zu nass auf dem Papier zu malen. Streife deinen Pinsel gut am Wasserglas ab oder tupfe überschüssige Flüssigkeit kurz am Maltuch ab.

Farbkärtchen anlegen und nutzen

WELCHE FARBKOMBINATIONEN DU ALS ANGENEHM UND SCHÖN EMPFINDEST, ZEIGT AUCH DEINEN GANZ PERSÖNLICHEN GESCHMACK. TRAU DICH UND FINDE MITHILFE DER KÄRTCHEN NEUE MÖGLICHKEITEN.

Wenn du herausgefunden hast, welche schönen Töne deine Farben ergeben, ist es ratsam, dass du dir Farbkärtchen anlegst. Du kannst sowohl alle deine Farben direkt aus dem Näpfchen auf den Kärtchen als auch Mischfarben festhalten. Man vergisst nämlich schnell, wie man die Töne angemischt hat. Der Vorteil besteht hier vor allem darin, dass du durch die Farbkärtchen dein Motiv besser planen kannst.

Auch für dieses Buch habe ich mir für jedes Kapitel eine eigene Farbwelt aus neun bis zehn Tönen zusammengestellt. Insgesamt findest du 20 verschiedene Farben, aus denen alle Projekte im Buch entstanden sind.

SO LEGST DU DIR DEINE KÄRTCHEN AN

Ein hilfreiches und zeitsparendes Tool ist ein runder Papierstanzer, mit dem du dir aus Aquarellpapier deine Kreise ausstanzen kannst. Solltest du keinen zur Hand haben, kannst du auch einen Zirkel oder ein kleines Glas nutzen. Zeichne dazu dünn mit Bleistift deine Kreise auf das Papier und schneide sie sorgfältig aus. Male den ersten Kreis, indem du viel Wasser auf wenig Pigment nutzt (leicht pigmentiert), lass alles gut trocknen und greife für den nächsten, kleineren Kreis etwas mehr Pigment auf (mittlere Pigmentierung). Nachdem dieser trocken ist, nimmst du mit wenig Wasser Farbe direkt aus dem Näpfchen auf und ergänzt den kleinsten Kreis (Vollton).

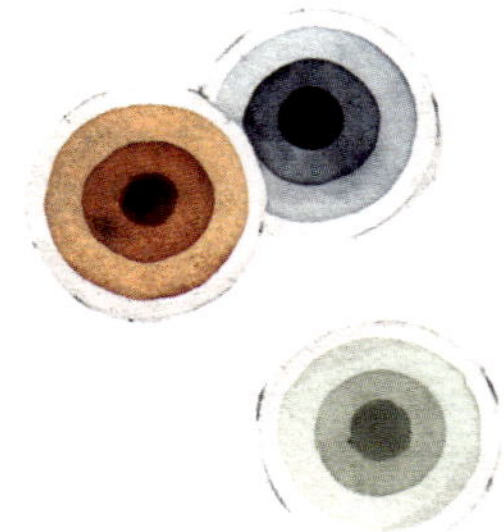

Bei dieser Art der Kärtchen siehst du auf einen Blick die verschiedenen Abstufungen eines Farbtons und kannst darüber hinaus Eigenschaften wie „lasierend", „deckend" oder „granulierend" sofort erkennen.

Das Anlegen der Kärtchen hat noch einen weiteren Vorteil: Du kannst mit ihrer Hilfe deine Farbkonzepte erstellen. Dazu wählst du dir Kärtchen aus, die dir gefallen. Schau sie dir genau an. Passen die Farben gut zusammen oder gibt es Farbtöne, die dich im Gesamtbild stören? Welche Farben kannst du austauschen oder erweitern? Stimmt die Balance zwischen zurückhaltenden und intensiven Farben? Probiere dein Farbschema zunächst mit einfachen, abstrakten Mustern aus.

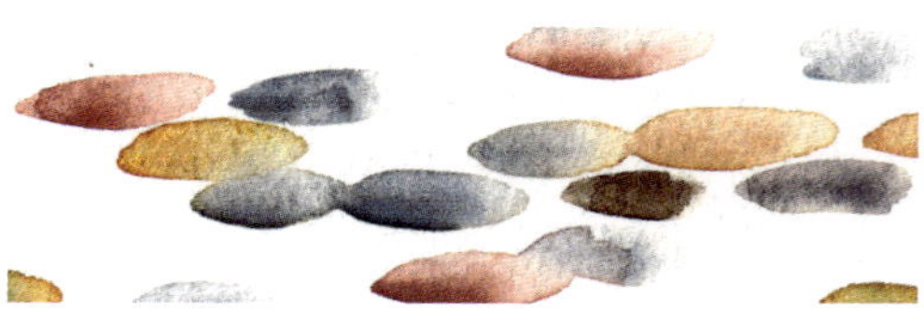

Hier habe ich an verschiedenen Stellen den Pinselkörper auf das Papier gedrückt, um zu sehen, wie das Gesamtbild der verschiedenen Farbtöne wirkt.

WIE SIND DIE FARBEN IM BUCH ANGEGEBEN?

Im Buch erwarten dich drei spannende Kapitel, die jeweils in einer eigenen Farbwelt gehalten sind. Zu Beginn jedes Motivs beschreibe ich dir zusätzlich den Farbton und seine Besonderheiten. Bei jedem Motiv wirst du einen Farbchart entdecken, an dem du dich orientieren kannst. Mit ein bisschen Übung wirst du diese Töne mit deinen Farben nachmischen können. **Grundsätzlich gilt:** Die Motive aus Boho Watercolor lassen sich wunderbar mit den Aquarellfarben der klassischen Marken nachgestalten. Allerdings wirst du hier im Buch weder Hersteller noch Farbnummern finden können, da alle Aquarellfarben, die ich selbst für dieses Buch verwendet habe, aus meiner eigenen Herstellung stammen. Die Welt der Pigmente und all ihre besonderen Eigenschaften und Herkünfte faszinieren mich so sehr, dass ich vor einigen Jahren begonnen habe, meine eigenen Farben zu produzieren . Einen kleinen Einblick dazu wirst du im Exkurs am Ende dieses Buches finden (ab Seite 118).

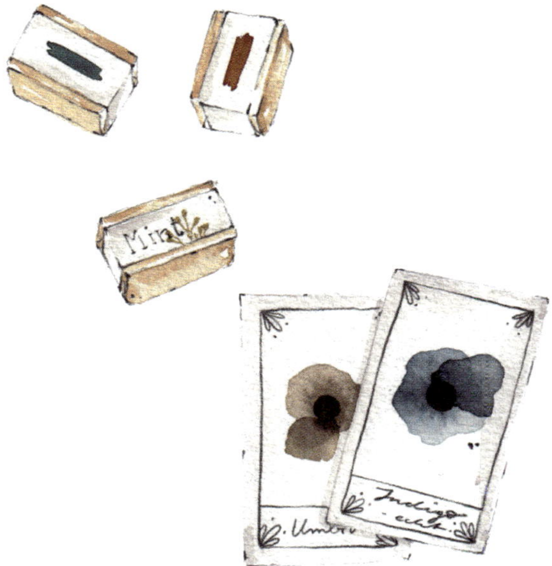

Mittlerweile entstehen in meiner Farbwerkstatt eine Vielzahl an Näpfchen aus besonderen Pigmenten und sogar historische Raritäten. Schau gerne mal auf **www.frauvonbommel.de** vorbei und mit ein wenig Glück kannst du dir die Farben nach Hause holen.

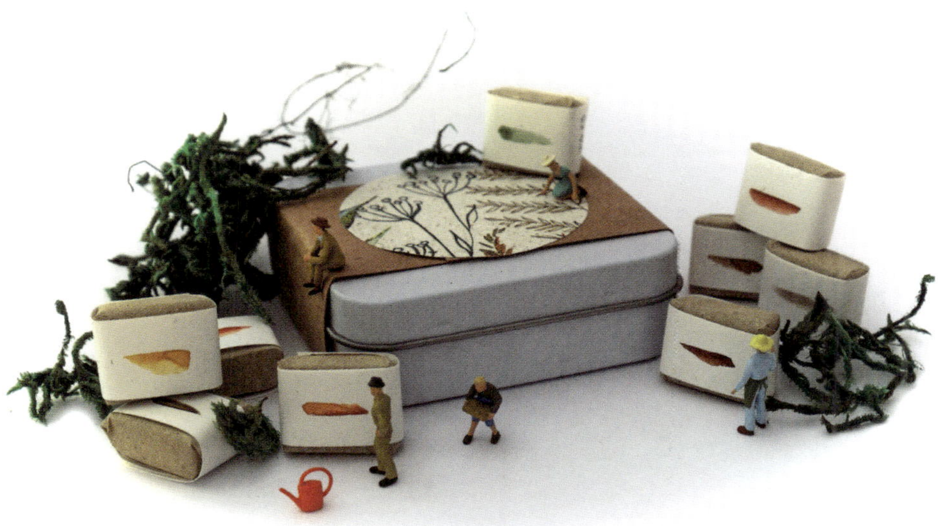

Details

DETAILS MACHEN DEIN WERK ZU EINEM RICHTIGEN HINGUCKER. HIER ZEIGE ICH DIR, WAS MAN DAFÜR ALLES VERWENDEN KANN.

DER BLEISTIFT

In den Projekten wird dir auffallen, dass ich immer wieder für kleine Linien, Punkte und Schraffuren zum Bleistift greife. Linien eines Bleistifts in verschiedenen Härtegraden, wie B, HB und H, können eine wunderbare Ergänzung zum Aquarelllook sein.

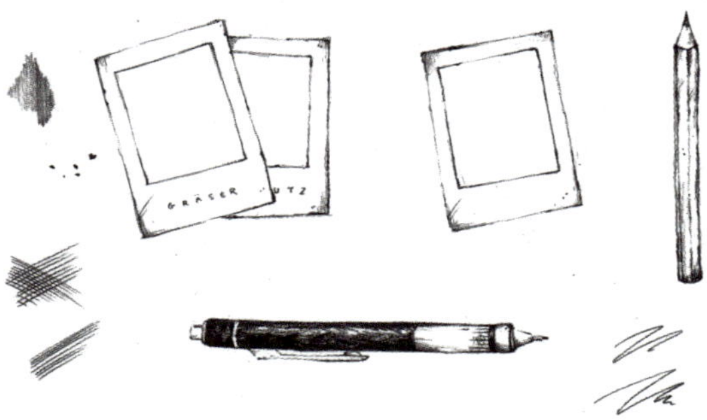

Übung:

Probiere verschiedene Schraffuren aus. Das sind viele kleine, im nahezu gleichen Abstand aneinandergereihte Linien, welche Flächen mehr Tiefe und Kontrast verleihen.

Dazu eignet sich ein gut angespitzter HB-Bleistift oder ein Druckbleistift.

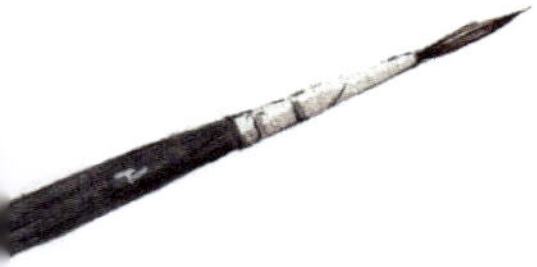

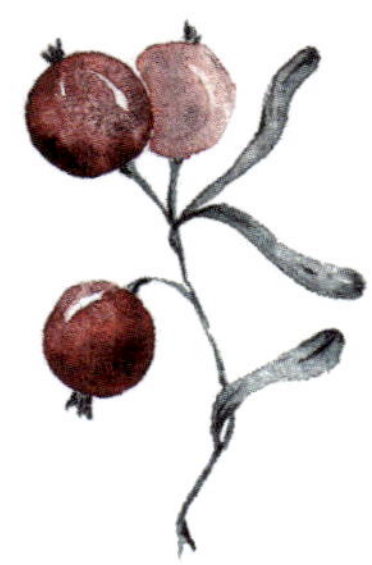

BUCHSTABEN

Manchmal ergänzen Wörter oder Sprüche ein Motiv ganz wunderbar. Du kannst dabei auf einen Wortbandstempel zurückgreifen, bei dem du deine Buchstaben durch kleine Räder einstellen kannst. Des Weiteren kannst du ein Etikettiergerät nutzen, um deinem Motiv einen besonderen Vintage-Look zu verleihen. Natürlich kannst du auch selbst Buchstaben lettern.

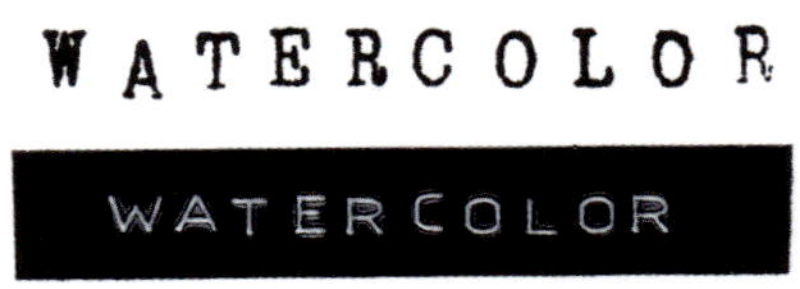

WEIẞRÄUME

Da du bei Aquarell von Hell nach Dunkel arbeitest, entstehen weiße Stellen meist dadurch, dass du dort das Weiß des Blatt Papiers frei lässt. Daneben gibt es ein paar kleine Hilfsmittel, wie zum Beispiel weiße Gouachefarbe. Diese ist wie Aquarellfarbe wasserlöslich, aber stark deckend. Mit dieser Farbe kannst du weiße Stellen nachträglich hinzufügen. Auch ein weißer Gelroller hat diesen Effekt. Bei Non-staining-Farben hilft es auch, das Papier noch einmal anzufeuchten und überschüssige Farbe mit einem Küchenkrepp abzutragen. Auch Maskierflüssigkeit eignet sich für weiße Stellen. Diese wird zu Beginn auf dem Papier aufgetragen und schützt dieses dann vor der Farbe. Am Ende kannst du die Maskierflüssigkeit wegrubbeln, damit das weiße Papier wieder sichtbar wird. Es gibt auch weiße Aquarellfarbe. Allerdings eignet sich diese nicht gut, um Weißräume entstehen zu lassen, sondern eher zum Mischen und Aufhellen der Aquarellfarben.

Weitere Hilfsmittel

NEBEN DEN WICHTIGSTEN BASICS ZU MATERIAL UND TECHNIK GIBT ES EIN PAAR WEITERE KLEINIGKEITEN, DIE DIR DAS MALEN MIT WATERCOLOR ERLEICHTERN.

KNETRADIERGUMMI

Aquarellpapier kann ganz schön empfindlich sein, deshalb empfehle ich dir einen Knetradiergummi. Diesen kannst du über das Papier rollen und tupfen, um zu starke Vorskizzen mit Bleistift abzuschwächen oder verschwinden zu lassen.

BUNTSTIFTE

Für sehr kleine Details kannst du gut angespitzte Buntstifte nutzen. Sie können zum farblichen Highlight werden und dir das Malen an schwierigen Stellen erleichtern.

KÜCHENKREPP ODER MALTUCH

Tupfst du mit Küchenpapier in nasse Flächen, können interessante Effekte entstehen. Doch auch vor zu nassem Malen und dem Entstehen von Wasserkränzen kann es dich bewahren, indem du den nassen Pinsel vor dem Farbauftrag kurz darauf abstreifst.

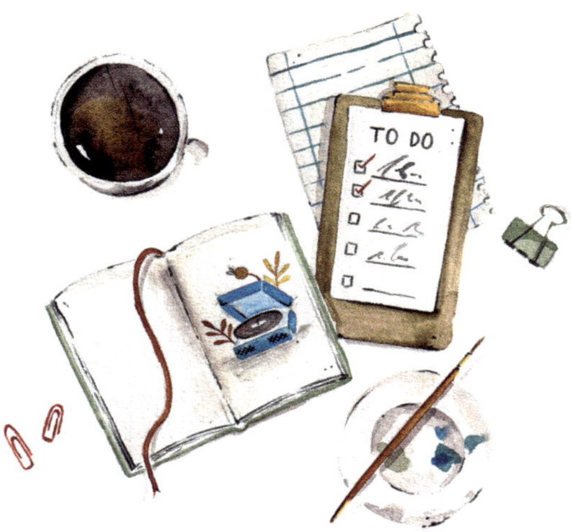

WASSERGLAS

Als Wasserbehältnisse genügen ein bis zwei Marmeladengläser, am besten mit Deckel zum Verschließen, sollte man gerade nicht malen.

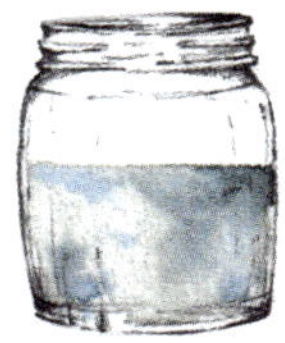

MALERKREPP

Damit du dein Papier am Tisch fixieren kannst oder beim Übertragen des Motivs nichts verrutschst, kannst du Masking Tape oder Malerkrepp (am besten für sensible Oberflächen) nutzen. Achte darauf, dass das Tape dein Papier beim Abziehen nicht beschädigt. Teste es gerne zuvor an einem Papierrest.

Übrigens spanne ich mein Aquarellpapier nicht, sondern achte darauf, dass es entweder im Block vierseitig verleimt ist oder ich nicht zu nass arbeite. Auf diese Weise lässt sich das Papier im Malprozess gut drehen, was das kreative Arbeiten erleichtert.

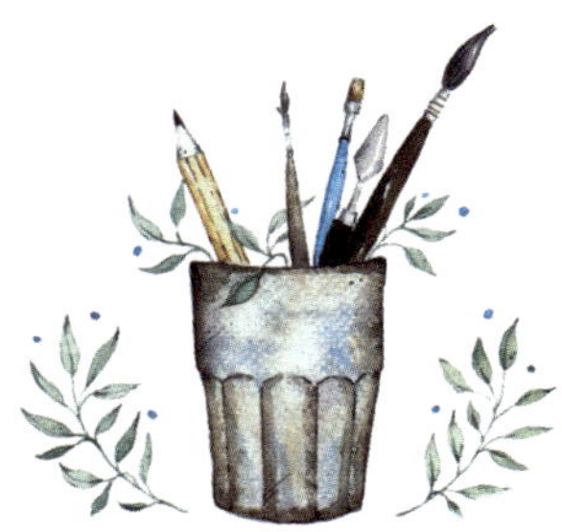

Tipps für nachhaltiges Malen

WUSSTEST DU, DASS PIGMENTE GAR NICHT SO UNGEFÄHRLICH FÜR UNSERE UMWELT SIND? MIT EIN PAAR EINFACHEN TRICKS KANNST DU DAS RISIKO MINIMIEREN.

Pigmente gehören nicht ins Grundwasser, denn viele von ihnen können Mikroorganismen schädigen und unsere Umwelt belasten. Durch den Prozess, eigene Farben herzustellen und die damit verbundenen Sicherheitsdatenblätter zu kennen, wurde mir noch einmal bewusst, wie wichtig ein verantwortungsvoller Umgang mit Farben ist. Deshalb ist es wichtig, dass du dein Malwasser nicht einfach wegschüttest. Lass dein Glas ein paar Tage stehen, bis sich die Pigmentreste abgesetzt haben. Nun kannst du das Wasser vorsichtig abschütten und den Absatz mit einem Küchenkrepp auswischen und im Restmüll entsorgen. Dein Farbkasten darf schmutzig sein, denn Farbreste lassen sich immer wieder anlösen und wiederverwenden. Die schönsten zufälligen Mischtöne entstanden bei mir durch „Reste" auf meinen Mischpaletten und Kästen.

Falls du ein Maltuch nutzt, wirf es bitte nicht in die Waschmaschine oder spüle es im Wasser aus. Der bessere Weg ist hier tatsächlich, ein zu verschmutztes Tuch im Restmüll zu entsorgen und anschließend ein anderes zu verwenden.

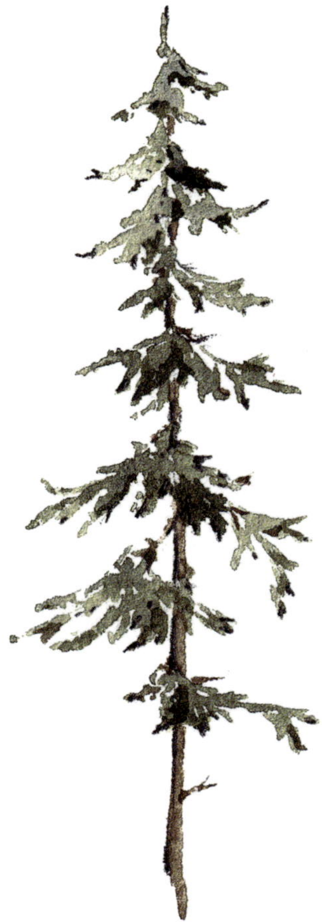

Und nun geht es los

Starte mit deinen Projekten im Boho-Stil, entdecke zeitlose Motivideen und lass dich in harmonische Farbwelten entführen. Doch vor allem: Hab Spaß, experimentiere und trau dich, ab und zu etwas danebengehen zu lassen. Am Ende ist es nur Papier.

SO ÜBERTRÄGST DU DEINE VORLAGEN

Falls du nicht frei skizzieren möchtest, bietet dir das Büchlein eine tolle Möglichkeit, die Motive auf dein liebstes Aquarellpapier zu übertragen. Auf dem Vorlagenposter findest du für alle Schritt-für-Schritt-Projekte eine Vorzeichnung zum Abpausen.

DIE TRANSFERTECHNIK

Mit einem weichen Bleistift schraffierst du die leere Rückseite deines Motivs. Sollte dir das Poster zu viel Platz einnehmen, kannst du dir zuvor gerne den entsprechenden Ausschnitt kopieren. Das fertig schraffierte Blatt legst du nun mit der Motivseite nach oben auf dein Aquarellpapier. Achte darauf, dass es nicht verrutscht. Ein paar schwere Gegenstände oder Malerkrepp helfen dabei. Nun kannst du die Linien des Motivs mit einem HB-Bleistift oder spitzen Buntstift nachziehen. So überträgst du mithilfe des Grafits auf der Rückseite die Formen auf deinen Papierbogen. Zu starke, dunkle Grafitlinien kannst du mit dem Knetradiergummi abschwächen.

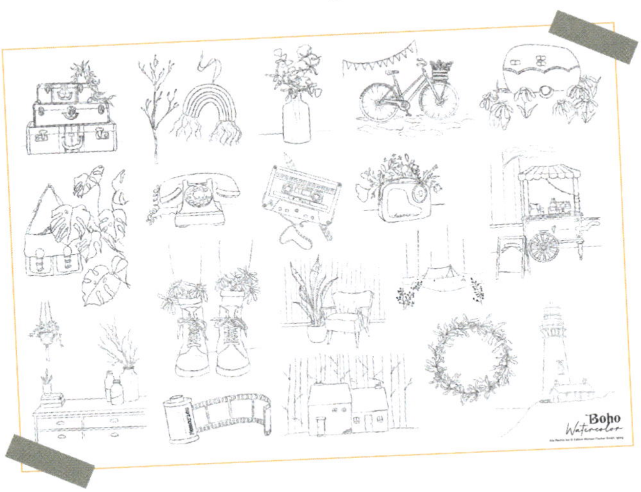

DAS LIGHTBOARD

Mithilfe von Licht kannst du dein Motiv auf den Aquarellbogen übertragen. Dabei legst du erst dein Wunschmotiv und dann deinen Papierbogen auf das Board. So kannst du die durchscheinenden Linien mit einem Bleistift nachfahren. Die Anschaffung eines solchen Boards ist allerdings mit Kosten verbunden. Dasselbe Prinzip funktioniert an einem hellen Tag auch an deinem Fenster, dabei ist die Sonne die Lichtquelle.

MOTIVWAHL

Bei jedem Projekt wirst du Angaben zu seiner Komplexität finden. Simple Projekte brauchen nicht so viel Zeit wie komplexe Motive. Ich möchte nicht mit den Begriffen „leicht" und „schwer" arbeiten, da es sehr individuell ist, was als schwierig empfunden wird. Trau dich gerne auch an Projekte heran, die auf den ersten Blick kompliziert wirken. Lass deine Illustration auch einmal eine Weile liegen und schau mit einem frischen Blick darauf. Was gefällt dir? Was noch nicht? Auf diesem Weg wirst du viel über dich und deinen ganz persönlichen Stil lernen können.

HERAUSFORDERUNG

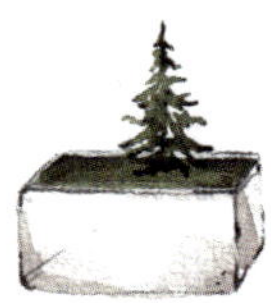
SIMPEL

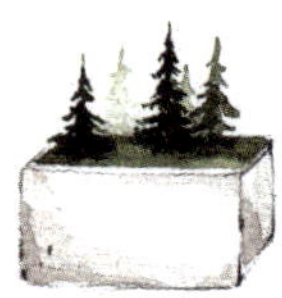
MEDIUM

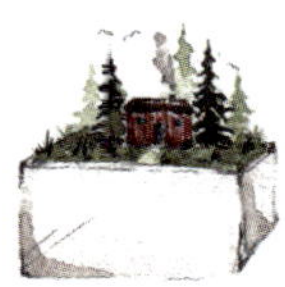
KOMPLEX

Projekte

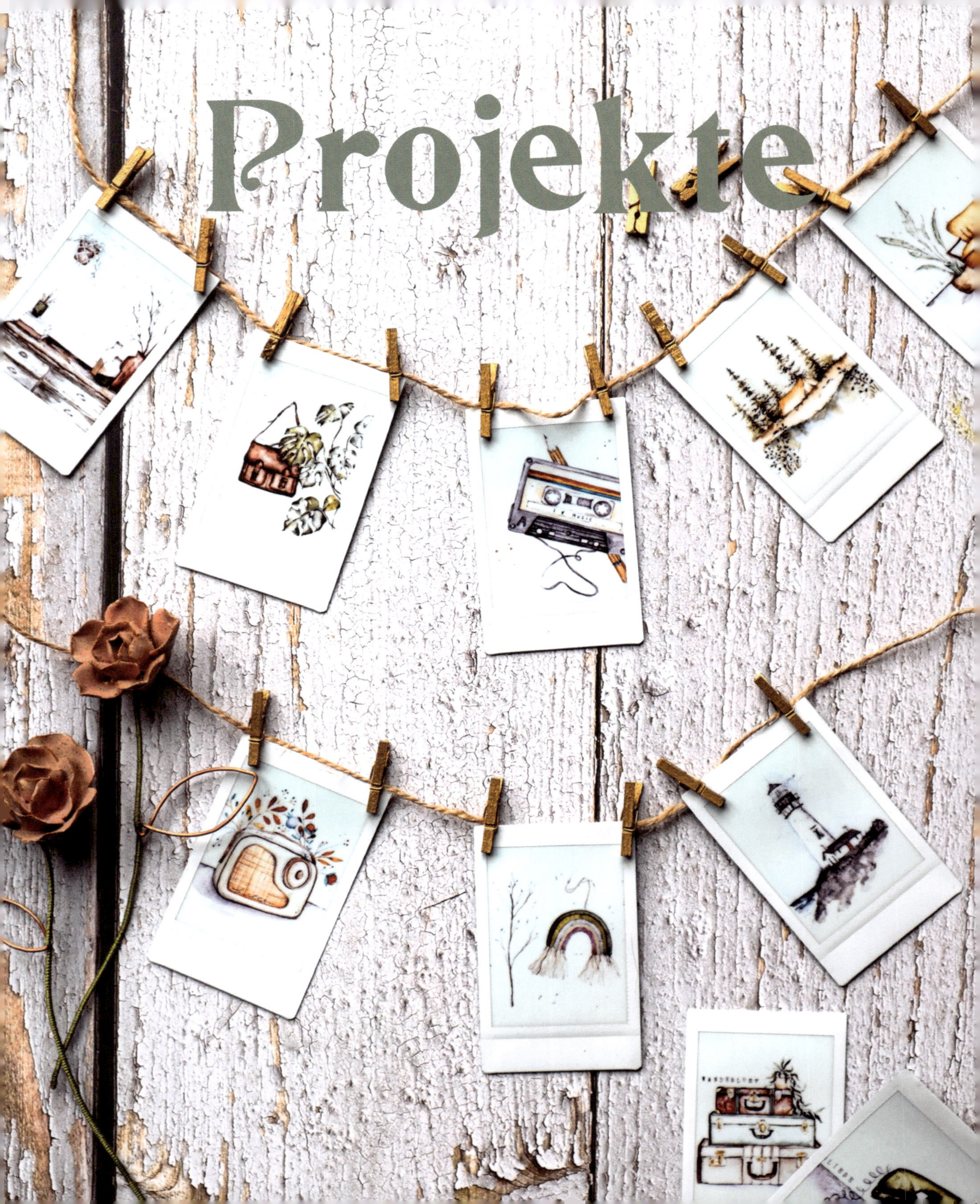

MACH ES DIR GEMÜTLICH, NIMM DIR ZEIT FÜR DICH UND ERFAHRE, WIE DU SCHRITT FÜR SCHRITT DIE VERSCHIEDENSTEN MOTIVE IM BOHO-VINTAGE-LOOK KREIEREN KANNST. LASS DICH INSPIRIEREN UND TOBE DICH GANZ NACH DEINEM PERSÖNLICHEN GESCHMACK AUS.
IN JEDEM KAPITEL ERWARTET DICH EINE GANZ EIGENE FARBWELT. LASS DICH DAVON INSPIRIEREN, MISCHE ODER FINDE DEINE TÖNE.

BOHEME-FARBPALETTE

- dunkles Flaschengrün (Indigo Grün)
- sattes Goldgelb, das im Vollton bräunlich wirkt (Stil de Grain)
- granulierendes Altrosa (Nelkenfarbe/Potters Pink)
- violettstichiger Grauton (Neutraltinte)
- gelbstichiges Grün (Reptile)
- leicht grünstichiger Braunton (Umbra grünlich)
- sanftes Blaugrün (Mint)
- rötliches Braun (Chestnut)
- heller Sandton (Caramel)

RETRO-FARBPALETTE

- sanftes Blaugrün (Mint)
- violettstichiger Grauton (Neutraltinte)
- strahlendes Gelborange (Pumpkin Spice)
- leicht grünstichiger Braunton (Umbra grünlich)
- heller Sandton (Caramel)
- tiefes Dunkelrot (Gubbio)
- Senfgelb (Sofodcr)
- zartes, mattes Blau (Soft Blue)
- sattes Türkis (Lagoon)

BACK TO NATURE-FARBPALETTE

- natürlicher, leicht brauner Grünton (Forest)
- leicht grünstichiger Braunton (Umbra grünlich)
- sanftes Graublau, lasierend (Maja Blau)
- Silbergrau, grafitfarben (Aqua Graphit)
- tiefes Dunkelblau (Indigo)
- heller Sandton (Caramel)
- leicht violettstichiger Grauton (Neutraltinte)
- rötliches Braun (Chestnut)
- kräftiges, erdiges Rot (Terra Pozzuoli)
- erdiges Orange (Havane)

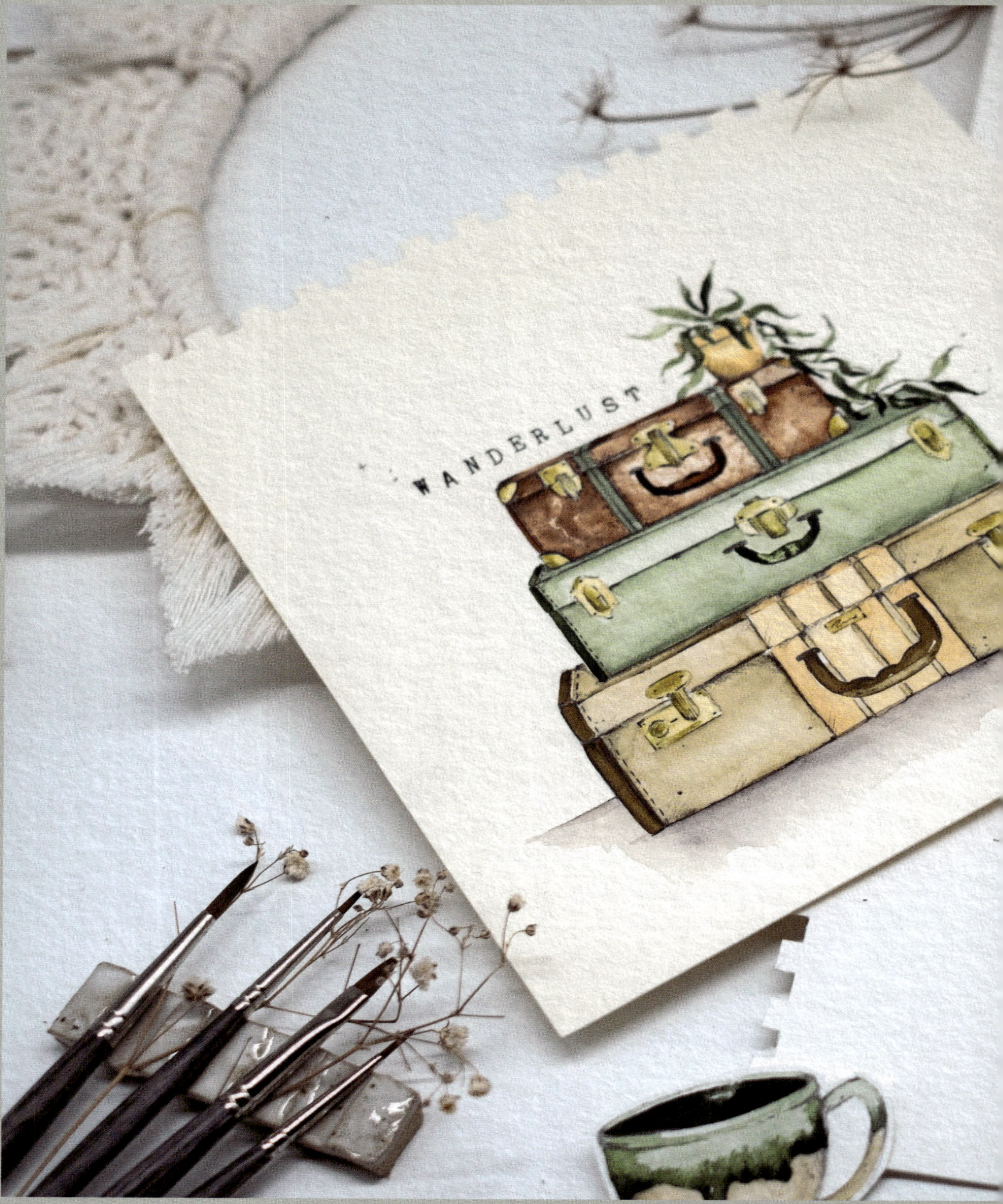
WANDERLUST

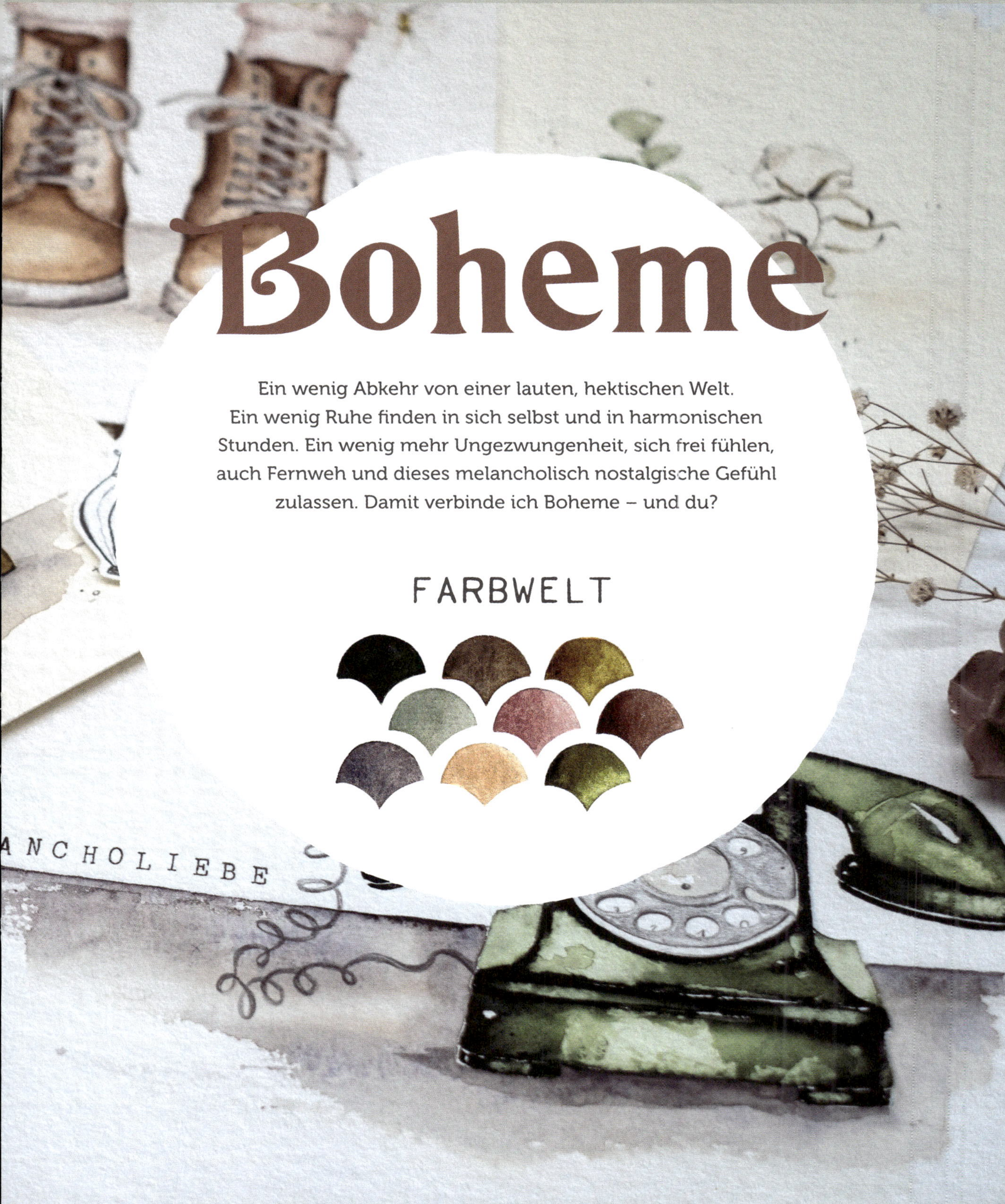

Boheme

Ein wenig Abkehr von einer lauten, hektischen Welt. Ein wenig Ruhe finden in sich selbst und in harmonischen Stunden. Ein wenig mehr Ungezwungenheit, sich frei fühlen, auch Fernweh und dieses melancholisch nostalgische Gefühl zulassen. Damit verbinde ich Boheme – und du?

FARBWELT

Die

Koffer

FERNE LÄNDER, UNBEKANNTE GERÜCHE UND GERÄUSCHE … MANCHMAL WIRD ES ZEIT, SEINE SACHEN ZU PACKEN UND IN NEUE ABENTEUER AUFZUBRECHEN. DEN DRANG AUFZUBRECHEN BESCHREIBT DAS WORT „WANDERLUST“, EIN WORT, DAS MAN IM ENGLISCHSPRACHIGEN RAUM GENAU SO ÜBERNOMMEN HAT.

FARBEN

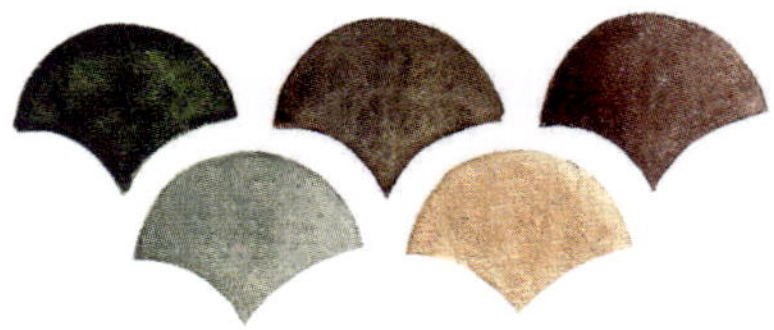

PINSEL

Rundpinsel in kleiner Größe (0)
Rundpinsel in mittlerer Größe (4)
Verwaschpinsel mit feiner Spitze
Schlepperpinsel

MATERIAL

Aquarellpapier: Carnet de Voyage, Hahnemühle, 400 g/m²
(Druck-)Bleistift
Knetradiergummi
evtl. Küchentuch

VORLAGE

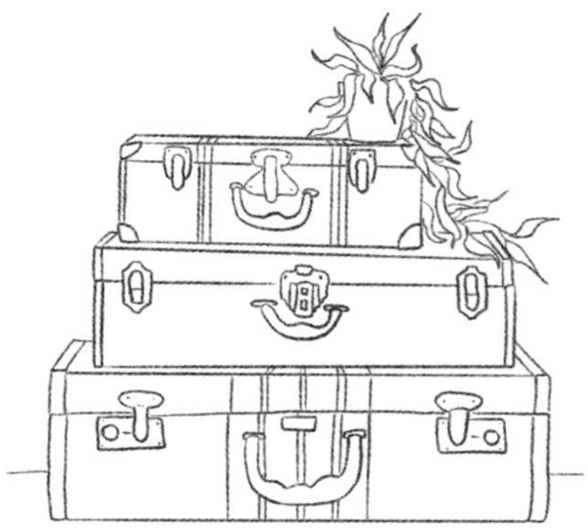

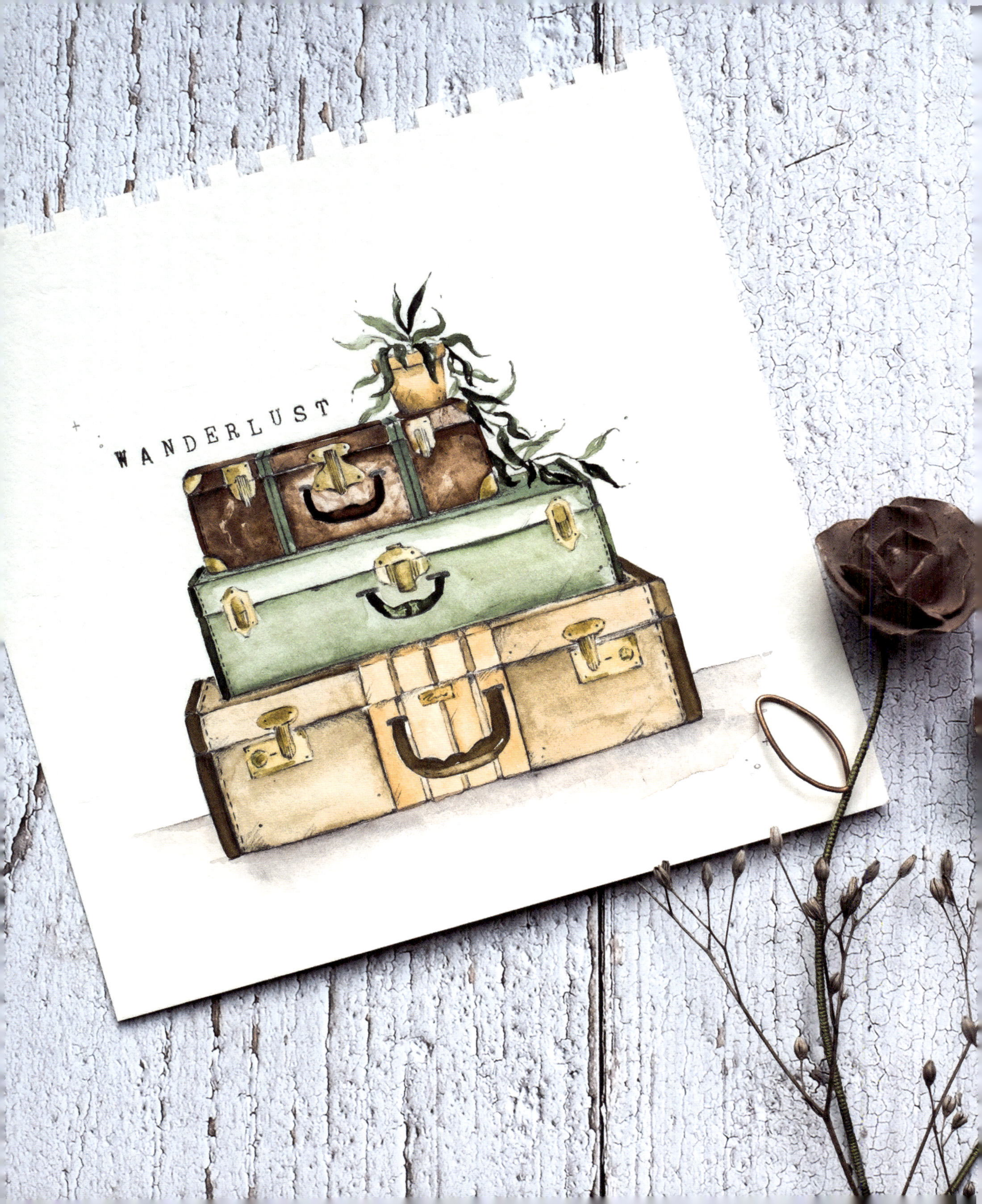
WANDERLUST

So geht's

Schritt 1

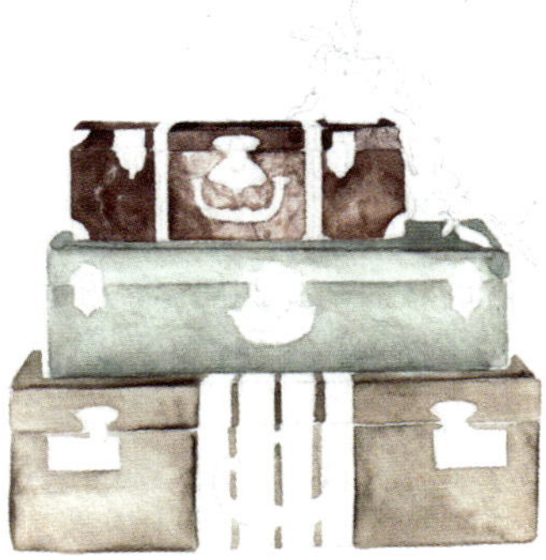

Nach dem Übertragen deines Motivs beginnst du mit dem Grundieren aller größeren Flächen. Die Koffer sind farblich unterschiedlich gehalten: in einem Umbraton, Mint und Rotbraun. Nutze gerne einen größeren Rundpinsel. Achte darauf, nicht zu dunkel zu beginnen, und mische deine Töne nur leicht pigmentiert an.

Schritt 2

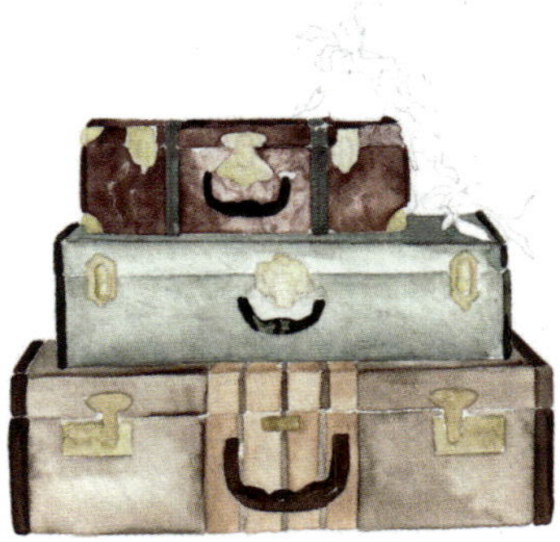

Nachdem deine Grundierung gut durchgetrocknet ist, kannst du die kleineren Flächen mit einem kleinen Rundpinsel grundieren. Orientiere dich bei der Farbauswahl gerne an der Abbildung und achte darauf, dass du nicht zu „blass", also zu leicht pigmentiert malst, damit die kleinen Flächen schon einen guten Kontrast erkennen lassen.

Schritt 3

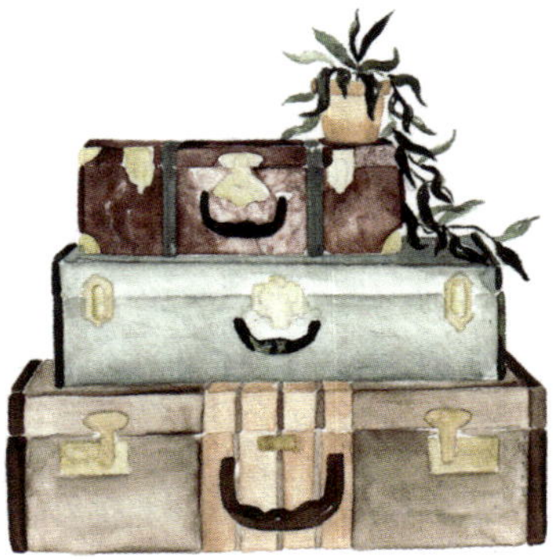

Weiter geht es mit der Topfpflanze. Dafür grundierst du den Topf mit dem mittleren Rundpinsel in einem Sandton. Achte darauf, an den Seiten des Übertopfs etwas dunkler zu malen, das gibt der Form mehr Räumlichkeit. Male, sobald die Fläche getrocknet ist, mit einem Schlepperpinsel die kleinen Blätter der Pflanze. Besonders schön wird es, wenn man den dunkelgrünen Ton variiert. Du brauchst dabei gar nicht zu genau sein, je lockerer die einzelnen Blattformen sind, desto natürlicher wirkt es.

Schritt 4

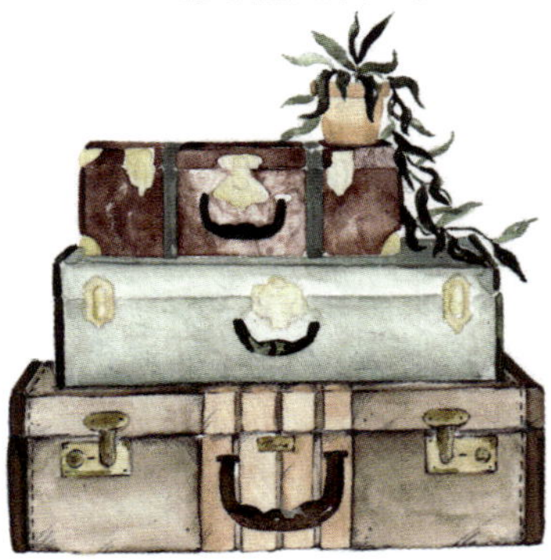

Jetzt wird es Zeit für viele kleine Details, die deinen Koffer ein wenig alt und abgenutzt erscheinen lassen. Am unteren Koffer beginnst du, eine zweite Lasur an die Kanten des Koffers zu setzen. Du mischst dir also deinen Umbraton in leichter Pigmentierung an und gehst mit dem Verwaschpinsel über die Stellen, die dunkler erscheinen sollen. Nachdem die Farbe gut getrocknet ist, kannst du zusätzliche Details an Schnallen oder auch Nähte mit dem Bleistift hinzufügen.

Schritt 5

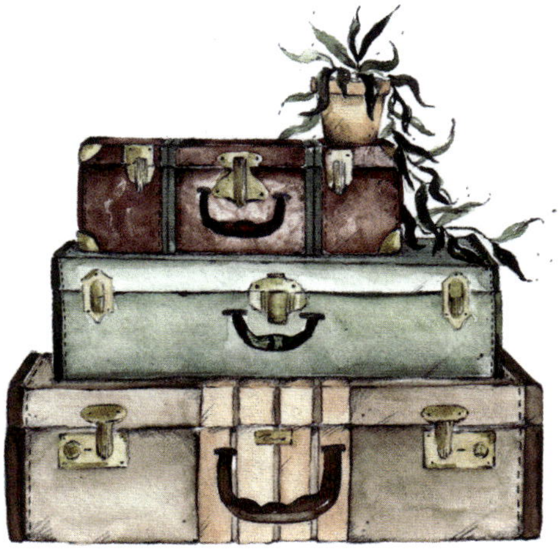

Gehe ebenfalls bei den anderen zwei Koffern so wie bei Schritt 4 beschrieben vor. Probiere dich bei den Details mit verschiedenen Bleistiftschraffuren und -punkten aus. Dunklere Stellen an den Kanten geben Tiefe. So kannst du beim oberen Koffer die Lederstruktur andeuten, indem du die rotbraunen Stellen noch einmal hochpigmentiert kolorierst und die noch nasse Fläche mit einem Küchentuch abtupfst. Achte darauf, nur einmal kurz zu tupfen und nicht zu wischen, um Farbflecken zu vermeiden.

Schritt 6

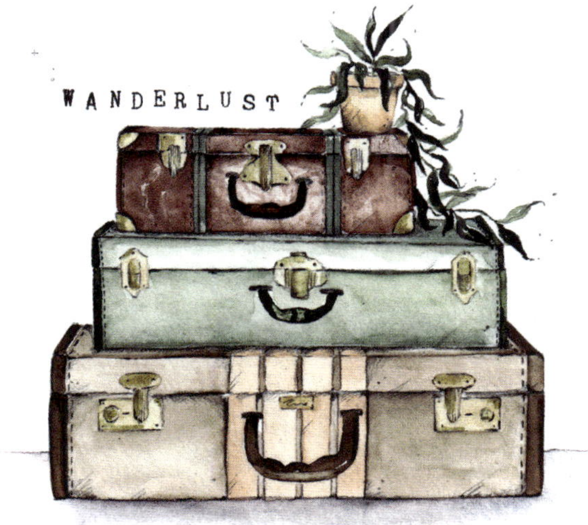

Im letzten Schritt setzt du mit einer leicht pigmentierten Neutraltinte oder einem Grauton ein wenig Schatten unterhalb deines Kofferstapels. Den Schriftzug habe ich mit dem Wortbandstempel hinzugefügt. Ich empfehle dir, zunächst auf einem Schmierpapier den Schriftzug zu testen. Wenn du diesen ausschneidest, kannst du dir eine passende Position auf deinem fertigen Bild suchen und stempeln.

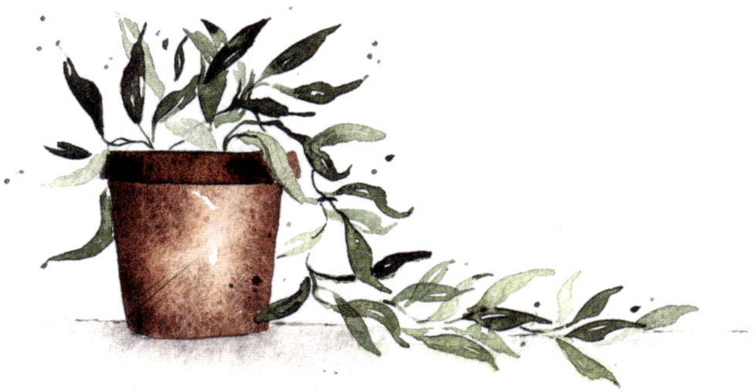

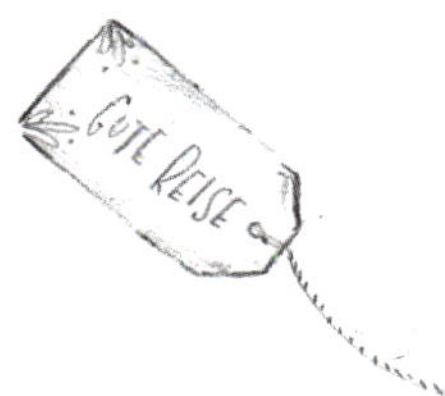

Das Makramee

BESTIMMT KENNST DU DIE SÜẞEN REGENBOGENILLUSTRATIONEN, DIE MAN MIT WATERCOLOR UND WENIGEN PINSELSTRICHEN ZAUBERN KANN. WUSSTEST DU, DASS MAN SIE AUCH ALS MAKRAMEE GESTALTEN KANN? DOCH STATT ZU KNÜPFEN, BRAUCHST DU AUCH FÜR DIESES PROJEKT NUR EIN PAAR FARBEN UND PINSEL.

PINSEL

Rundpinsel in kleiner Größe (0)

Rundpinsel in mittlerer Größe (4)

Schlepperpinsel

MATERIAL

Aquarellpapier: Carnet de Voyage, Hahnemühle, 400 g/m²

(Druck-)Bleistift

Knetradiergummi

evtl. Küchentuch

FARBEN

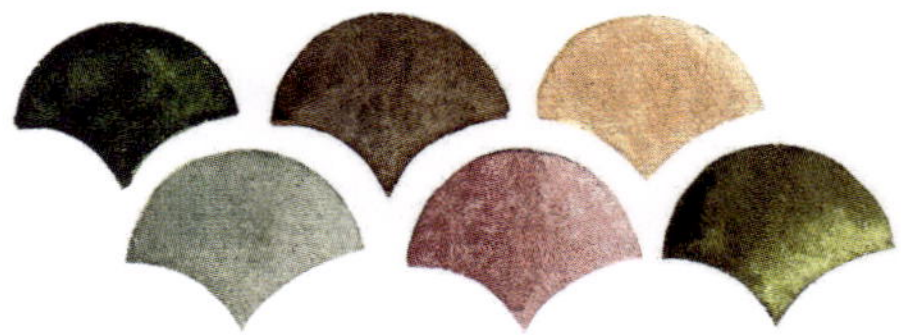

VORLAGE

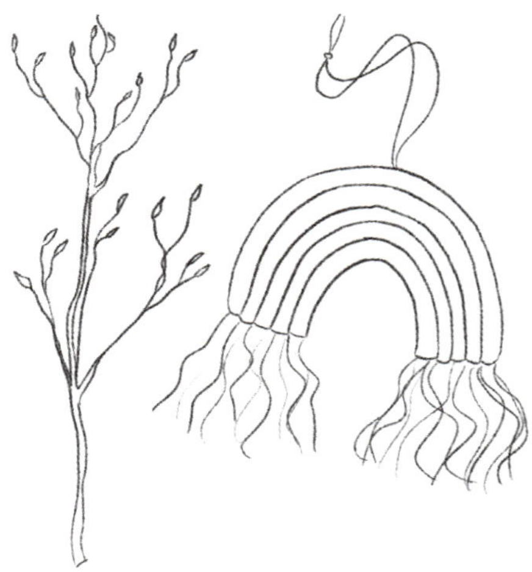

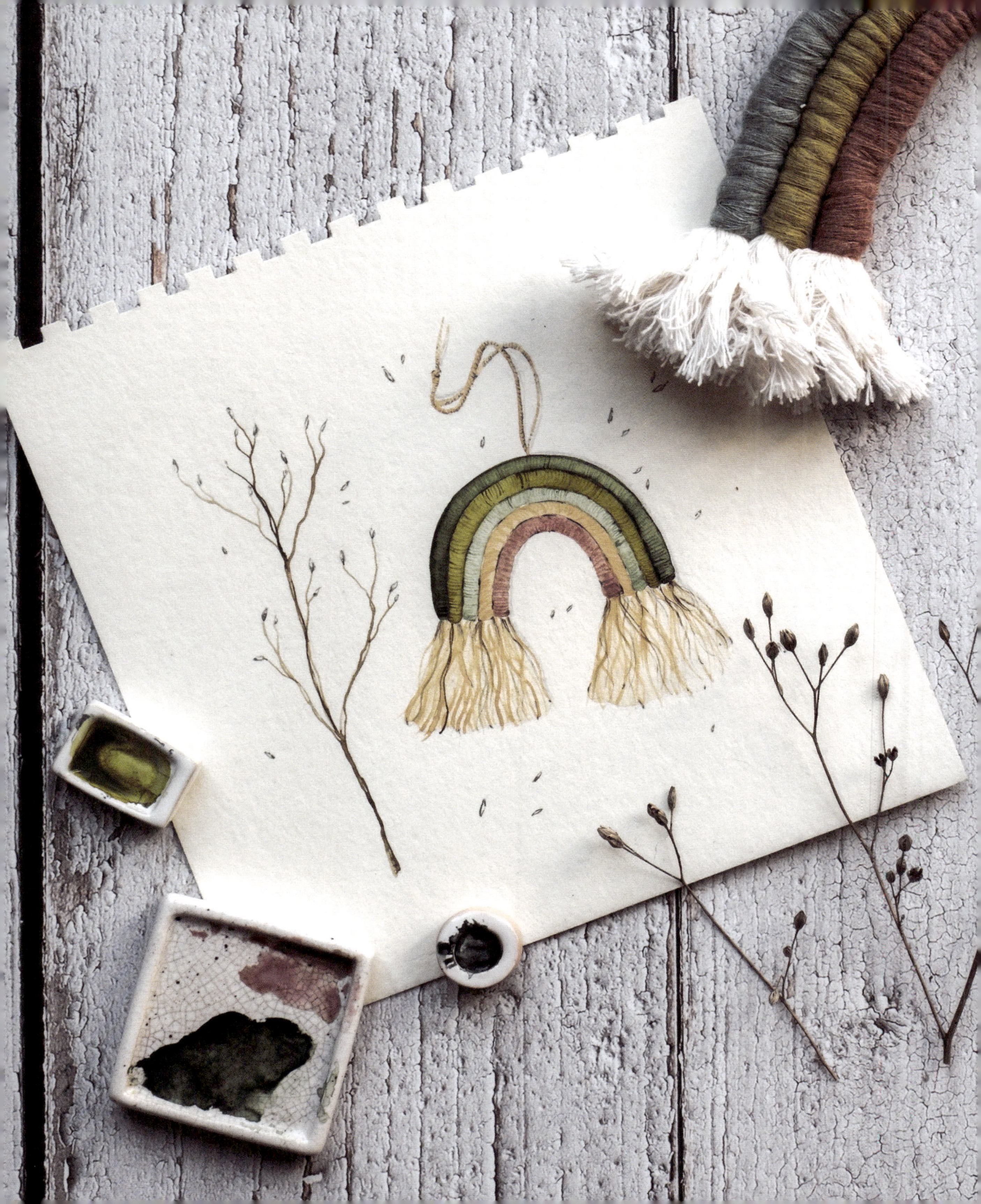

So geht's

Schritt 1

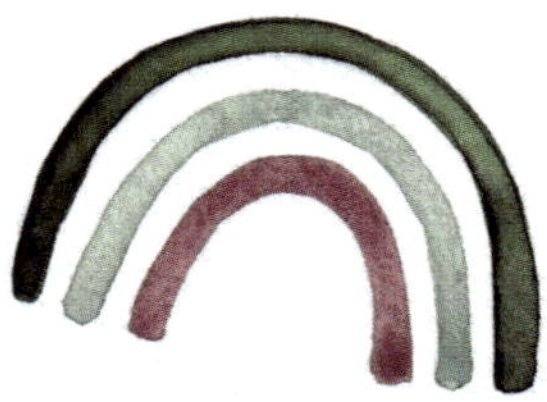

Schritt 2

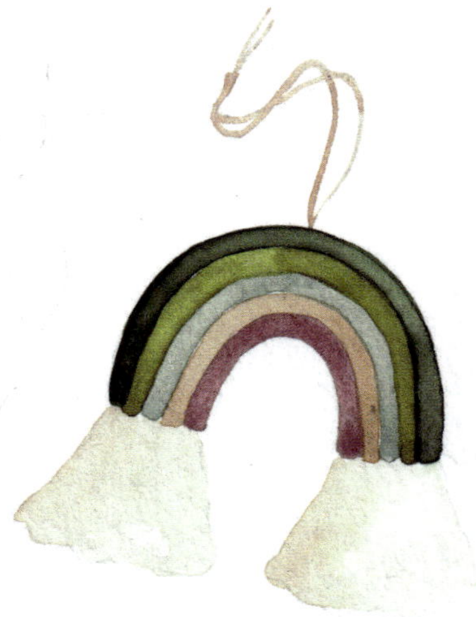

Bei diesem Projekt kannst du wunderbar mit verschiedenen Farbzusammenstellungen experimentieren. Stelle dir fünf verschiedene Farbtöne zusammen. Hier sind es Dunkelgrün, Goldgrün, Mint, ein Sandton und Altrosa. Damit die Farben nicht ineinanderlaufen, beginnst du mit dem ersten, dritten und fünften Bogen und lässt die Bogen dazwischen vorerst aus. Am besten eignet sich ein Rundpinsel in einer mittleren Größe.

Nachdem alles getrocknet ist, ergänze die fehlenden Bogen. Male diese in wenigen Zügen, damit du die anderen Farben nicht anlöst. Durch die leichte Überlappung der Farben (Lasur) entstehen automatisch dunklere Stellen zwischen den einzelnen Tönen. Füge nun den Faden in einem Sandton hinzu. Ein Schlepperpinsel ist dazu sehr gut geeignet. Auch die Fläche unterhalb der Bogen, an denen später die Fäden zu sehen sein werden, grundierst du im selben Ton und einem mittleren Rundpinsel. Gib darauf acht, nicht zu dunkel, sondern nur ganz leicht pigmentiert zu arbeiten.

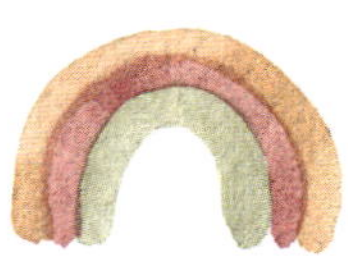

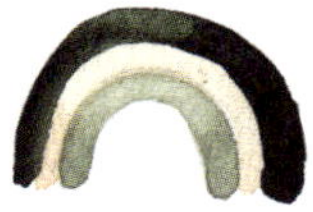

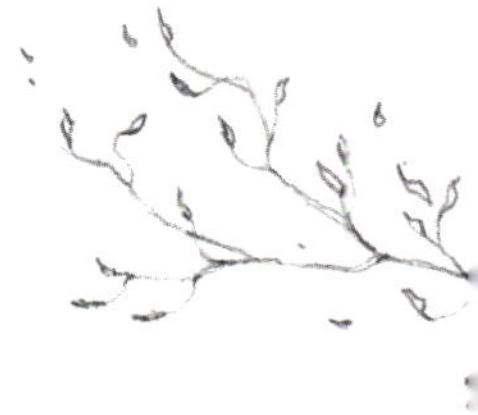

Schritt 3

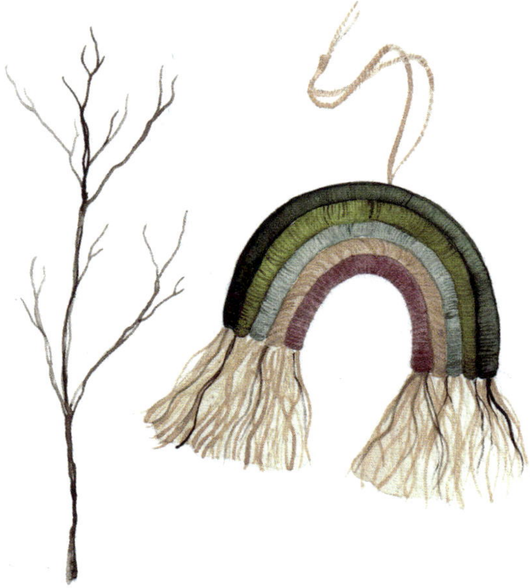

Nun kannst du dir für all die kleinen Details Zeit nehmen, die deine Illustration noch spannender machen. Ergänze zum Beispiel mit einem Schlepperpinsel getrocknete Gräser. Variiere dazu in Helligkeit und Dicke der einzelnen Ästchen. Je mehr Verzweigungen du malst, desto feiner werden die Linien. Gehe ähnlich bei den Fäden unterhalb der Bogen vor. Mit dem Schlepperpinsel malst du viele wellenförmige Linien in verschiedenen Tönungen. Auch kleine Striche an den einzelnen Bogen kannst du ergänzen. Dazu nimmst du immer den jeweiligen höher pigmentierten Farbton des Bogens und einen sehr feinen Rundpinsel.

Schritt 4

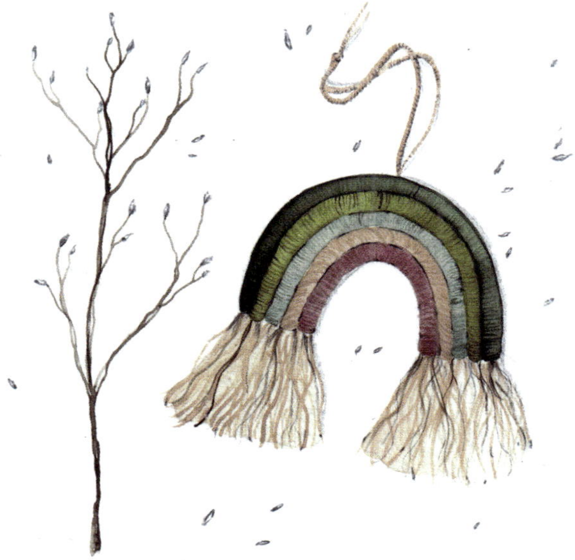

Die letzten Details lassen sich gut mit einem Bleistift ergänzen. Die Trockengräser bekommen kleine Blätter, auch zum Füllen der Weißräume kannst du diese Elemente hinzufügen. Unterhalb des Stricks und links vom Regenbogen deutest du einen leichten Schatten an, dazu drückst du nur ein wenig mit dem Bleistift auf. Zwischen den Bogen und den Fäden malst du stellenweise dunkle Kontrastpunkte, dadurch wirkt dein Regenbogen noch plastischer.

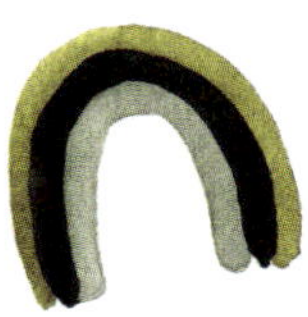

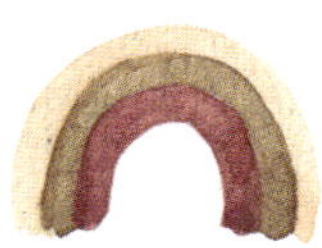

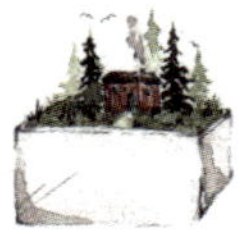

Die Boots

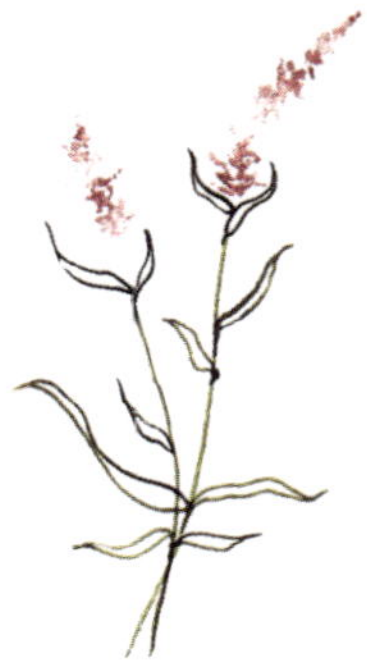

WIE SCHÖN IST ES, IN SEINE BEQUEMSTEN SCHUHE ZU SCHLÜPFEN UND EINEN AUSGEDEHNTEN SPAZIERGANG ZU UNTERNEHMEN. SCHAU MAL GENAU HIN, WELCHE BLUMEN GERADE WACHSEN, UND LASS DICH VON DEREN FORMEN UND FARBEN INSPIRIEREN!

FARBEN

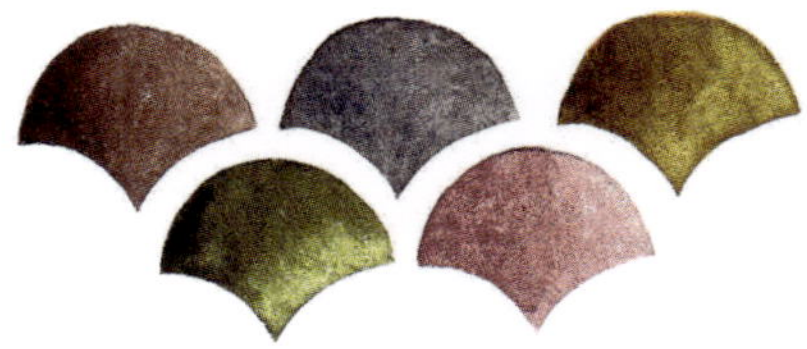

PINSEL

Rundpinsel in kleiner Größe (0)
Rundpinsel in mittlerer Größe (4)
Verwaschpinsel mit feiner Spitze
Schlepperpinsel

MATERIAL

Aquarellpapier: Etchr Watercolor Pad, 300 g/m²
(Druck-)Bleistift
Knetradiergummi
evtl. Küchentuch

VORLAGE

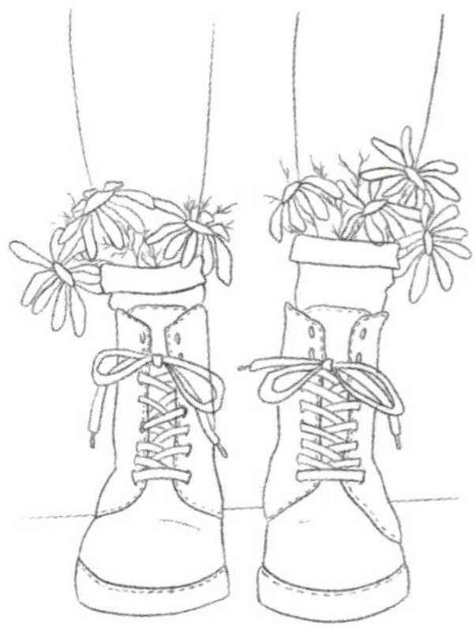

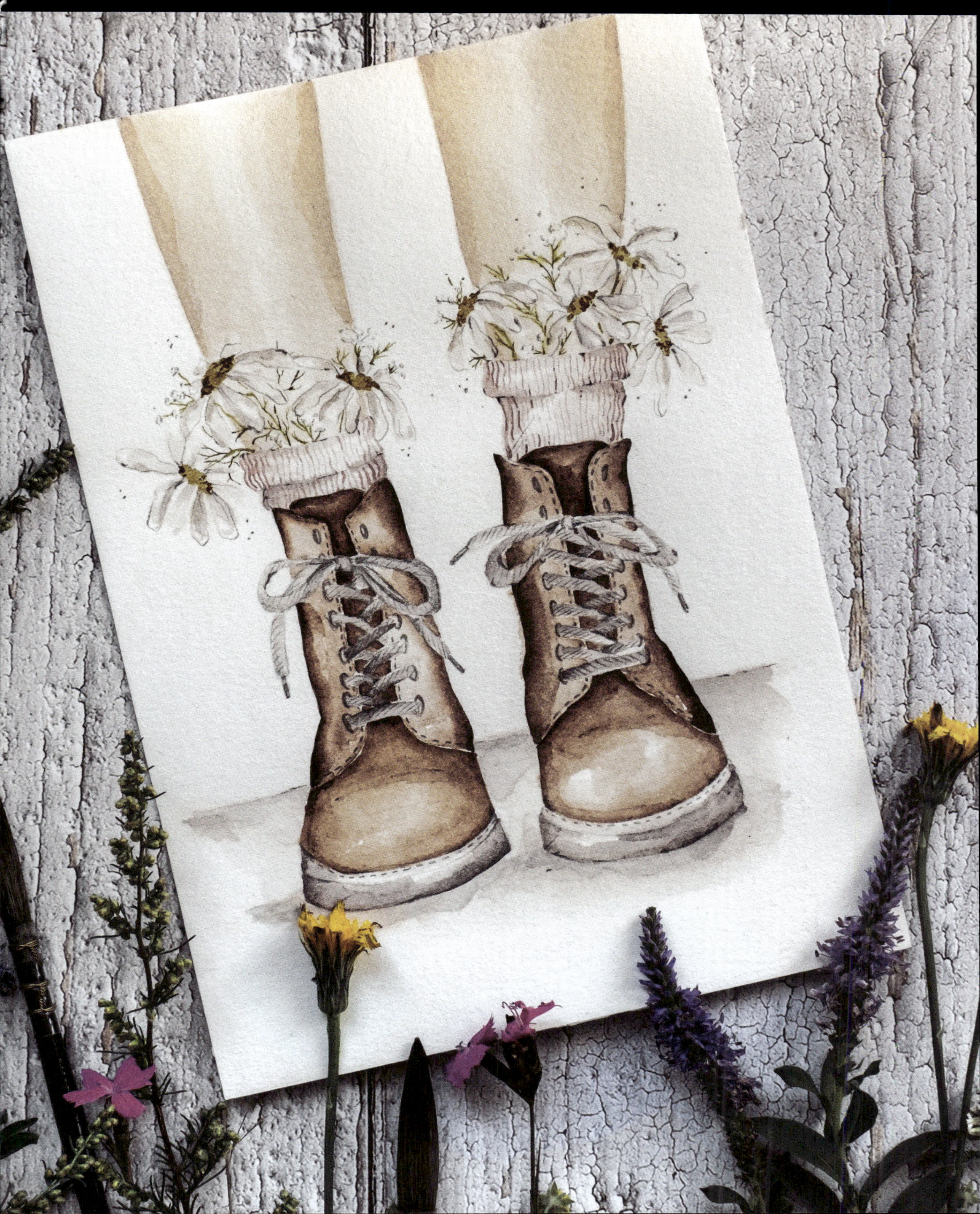

So geht's

Schritt 1

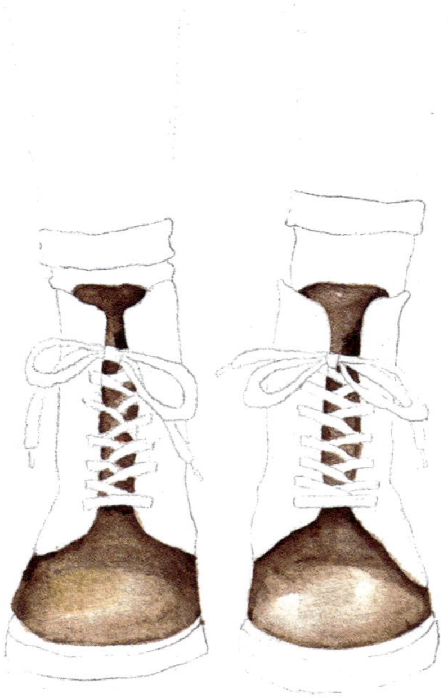

Nachdem du deine Vorlage auf Aquarellpapier übertragen hast, grundierst du mit einem Verwaschpinsel die größten Flächen des Bildes, welche hier ein Teil der Schuhe sind, mit einem rotbraunen Ton. Plane bitte schon jetzt hellere Stellen ein, besonders die Schuhspitzen sollten heller wirken. Dies kannst du erreichen, indem du nur leicht pigmentiert beginnst und an den Rändern zusätzlich Farbe in die noch nasse Fläche gibst.

Schritt 2

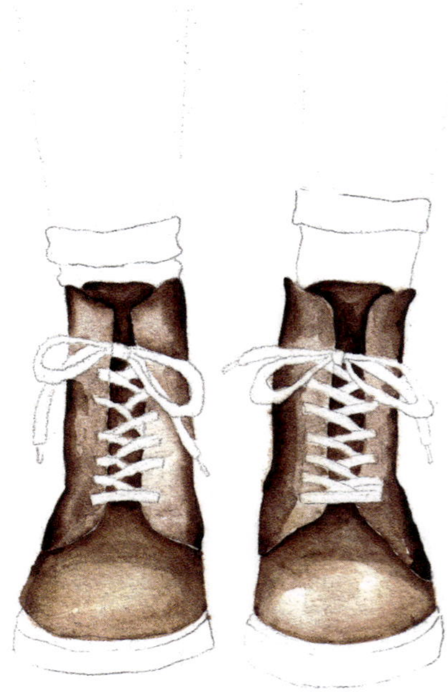

Lass die erste große Fläche gut trocknen, bevor du mit den weiteren Bereichen des Schuhs fortfährst. Greife bei kleineren Zwischenräumen, wie bei den Schnürsenkeln, auf einen kleineren Rundpinsel zurück. Gib wie bei Schritt 1 auch hier besonders an den Seiten mehr Pigment in die noch nasse Fläche.

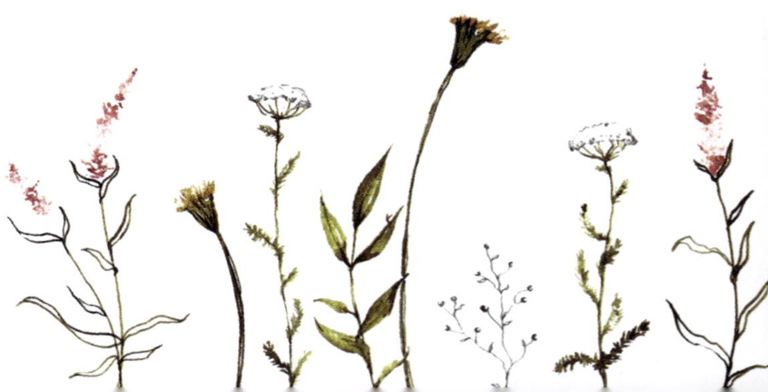

Schritt 3

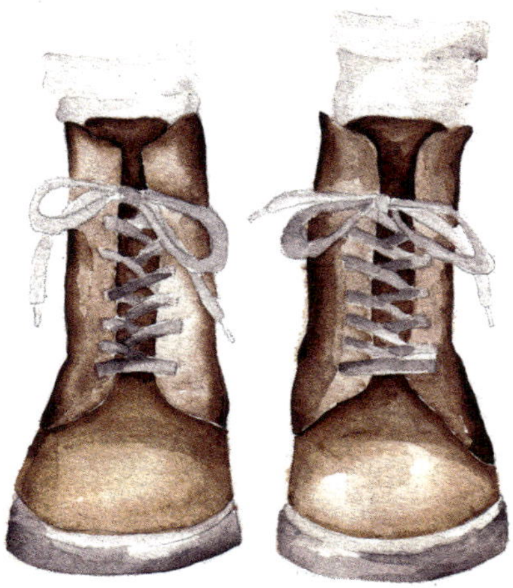

Nachdem alle braunen Flächen gut getrocknet sind, mach mit den Sohlen und Schnürsenkeln weiter. Dafür eignet sich schwach pigmentierte Neutraltinte. Erzeuge auch bei den Socken eine ganz leichte Grundierung, indem du sehr leicht pigmentierte Neutraltinte nutzt. Sobald Sohle und Schnürsenkel getrocknet sind, schaffst du mehr Räumlichkeit und Tiefe, indem du noch einige dunkle Stellen mit Neutraltinte ergänzt. Setze die Farbe gerne an den Seiten der Sohle und der unteren Kante ein.

Schritt 4

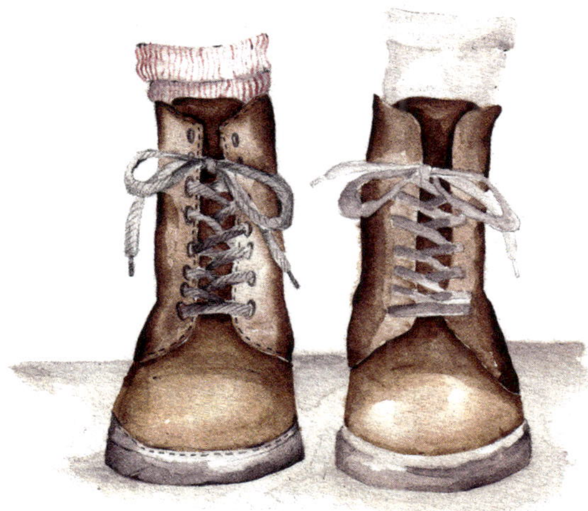

Lass alle Flächen erneut gut trocknen, bevor du Details wie Streifen und Nähte hinzufügst. Die Nähte gelingen dir am besten mit einem Druckbleistift. Setze dazu kurze Striche entlang der Kanten. Mit einem Schlepperpinsel und Aquarellfarbe im altrosa Ton gelingen dir die Streifen der Socken am besten. Deute noch die Bodenfläche an, indem du mit dem Verwaschpinsel etwas Neutraltinte in den unteren Teil deiner Illustration gibst.

Schritt 5

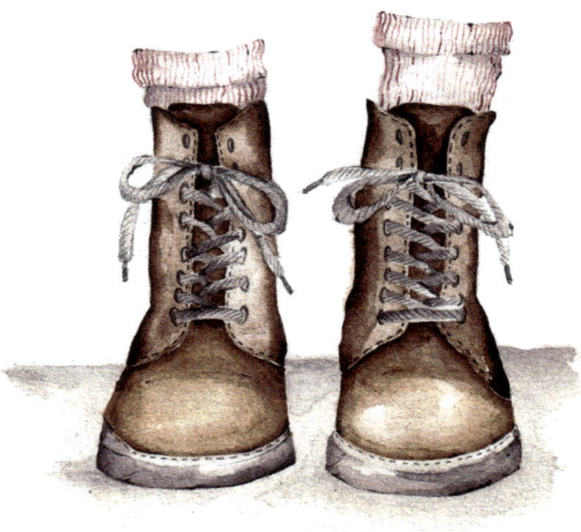

Gehe nun beim zweiten Schuh ganz genauso vor. Achte dabei darauf, bei beiden Boots die Ösen für die Schnürsenkel mit ein wenig Neutraltinte hervorzuheben. Auch hier sind die Streifen der Socken mit dem Schlepperpinsel entstanden. Du siehst dabei einige dunkle Pünktchen, die du mit dem Druckbleistift ergänzen kannst.

Schritt 6

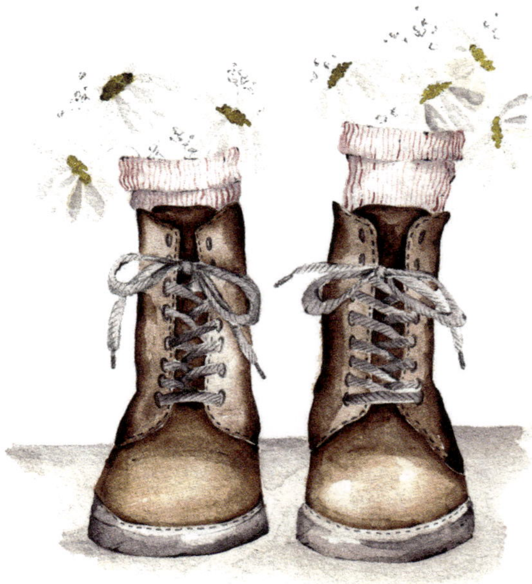

Da die Blütenblätter der Margeriten weiß dargestellt werden, ist es empfehlenswert, an dieser Stelle noch nicht die Beine zu grundieren. Um die Blüten anzudeuten, nimmst du dir einen mittleren Rundpinsel und tupfst ellipsenförmig grünlich gelbe Farbe oberhalb der Socken auf. Achte gerne darauf, dass es eine ungerade Anzahl an Blütenköpfen wird. Anschließend drückst du mit sehr leicht pigmentierter Neutraltinte den gesamten Pinselkopf auf das Blatt, um wie von selbst Blütenstrukturen zu erzeugen. Mach dies so locker und natürlich wie möglich. Angedeutete Kringel mit dem Druckbleistift lassen weitere Kräuter erahnen.

Schritt 7

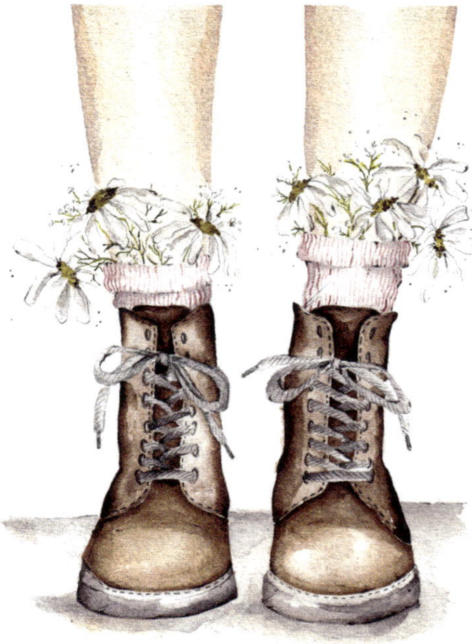

In einem nächsten Schritt grundierst du die Beine und sparst die Blütenblätter aus. Dafür eignet sich ein Sandton gut, der mit etwas Altrosa gemischt werden kann. Auch hier entsteht durch mehrere Lasuren mehr Tiefe. Dazu lässt du die hellste, unterste Schicht gut trocknen und setzt seitwärts immer wieder neue Schichten des Farbtons darüber. Diese Schichten werden immer schmaler. Am Ende befinden sich die dunkelsten Stellen an den Seiten der Beine. Weitere grüne Gräser lassen sich mit dem Schlepperpinsel und Goldgrün andeuten. Ein paar Pünktchen, Linien und Striche geben deiner Illustration den letzten Schliff.

BLICK AUF DIE DETAILS

Natürlich kannst du die Muster deiner Socken ganz frei gestalten. Vielleicht hast du sogar ein Paar Lieblingssocken, die dir als Vorbild dienen. Auch bei den Blüten kannst du je nach Geschmack und Jahreszeit verschiedenste Varianten ausprobieren. Lass dich gerne beim nächsten Spaziergang oder von den kleinen Blumenillustrationen im Buch inspirieren!

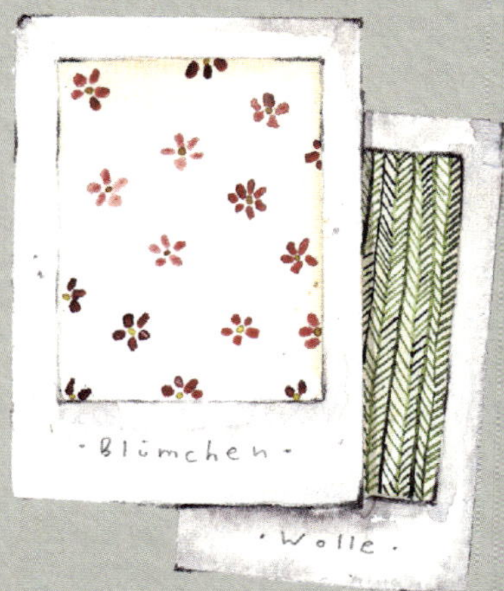

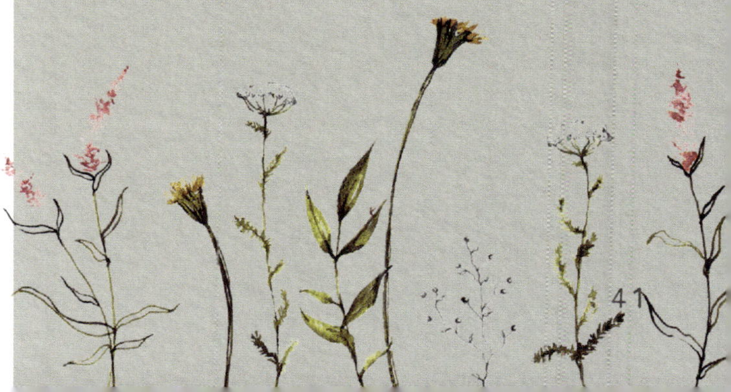

Vintage-Tasche

DIE KOMBINATION VON DUNKLEN GRÜNTÖNEN UND ROTBRAUN MAG ICH BESONDERS. BEI DIESER FARBKOMBINATION MUSS ICH SOFORT AN GROẞE MONSTERABLÄTTER UND ALTES LEDER DENKEN.

FARBEN

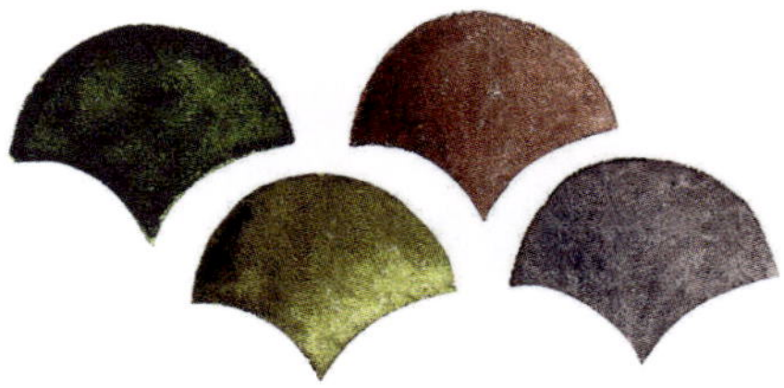

PINSEL

Rundpinsel in kleiner Größe (0)
Rundpinsel in mittlerer Größe (4)
Verwaschpinsel mit feiner Spitze
Schlepperpinsel

MATERIAL

Aquarellpapier: Expression Hahnemühle, 300 g/m²
(Druck-)Bleistift
Knetradiergummi
evtl. Küchentuch

VORLAGE

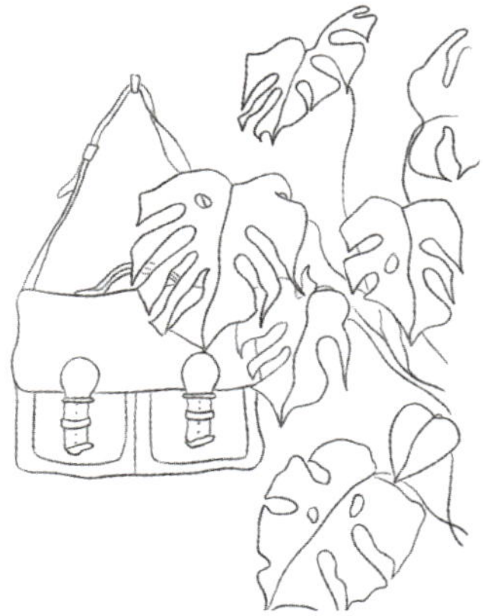

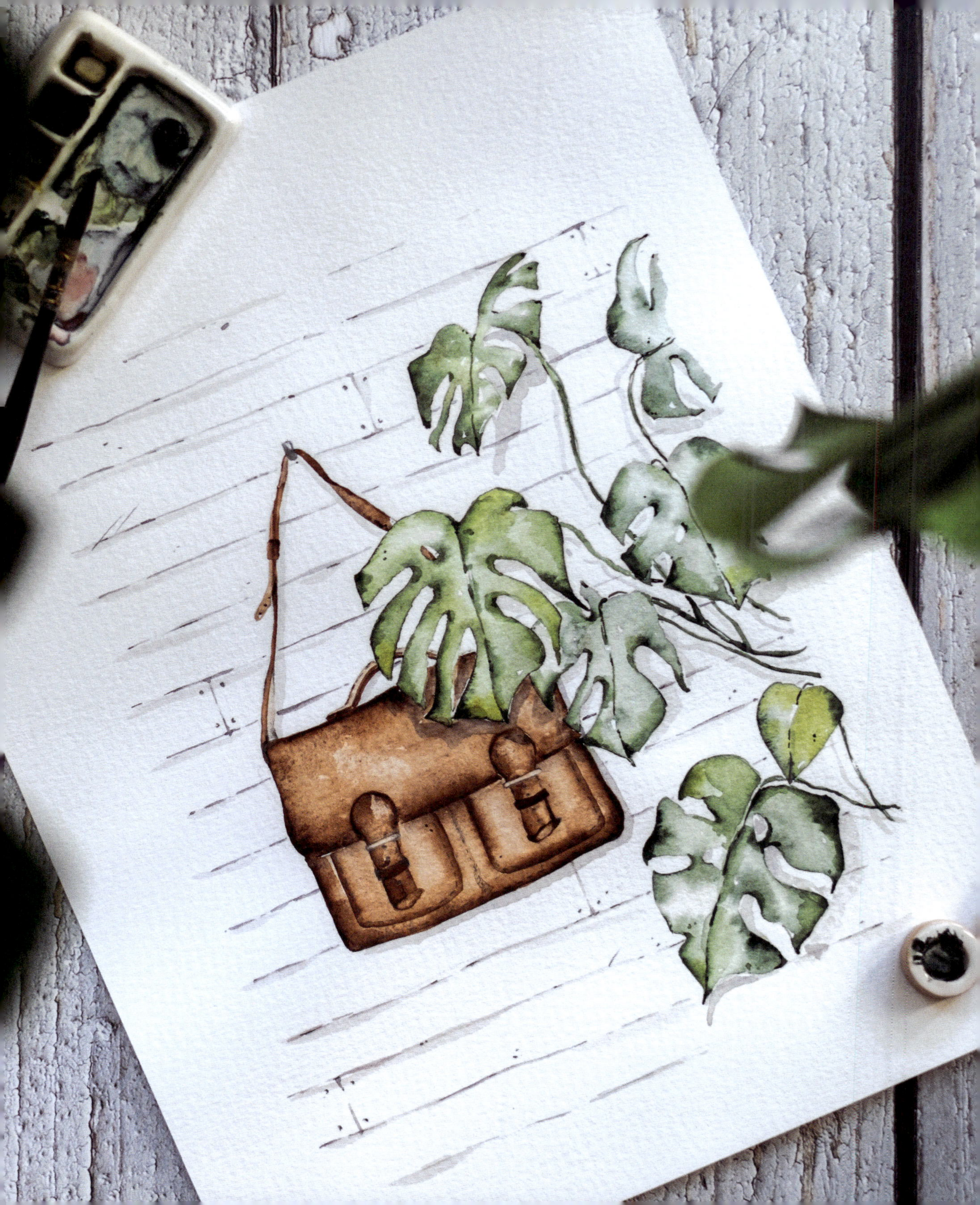

So geht's

Schritt 1

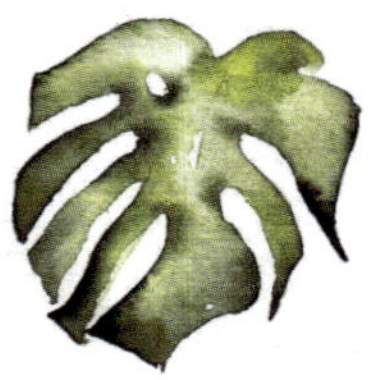

Übertrage dein Motiv gerne auf ein A4-formatiges Aquarellpapier, um genug Raum für alle Details zu haben. Mische dir zu Beginn für die Monsterablätter einen dunklen Grünton sowie ein Grüngold an. Besonders facettenreich gelingen sie, wenn du zunächst die komplette Blattfläche anfeuchtest oder mit einem sehr leicht pigmentierten Grünton grundierst. Anschließend gibst du direkt aus den Näpfchen die Grüntöne in die nasse Fläche.

Schritt 2

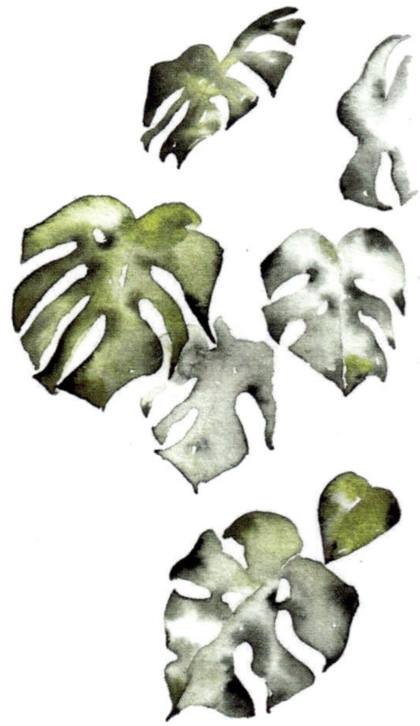

So illustrierst du nach und nach jedes Monsterablatt. Achte bitte darauf, an den Blattspitzen und -kanten besonders dunkel zu malen, um interessante Kontraste zu erzeugen. Auch die Helligkeitsstufen sollten von Blatt zu Blatt variieren, also sowohl leicht pigmentiert als auch stark pigmentiert sein. Nutze auch die beiden Grüntöne und lass mal Grüngold und mal Indigogrün dominieren.

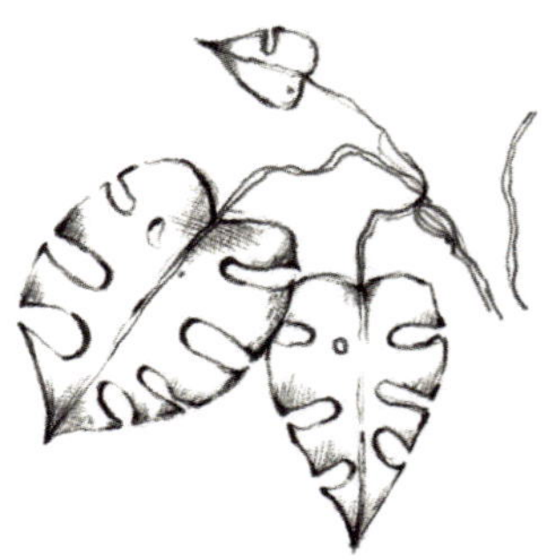

Schritt 3

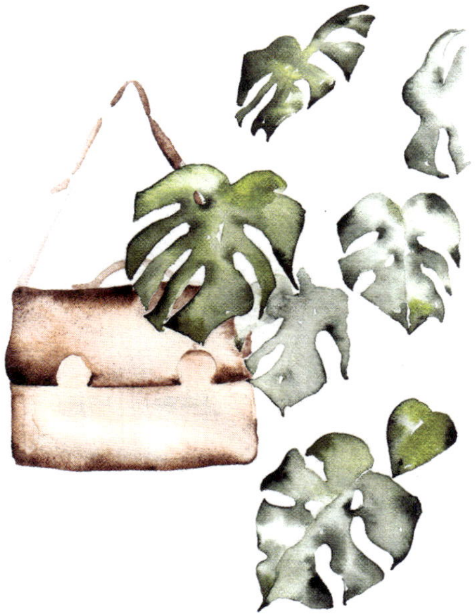

Schritt 4

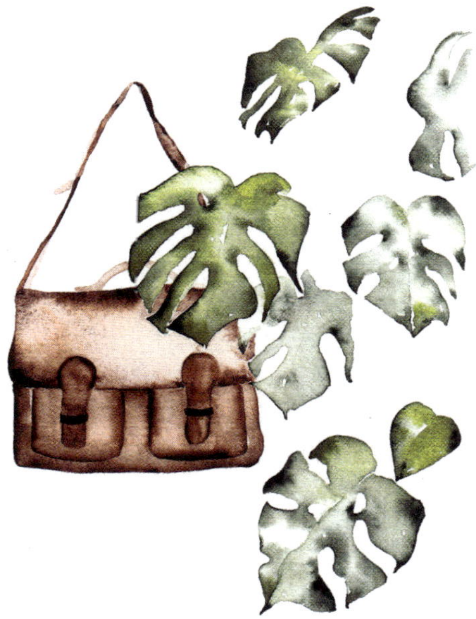

Nachdem alle Blätter getrocknet sind, grundierst du mit dem rotbraunen Ton und einem Verwaschpinsel die Tasche leicht pigmentiert. Lass deine Grundierung gut trocknen und gehe dann noch einmal über die obere Hälfte. Dunklere Stellen entstehen hier, indem du nur die Pinselspitze in stärker pigmentierte Farbe gibst und mit dieser entlang der Kanten malst. Dabei sollte der Pinsel so schräg wie möglich gehalten werden. Nutze dabei den kompletten Pinselbauch aus.

Nach dem Trocknen arbeitest du die Laschen, Henkel und Vordertaschen heraus. Dabei kannst du auch weiterhin deinen Verwaschpinsel nutzen und Kanten mithilfe von mehr Pigment an der Pinselspitze ausformen. Für die Laschen und Schnallen eignet sich dann ein Rundpinsel.

Tipp

Die Tasche ist nur mit einem einzigen Farbton illustriert. Die Form lässt sich durch verschiedene Helligkeitsstufen hervorrufen. Um zu testen, wie viele dieser Stufen mit einer Farbe möglich sind und welches Wasser-Pigment-Verhältnis dazu benötigt wird, teste dies zuerst auf einem Schmierpapier.

Weiter gehts

Schritt 5

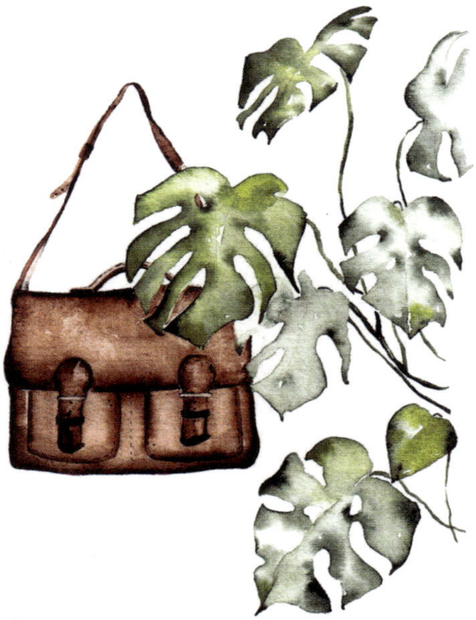

Für mehr Kontrast kannst du nun mit einem mittleren Rundpinsel und dem Rotbraun alle einzelnen Bereiche noch etwas abdunkeln, indem du auf die gut getrockneten Flächen eine weitere Lasur gibst. Deute gerne mit einem Druckbleistift oder dünnem Rundpinsel einige Nähte entlang der Taschenkanten an. Im Anschluss malst du mit dem Schlepperpinsel oder mit der feinen Spitze des Verwaschpinsels Blattstiele. Nutze dafür einen hochpigmentierten Grünton und halte deinen Pinsel beim Malen locker und unverkrampft.

Schritt 6

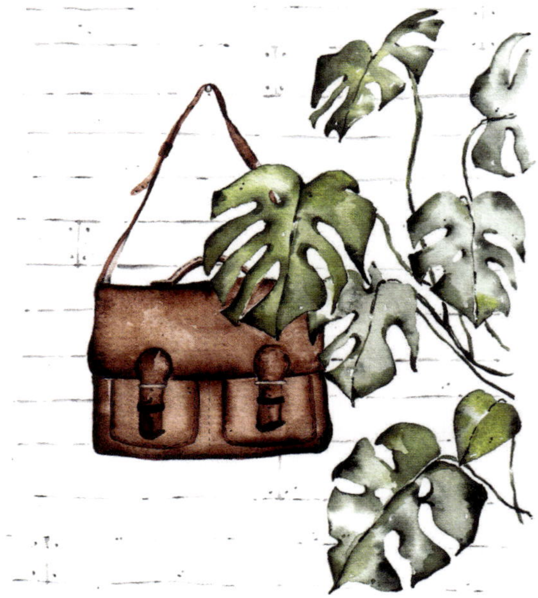

Momentan schwebt deine Tasche noch frei im Raum. Fülle daher den Hintergrund mit angenehmen Strukturen, wie zum Beispiel hier mit zarten weißen Holzbrettern. Mit einem Schlepperpinsel und leicht pigmentierter Neutraltinte kannst du ganz einfach ein paar horizontale Linien andeuten. Der Pinsel berührt dabei das Papier nur leicht und die Linien dürfen hier und da unterbrochen sein. Ein Paar vertikale Striche und Punkte an den Linien heben den alten Holz-Look noch deutlicher hervor. Vergiss dabei den Nagel als Taschenaufhängung nicht. Um die Blätter abzurunden, fügst du noch die mittleren Blattadern und weitere Kontrastpunkte hinzu.

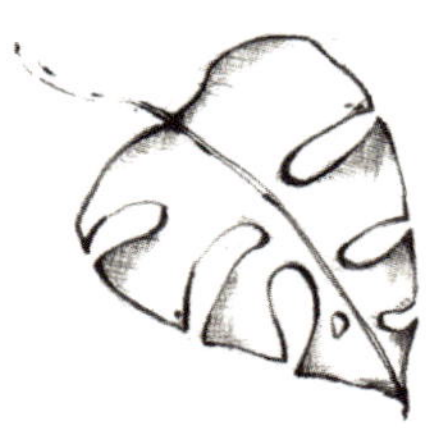

Schritt 7

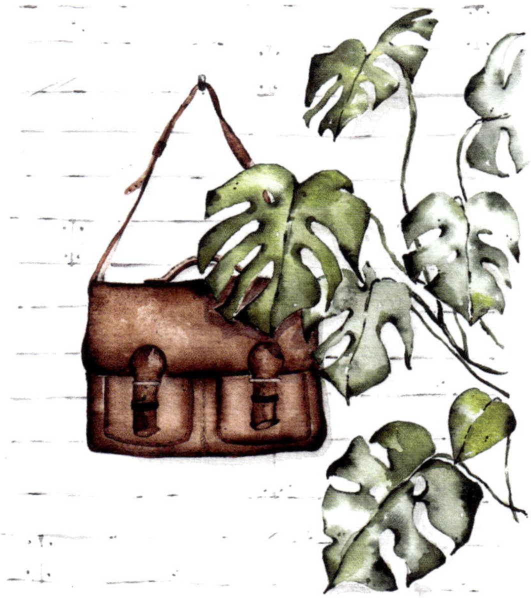

Im letzten Schritt geht es nun um die Schattensetzung. Dazu greifst du am besten zu einer leicht pigmentierten Neutraltinte und einem mittleren Rundpinsel. Male nun den Schatten der Blätter und der Tasche. Hier kommt das Licht von links oben, wodurch rechts unten Schatten entstehen. Beim Schattieren ist es wichtig, diese nur mit einem Pinselstrich zu setzen, da du sonst andere Farbschichten anlösen könntest. Lass deine Schatten nicht zu dunkel werden, um sie nicht zu hart wirken zu lassen.

BLICK AUF DIE DETAILS

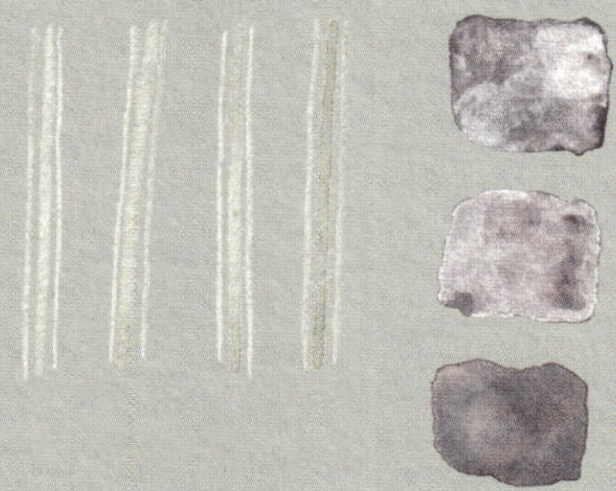

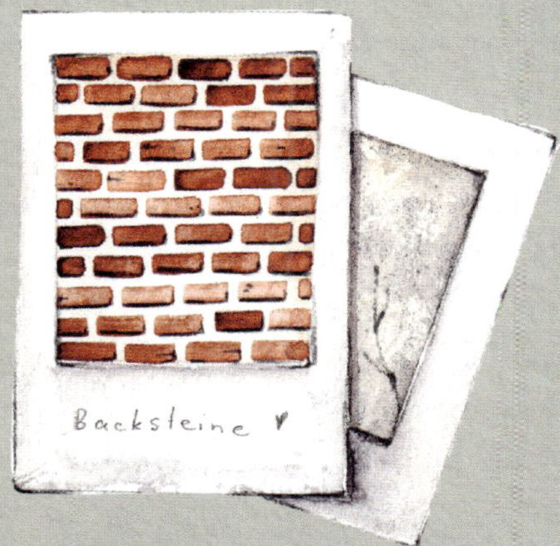

Strukturen von Wänden lassen deine Illustration besonders detailreich wirken. Versuche es doch auch einmal mit einer Betonoptik. Dazu grundierst du die gesamte Fläche in einem mittleren pigmentierten Grauton und tupfst anschließend stellenweise die noch nasse Farbe mit zerknülltem Küchenkrepp ab.

Vielleicht gefallen dir auch Tapeten oder Backsteine? Probiere es gerne aus und schau, wie sich das Bild verändert.

Das Telefon

WIE WAR DAS EIGENTLICH SO MIT DIESEN FESTNETZANSCHLÜSSEN? TELEFONE, MIT DENEN MAN NUR TELEFONIEREN KANN, BEGEGNEN UNS KAUM NOCH. UNSERE HEUTIGEN TELEFONE KÖNNEN FOTOS KNIPSEN, VIDEOS DREHEN, MAILS BEANTWORTEN, BANKGESCHÄFTE ERLEDIGEN UND UNS JEDERZEIT ÜBERALL ERREICHBAR MACHEN. WIE WICHTIG IST ES DA, AB UND ZU EINFACH MAL „ABZUSCHALTEN“.

PINSEL

Rundpinsel in kleiner Größe (0)
Rundpinsel in mittlerer Größe (4)
Verwaschpinsel mit feiner Spitze

MATERIAL

Aquarellpapier: Expression Hahnemühle, 300 g/m^2
(Druck-)Bleistift
Knetradiergummi
Küchentuch
Wortbandstempel

FARBEN

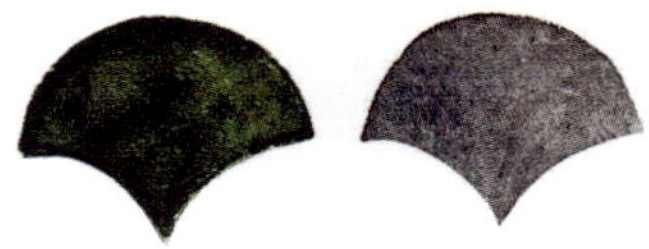

VORLAGE

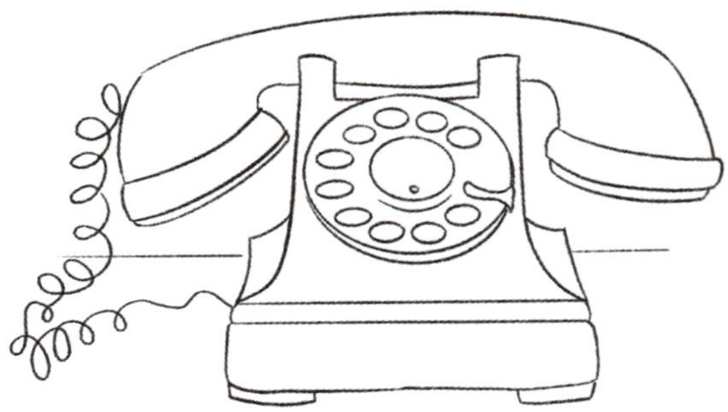

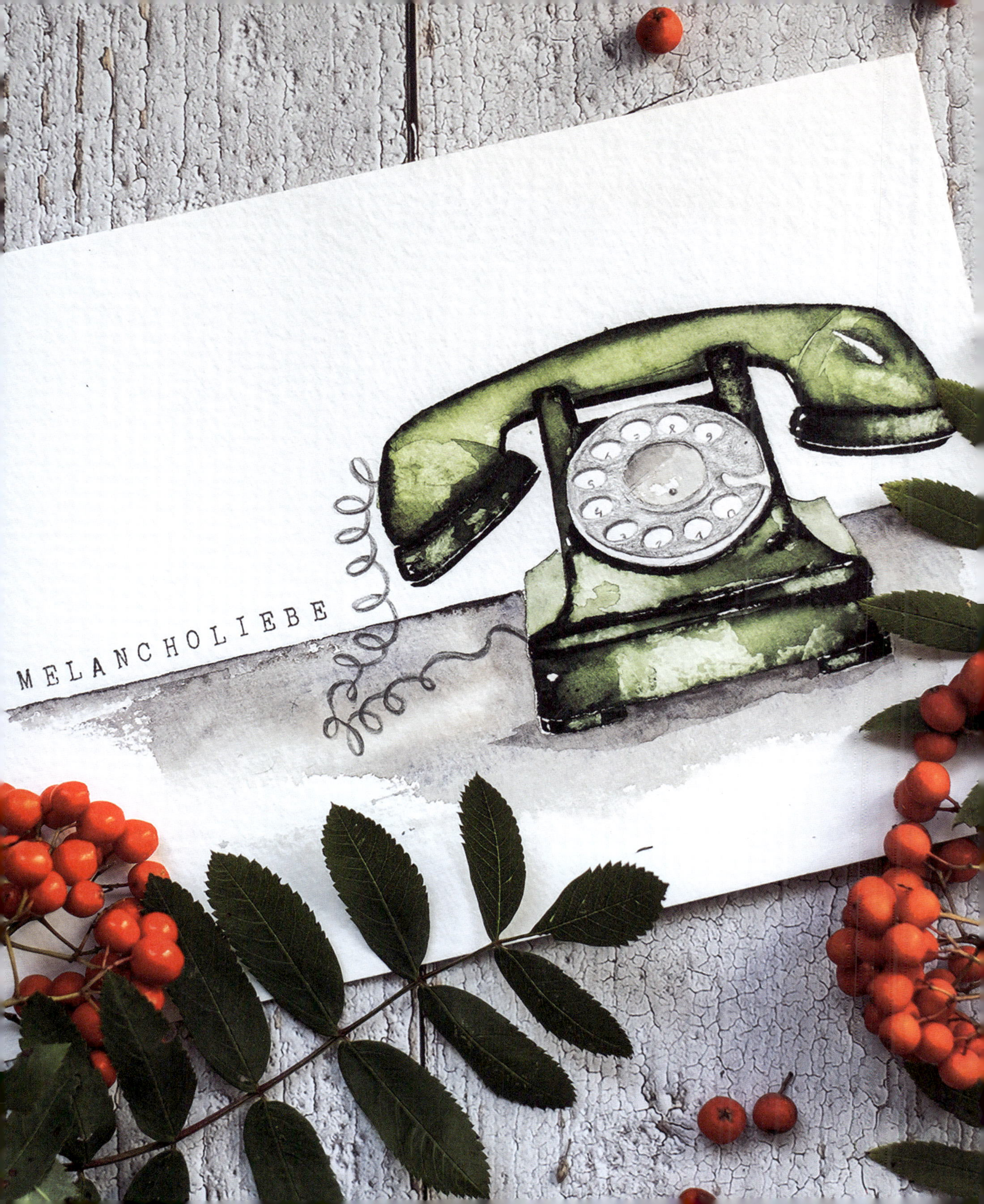
MELANCHOLIEBE

So geht's

Schritt 1

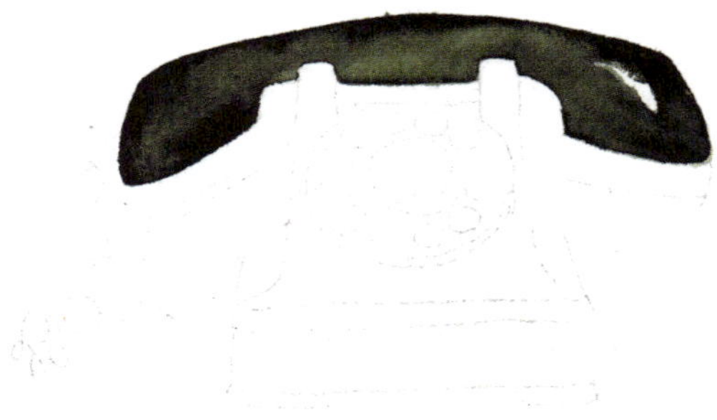

An diesem Motiv zeigt sich besonders gut, wie sich Pigmente „schubsen" lassen. Hierfür ist es wichtig, dass du dir einen non-staining, also vom Papier anlösbaren, Farbton aussuchst (siehe in den Grundlagen ab Seite 14, „Pigmente schubsen"). Für dieses Motiv wurde dafür ein dunkles Grün gewählt. Grundiere den Hörer hochpigmentiert. Lass gerne kleine weiße Stellen stehen.

Schritt 2

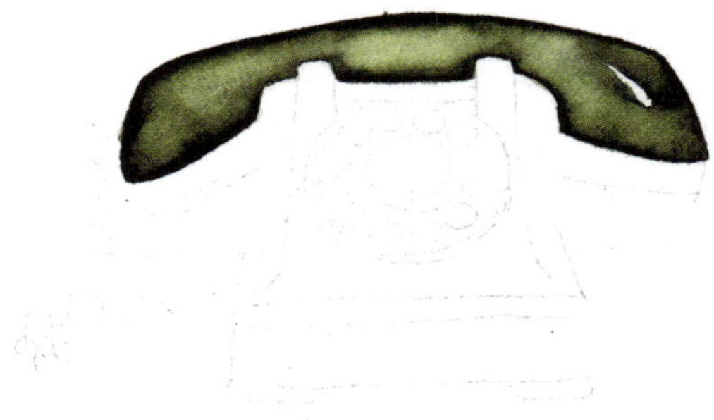

Nachdem die Farbe des Hörers getrocknet ist, spülst du deinen Verwaschpinsel mit klarem Wasser aus. Nur mithilfe des klaren Wassers kannst du im Folgenden die Pigmente des mittleren Bereichs durch leichtes Hin-und-her-Bewegen immer mehr zum Rand drängen und gegebenenfalls überschüssige Farbe vorsichtig mit einem Tuch abtragen.

Schritt 3

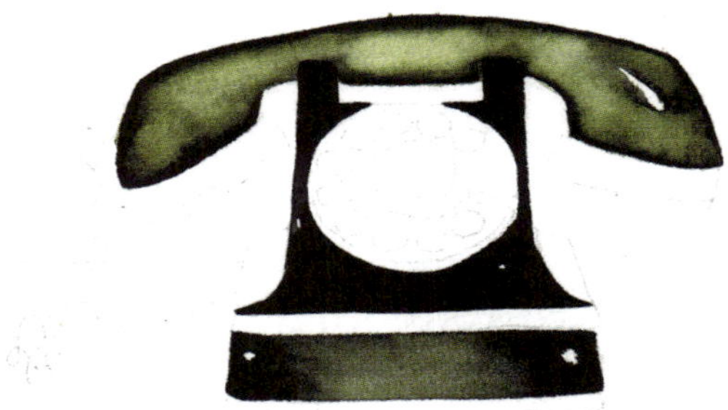

So gehst du auch bei allen anderen Flächen vor. Achte darauf, dass sich die Flächen nicht berühren, auf diese Weise vermeidest du unerwünschte Farbverläufe und kannst stärkere Kanten herausarbeiten. Nutze gerne einen Verwaschpinsel oder mittleren Rundpinsel und pigmentiere deinen Farbton ruhig etwas stärker, als du es sonst vom Grundieren gewohnt bist.

Schritt 4

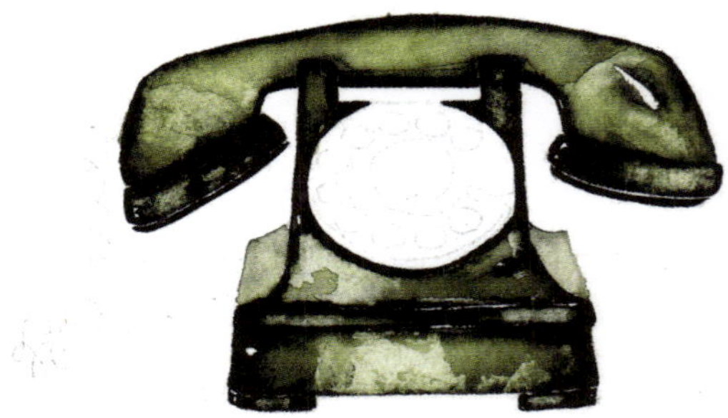

Bei diesem Schritt siehst du besonders schön, welche spannenden Strukturen durch das Abtupfen der Farbschicht mit einem zerknüllten Küchenkrepp entstehen können. Durch die unregelmäßigen Kanten wirkt die Oberfläche antik und abgenutzt. Dazu feuchtest du die bereits getrocknete Fläche an und tupfst teilweise Farbe ab. Dann malst du weitere Flächen, wie die Füße, an den Hörmuscheln und Seitenflächen. Lass hier und da ein paar weiße Blitzer stehen, die mit Lichtreflexen und auch abgeplatztem Lack assoziiert werden können.

Schritt 5

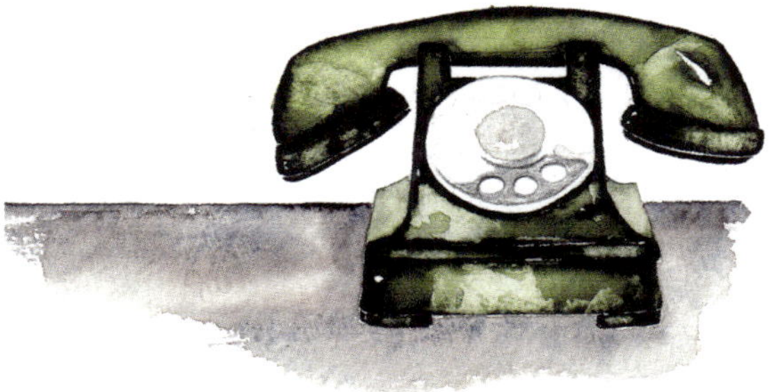

Sobald alle Flächen gut getrocknet sind, aquarellierst du mit einem Verwaschpinsel und Neutraltinte den Untergrund. Experimentiere dabei auch gerne mit einer granulierenden Farbe, die einen ganz eigenen, spannenden Effekt erzeugt. Bei der Wählscheibe kannst du zum Bleistift greifen. Dieser bildet eine schöne Ergänzung zu den Aquarellfarben und erleichtert dir das Umrahmen der Wahllöcher enorm. Fülle die Flächen mit kurzen Bleistiftstrichen aus und ändere hier und da ihre Strichrichtung.

Tipp

Ob ein Pigment non-staining ist, kannst du herausfinden, indem du auf einem Schmierpapier deinen Farbton hochpigmentiert aufträgst und trocknen lässt. Danach feuchtest du die Farbe mit reinem Wasser an und nimmst sie mit einem Küchentuch ab. Wenn nun eine helle Fläche entsteht und nur wenig bis keine Pigmente am Blatt haften bleiben, ist der Farbton für dieses Motiv ideal.

Schritt 6

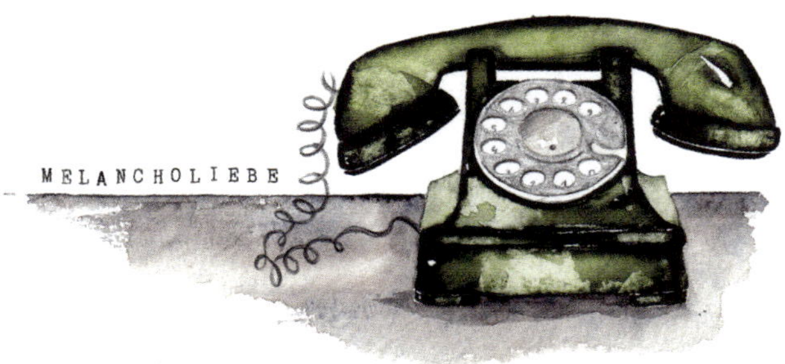

Zeichne danach die Telefonschnur mit dem Bleistift. Zahlen siehst du aus diesem Winkel nur leicht angedeutet. Du brauchst sie nicht zentral in die Mitte des Kreises zu setzen, sondern verschiebst sie an den unteren Rand. Auch hier hilft dir ein Bleistift, mit dem du zunächst sehr schwach aufdrückst, um, wenn nötig, deine Zahlen zu korrigieren und zu radieren. Ein dunkler Schatten unter dem Telefon macht deine Illustration komplett. Wenn du magst, kannst du mit einem Wortbandstempel ein Wort ergänzen, das du mit dem Motiv verbindest. Bei mir ist es ein kleines Wortspiel, das mich Sehnsucht nach ein bisschen mehr Unerreichbarkeit fühlen lässt.

Apotheker-flasche

WILDE BEERENZWEIGE, BAUMWOLLE UND EUKALYPTUS SIND PFLANZEN, DIE ICH ZU GERNE IN VASEN STELLE. ANDAUERND BRINGE ICH NEUES „GESTRÜPP“ NACH HAUSE, DAS ICH IN DEN ENTLEGENSTEN GEGENDEN FINDE, UND ERFREUE MICH AN DEREN VIELFALT, FARBEN UND FORMEN. WAS ENTDECKST DU ALLES IN DER NATUR?

FARBEN

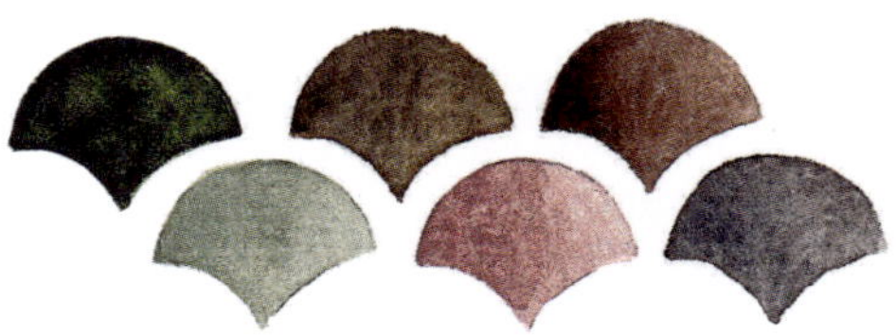

PINSEL

Rundpinsel in kleiner Größe (0)
Rundpinsel in mittlerer Größe (4)
Verwaschpinsel mit feiner Spitze
Schlepperpinsel

MATERIAL

Aquarellpapier: Watercolor Pad Etchr, 300 g/m²
(Druck-)Bleistift
Knetradiergummi
evtl. Küchentuch

VORLAGE

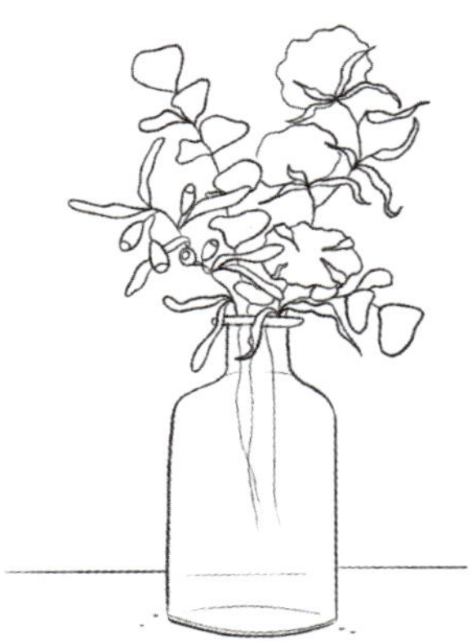

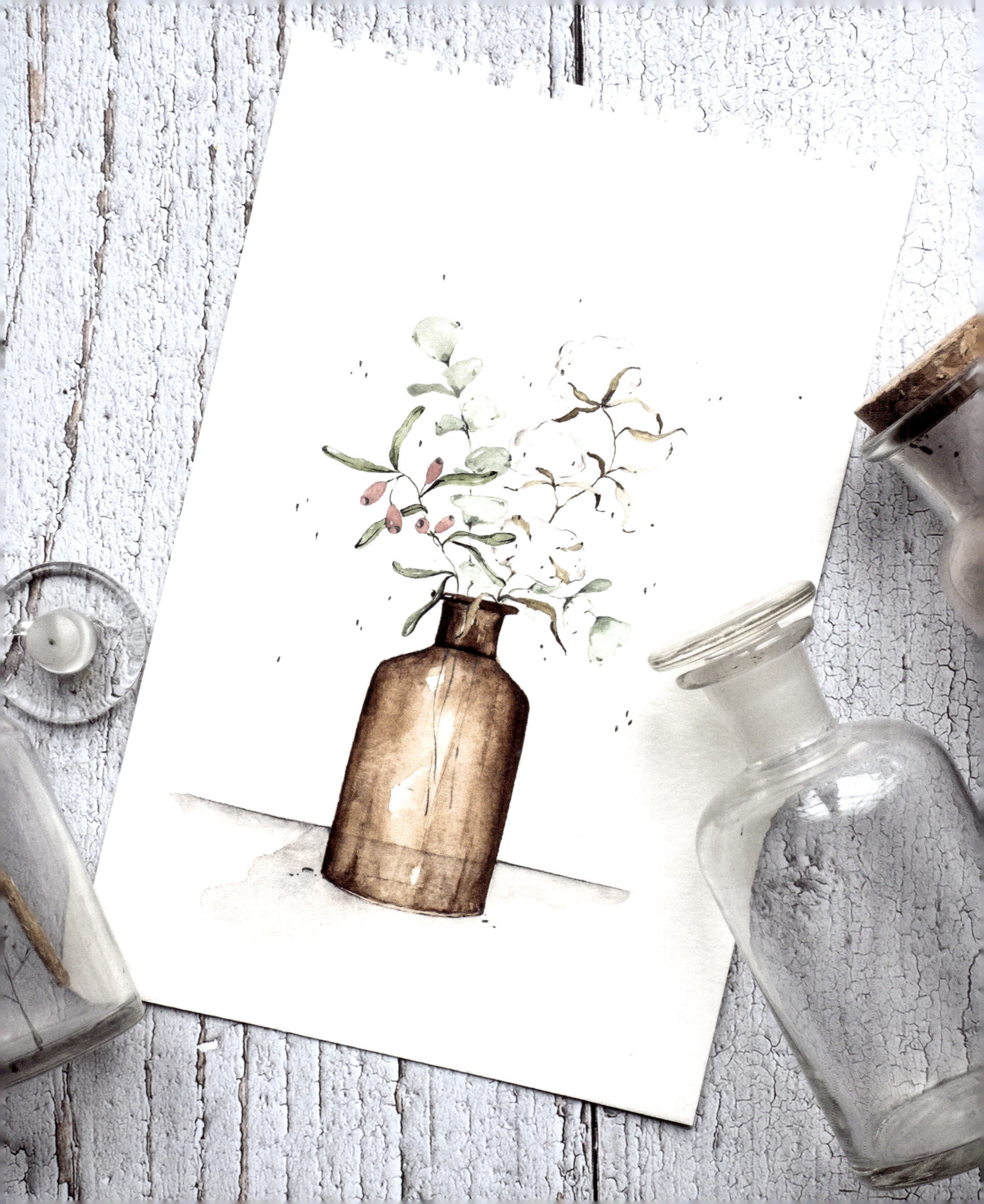

So geht's

Schritt 1

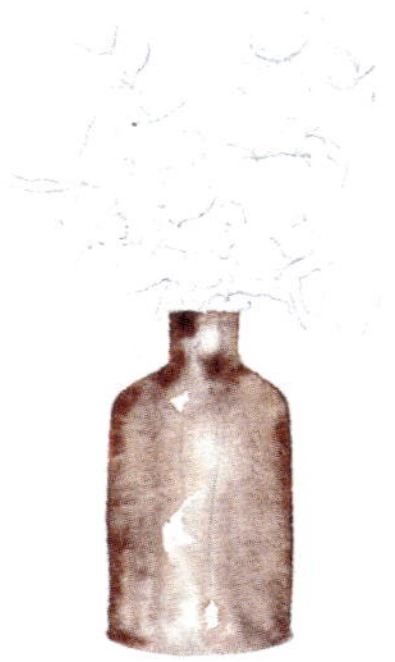

Nach dem Übertragen des Motivs auf dein Aquarellpapier startest du mit der Grundierung der Flasche. Am besten eignen sich dafür ein Verwaschpinsel und ein leicht pigmentierter rotbrauner Ton. Lass dabei ein paar weiße Stellen stehen und werde zum Rand hin immer dunkler, indem du ein wenig Pigment in die feuchten Flächen gibst.

Schritt 2

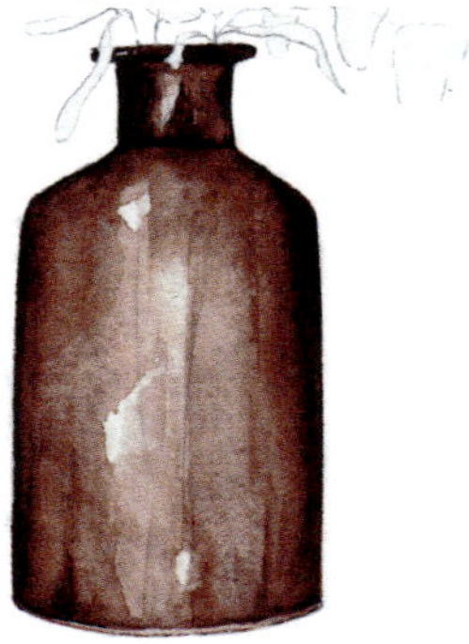

Nachdem die erste Schicht getrocknet ist, trägst du mit dem Verwaschpinsel eine weitere Schicht Rotbraun auf. Dabei malst du an den Rändern sehr dunkel, indem du Farbe direkt aus dem Näpfchen nimmst. Lass die weißen Blitzer und hellen Stellen im mittleren Bereich stehen, um die Plastizität zu verstärken. Den Flaschenhals gestaltest du hochpigmentiert im selben Farbton.

Schritt 3

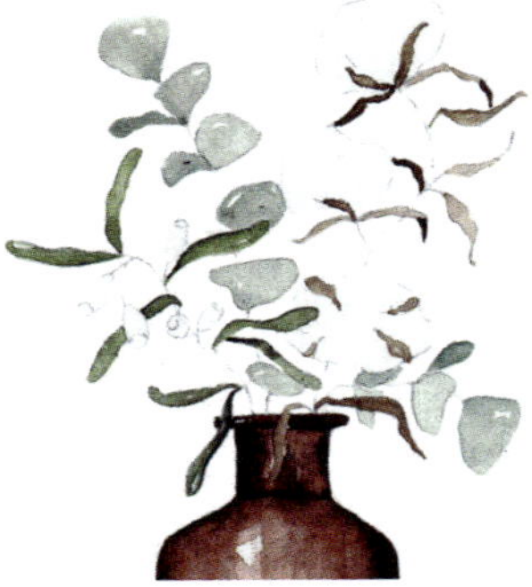

Beginne im nächsten Schritt mit den Pflanzen. Mit einem dunklen Grün grundierst du die Blätter des Beerenzweigs. Hierfür kannst du einen kleinen Rundpinsel verwenden. Für die Eukalyptusblätter eignet sich ein Mintton sehr gut. Ein mittlerer Rundpinsel wird dir hier helfen. Die Blätter der Baumwolle sind in Umbra grünlich gehalten. Beachte bitte, dass sich nasse Farbflächen nicht berühren, um unerwünschte Farbverläufe zu vermeiden.

Schritt 4

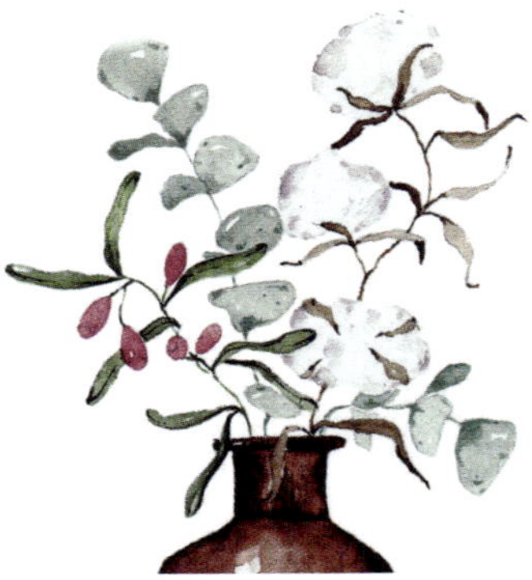

Mit einem Altrosa und dem kleinen Rundpinsel malst du im Anschluss die Beeren. Für die bauschigen Baumwollblüten verwendest du eine leicht pigmentierte Neutraltinte. Achte darauf, nicht zu dunkel zu werden. Um unregelmäßige, natürliche Stängel hinzubekommen, nutzt du am besten einen Schlepperpinsel und die Farbtöne, die du für die Blätter verwendet hast. Gestalte dabei auch immer wieder mit Punkten und Linien Blattstrukturen.

Schritt 5

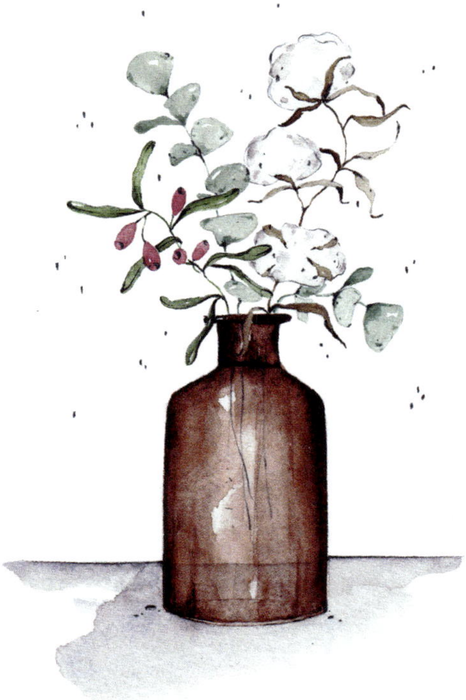

Mit Neutraltinte kannst du nun den Untergrund andeuten. Da deine Flasche aus Glas besteht, sieht man auch dort die Bodenfläche durchscheinen. Versetzte dabei die Linie leicht nach unten, um die Lichtbrechung anzudeuten, und arbeite nur leicht pigmentiert. Mit dem Bleistift können zum Schluss ein paar Details eingezeichnet werden. So kannst du zum Beispiel an der Baumwolle einzelne Linien hinzufügen. Auch ein paar Punkte am Boden, an Blättern und um die Pflanzen herum lassen deine Illustration spannender wirken. Ergänze auch die Silhouetten der Stiele, die sich in der Vase befinden, mit dem Bleistift.

BLICK AUF DIE DETAILS

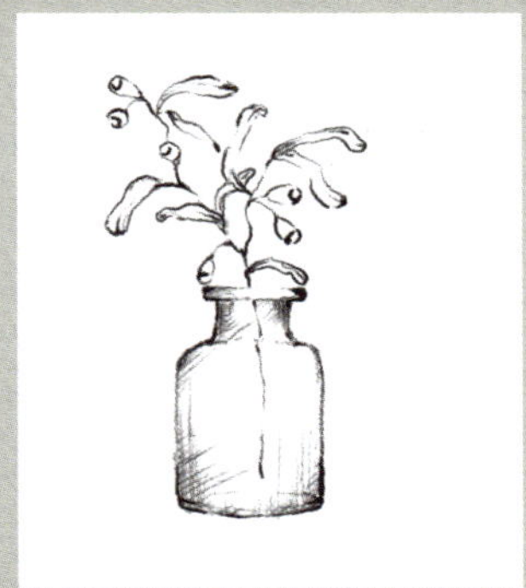

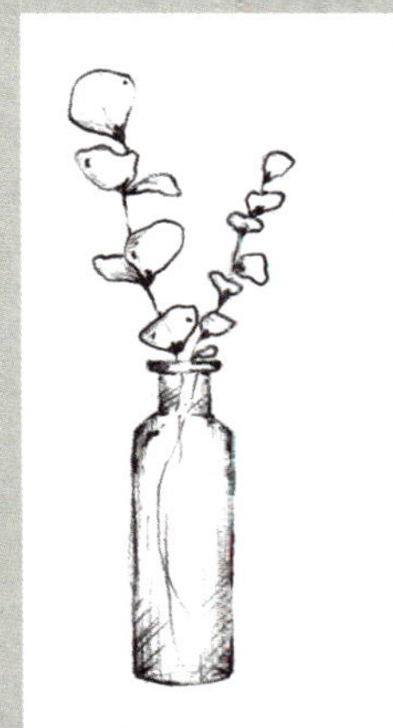

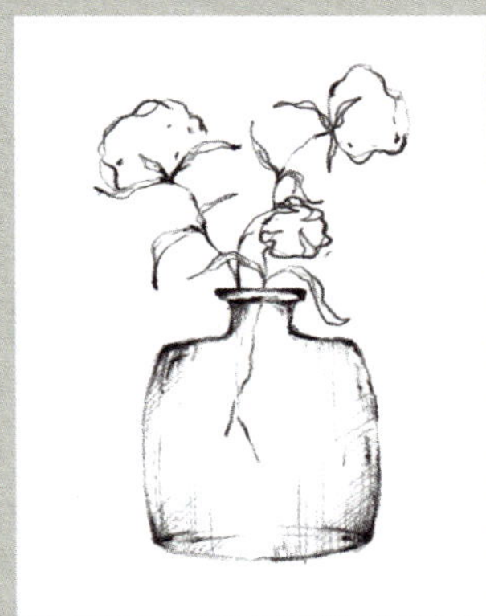

Lass dich von deiner Umgebung inspirieren und sammle ein paar Zweige, vielleicht sogar mit ein paar Beeren daran. Auch alte Flaschen kannst du auf Trödelmärkten entdecken, die du mit deinen Naturschätzen befüllen kannst. Versuch doch mal ganz entspannt, dein Arrangement zu skizzieren und in Aquarell umzusetzen.

Shabby Chic

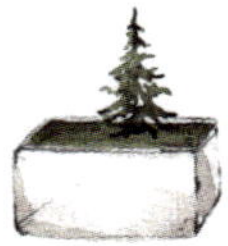

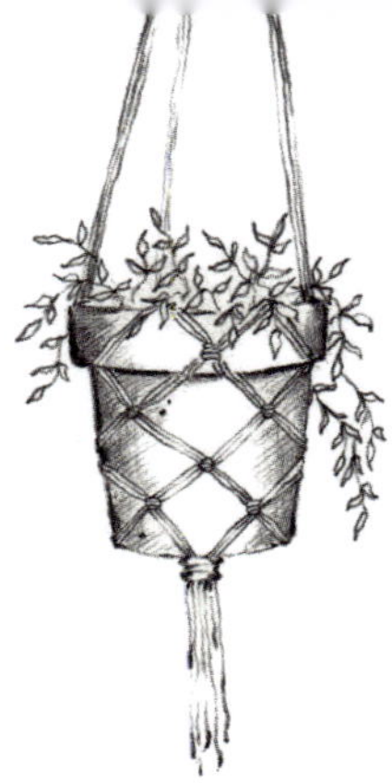

WAS GIBT ES SCHÖNERES ALS EIN PAAR ALTE SCHÄTZE. MIT EINEM „TROCKENEN PINSEL“ ZAUBERST DU IM HANDUMDREHEN MÖBEL IM VINTAGE-LOOK. LASS DICH VON DEN STRUKTUREN VERZAUBERN.

PINSEL

Rundpinsel in kleiner Größe (0)
Rundpinsel in mittlerer Größe (4)
Verwaschpinsel mit feiner Spitze
Schlepperpinsel

MATERIAL

Aquarellpapier, 300 g/m²
(Druck-)Bleistift
Knetradiergummi
evtl. Küchentuch

FARBEN

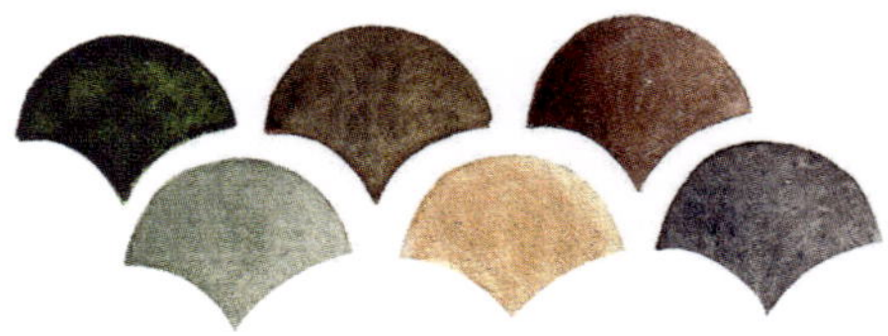

VORLAGE

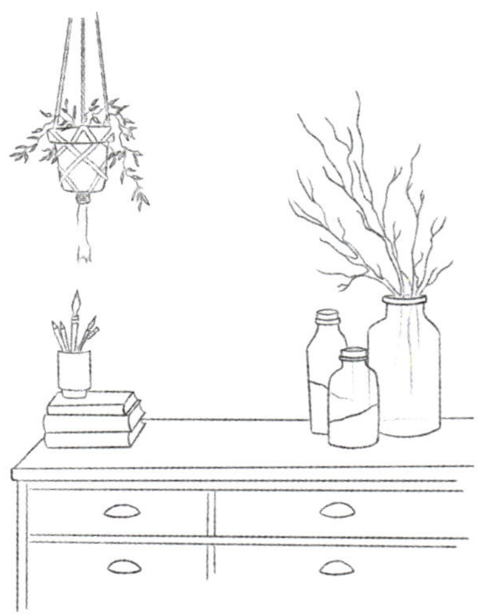

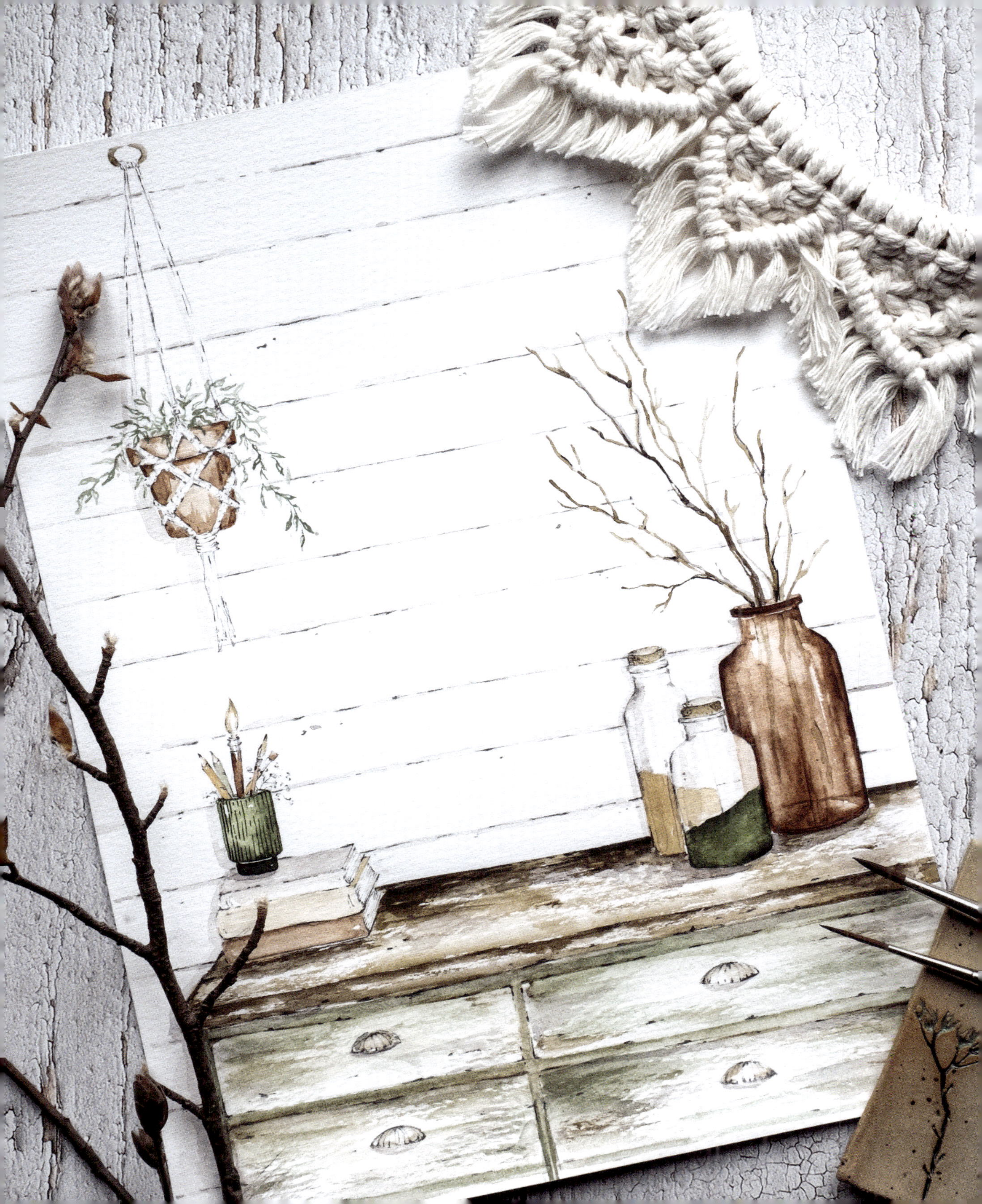

Schritt 1

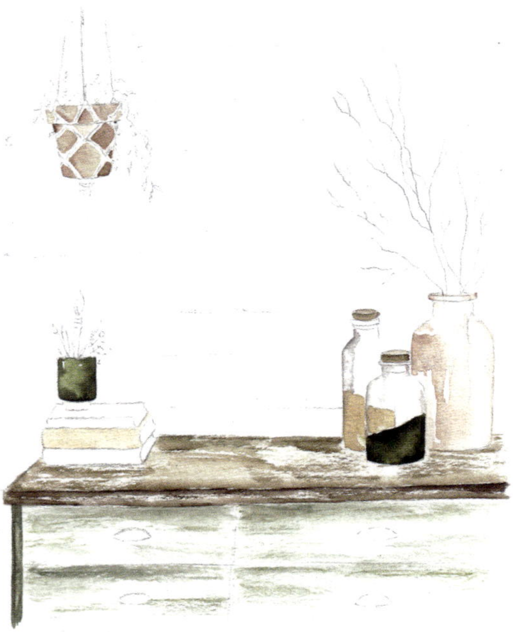

Übertrage das Motiv auf ein A4-Format. Zu Beginn nutzt du nur leicht pigmentierte Töne. Mit dem Rundpinsel mittlerer Größe kannst du in einem Rotbraun die größte Flasche und den Blumentopf in der Makramee-Blumenampel kolorieren. (Mit Dunkelgrün werden der Pinselbecher und die vordere Flasche gemalt. Das mittlere Buch und die letzte der drei Flaschen grundierst du mit einem Sandton.) Durch die Trockene-Pinsel-Technik wird dein Schrank schön shabby. Probiere zunächst auf einem Schmierpapier aus, wie trocken dein Pinsel sein muss und ob du besser mit dem Verwaschpinsel oder dem mittleren Rundpinsel zurechtkommst. Mit einem Mint und Umbra grünlich deutest du nun die ersten Schlieren an. Nutze dabei den gesamten Pinselbauch aus.

Schritt 2

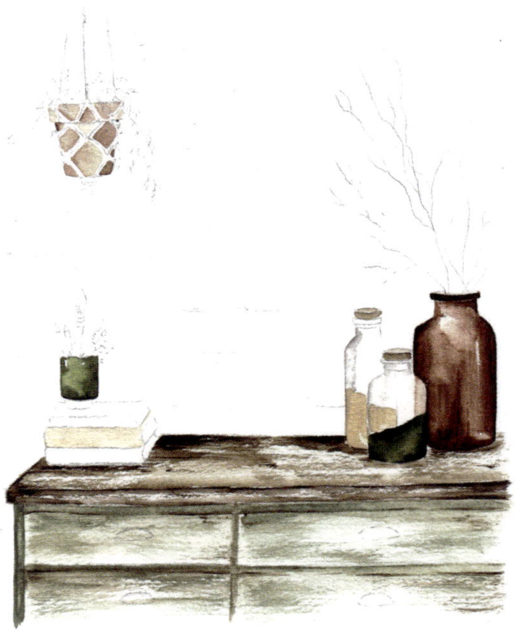

Du kannst die alte Holzstruktur nun mit dieser Technik verstärken, indem du über die getrockneten Flächen immer wieder mit Pigment gehst. Lass auch im mintgrünen Teil ein paar Schlieren Umbra zu. Außerdem kannst du in diesem Schritt die große Vase im rotbraunen Ton abdunkeln, pigmentiere besonders die Ränder sehr stark. Ein paar Lichtreflexe an den weißen Flächen lassen sich mit Neutraltinte andeuten.

Schritt 3

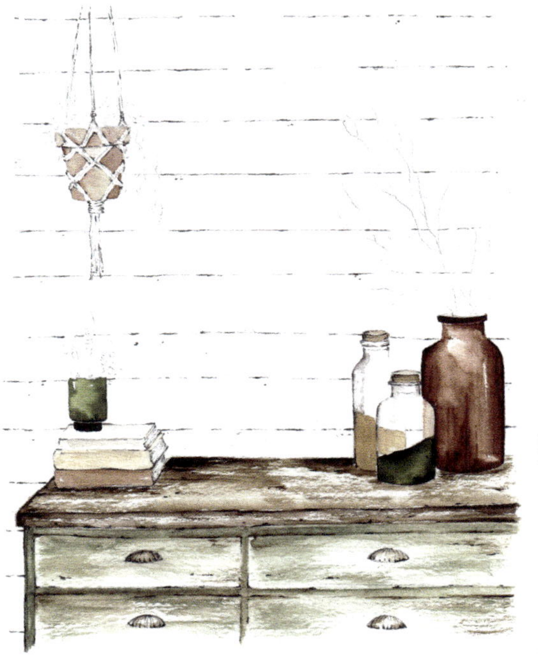

Immer mehr Details kommen jetzt dazu. Nutze für sehr filigrane Strukturen jederzeit einen Druckbleistift oder einen sehr feinen Rundpinsel. Bei der Blumenampel verstärkst du die Optik durch dunkle Striche und Stellen entlang der Seile. Auch die Holzlattenstruktur des Hintergrunds lässt sich auf diese Weise gestalten. An dem Bücherstapel verstärken ein paar Striche den Eindruck einzelner Seiten. Ebenso können so die Kanten der Flachen noch etwas mehr herausgearbeitet werden. Lass dir für diesen Schritt Zeit und illustriere bewusst locker mit ungleichmäßigen Linien und dunklen Stellen.

Schritt 4

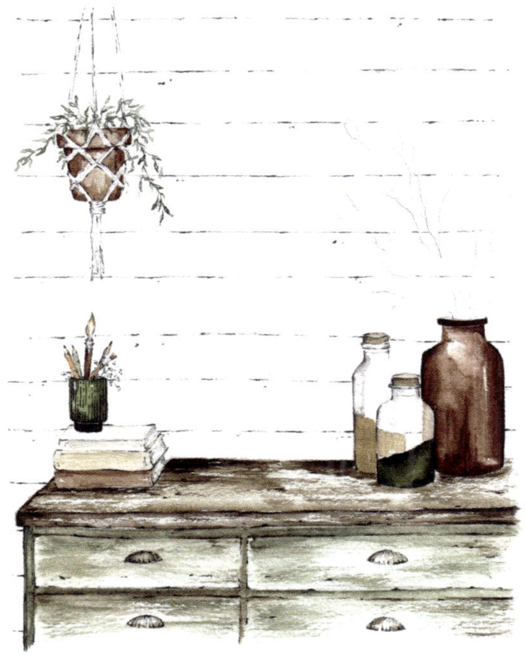

Im nächsten Schritt kümmerst du dich um die Pflanze in der Blumenampel. Nutze für unregelmäßige, lockere Blätter deinen Schlepperpinsel und den dunkelgrünen Farbton. Im Pinselglas kommen mithilfe des kleinen Rundpinsels einige Stifte, Pinsel und florale Strukturen dazu. Ein paar weitere Linien auf dem Glas geben eine schöne Struktur. Mit dem Umbraton ergänzt du dann die Knäufe am Schrank. Dein Bild baut sich immer weiter auf.

Weiter gehts

Schritt 5

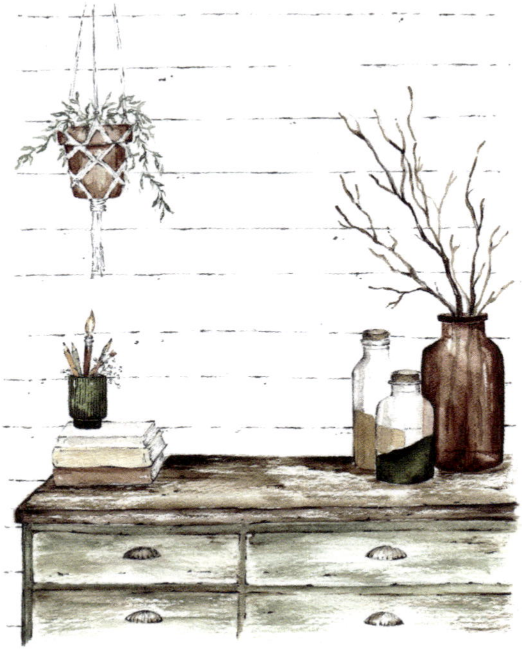

Du kannst alle Tipps und Tricks anwenden, die du bis zu dieser Stelle des Buches bereits kennengelernt hast. Hier und da ein paar Punkte an der Holzvertäfelung des Schrankes und der Holzverkleidung sorgen für interessante Effekte. Mit einer lockeren Pinselhaltung fügst du die Äste in der Vase ein. Beachte dabei, die Teile innerhalb der Vase nur leicht pigmentiert anzudeuten.

Schritt 6

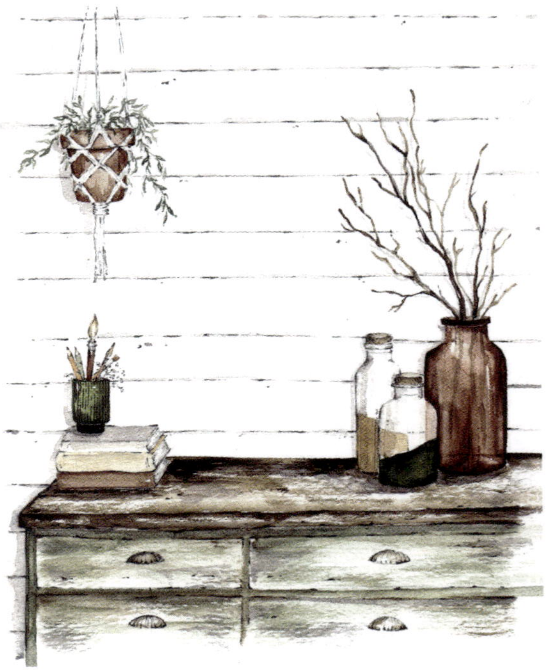

Bei solch einem komplexen Motiv lohnt es sich, die Illustration über Nacht oder für ein paar Stunden beiseitezulegen und mit frischem Blick erneut zu schauen, ob das Gesamtbild harmonisch wirkt. Gibt es genug Kontrastpunkte? Zum Abschluss setzt du noch einige Schatten mit leicht pigmentierter Neutraltinte. Stelle dir dabei eine Lichtquelle oben rechts vor, sodass bei den einzelnen Elementen links unten ein leichter Schatten entsteht.

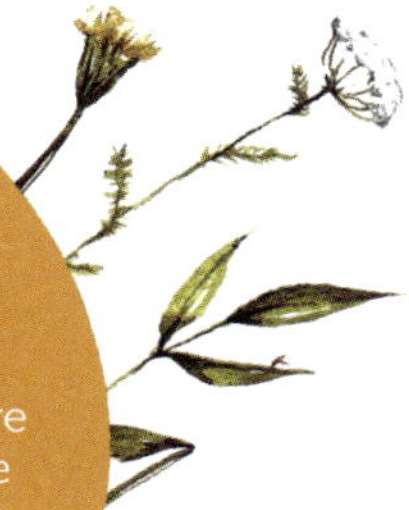

Tipp

Probiere verschiedene Farben aus und kombiniere sie miteinander. Wie wäre es zum Beispiel mit einem Möbelstück in Senfgelb und kastanienbraunen Strukturen?

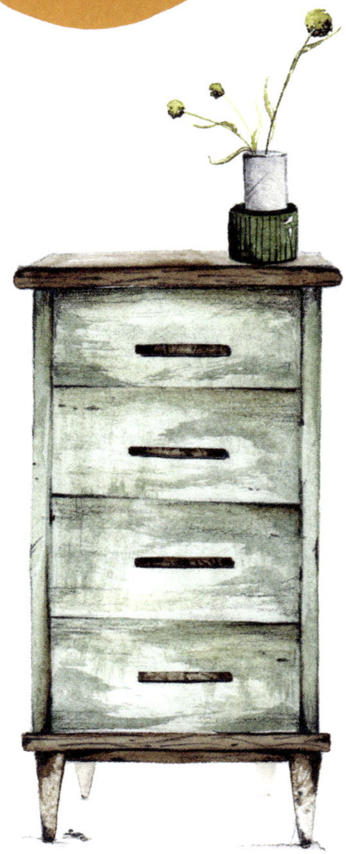

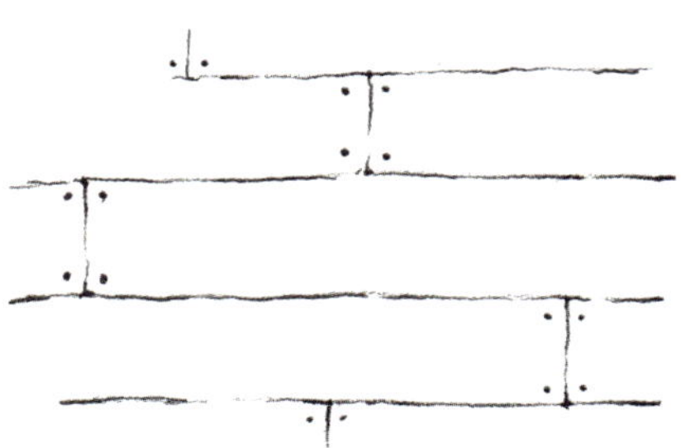

BLICK AUF DIE DETAILS

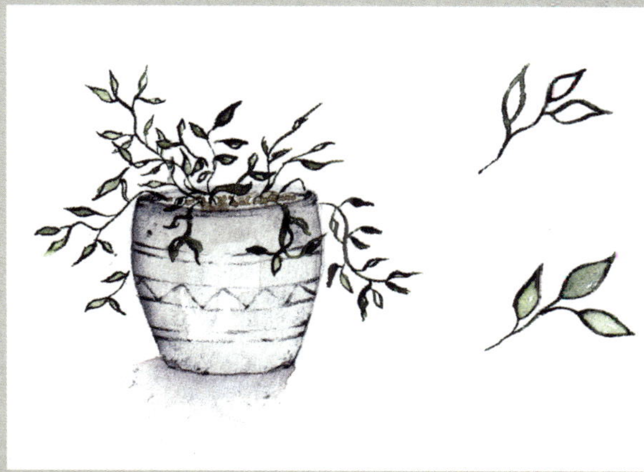

Hier kannst du die Blätter der Topfpflanze noch einmal genauer sehen. Nutze für die Gestaltung der Pflanze am besten einen Schlepperpinsel. Lass die Ränder gut trocknen, bevor du die innenliegenden Bereiche leicht pigmentiert füllst.

Kreativbibliothek
BOHEME

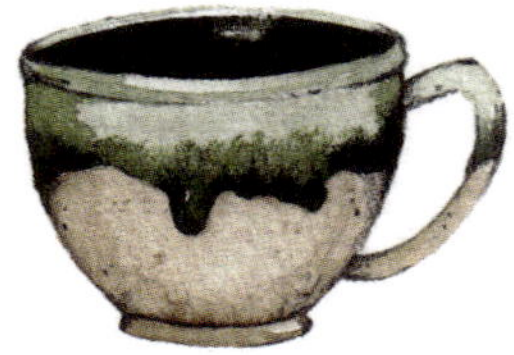

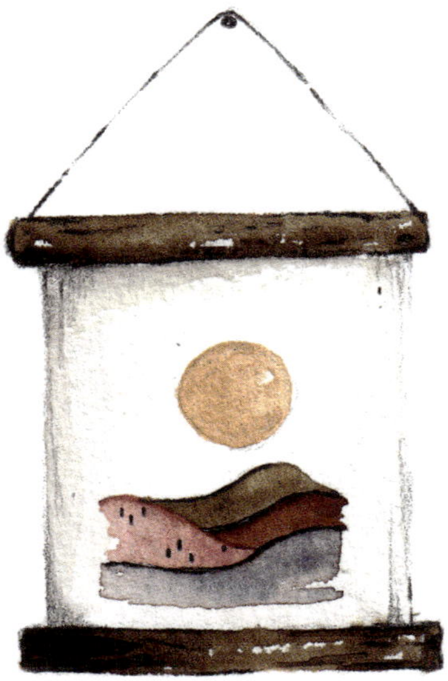

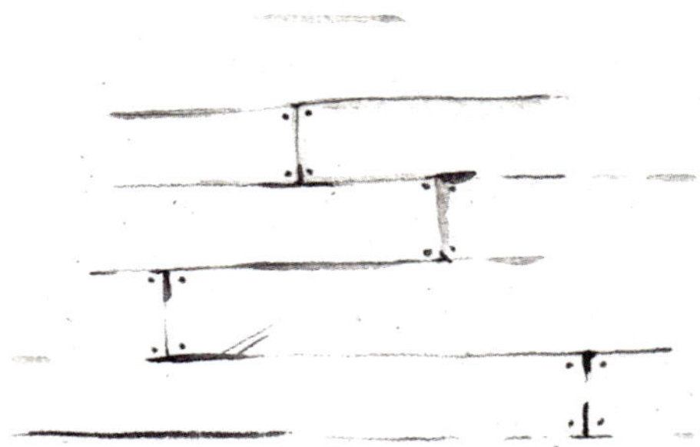

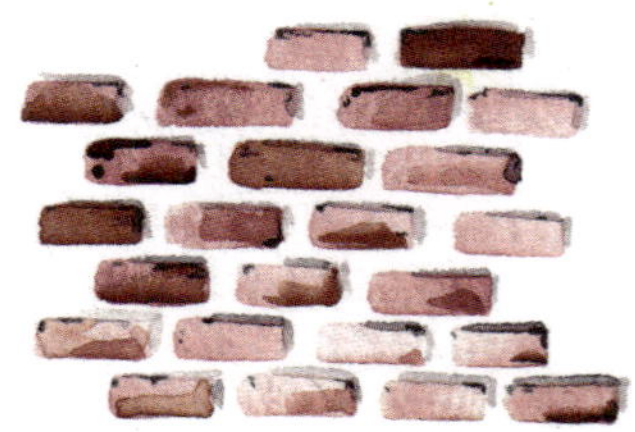

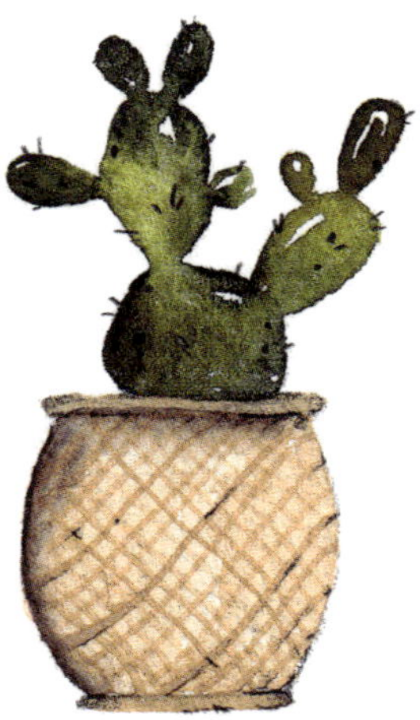

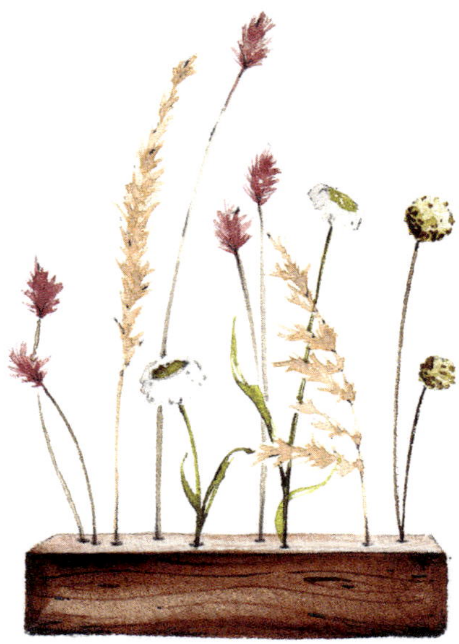

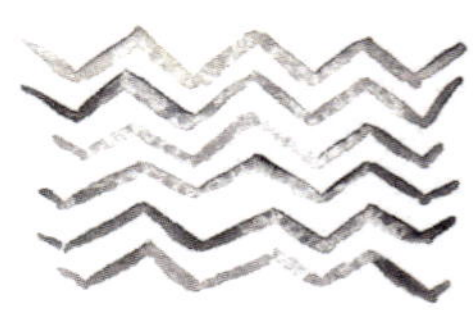

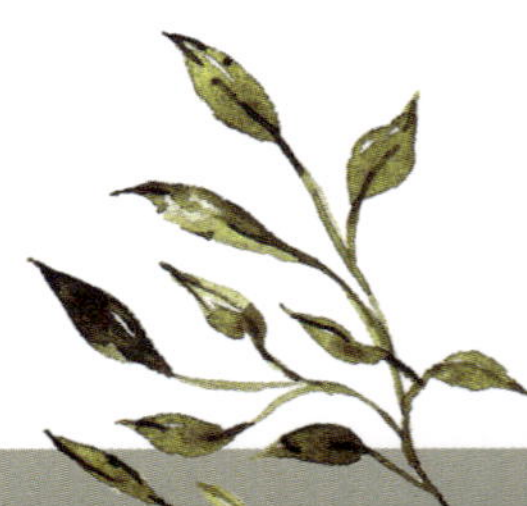

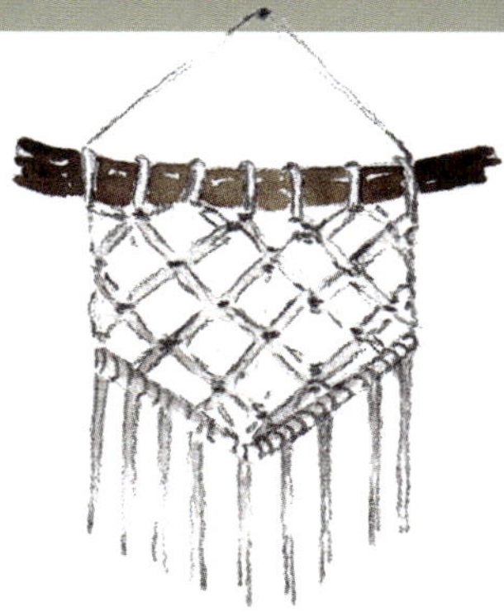
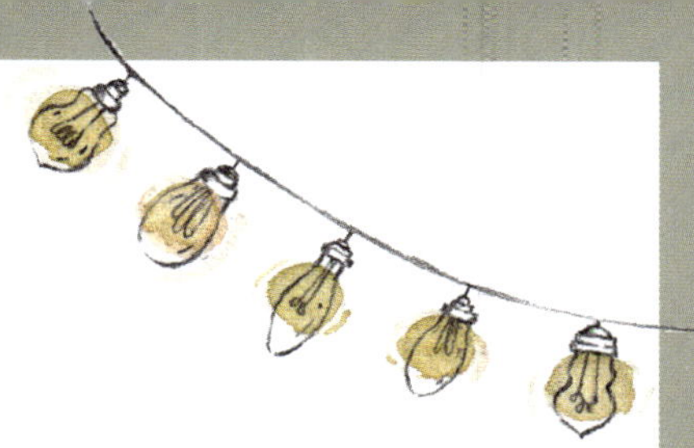
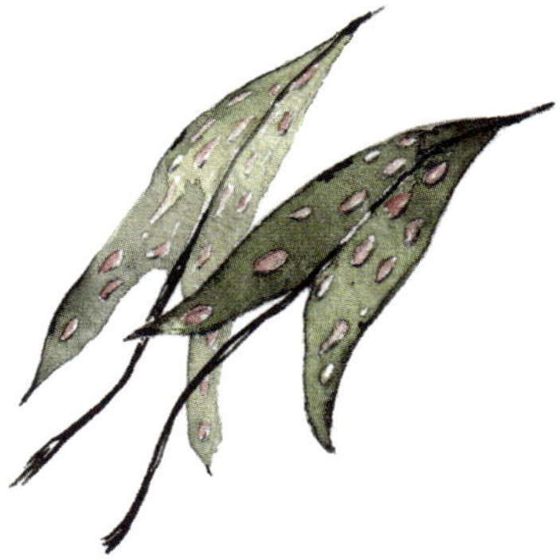
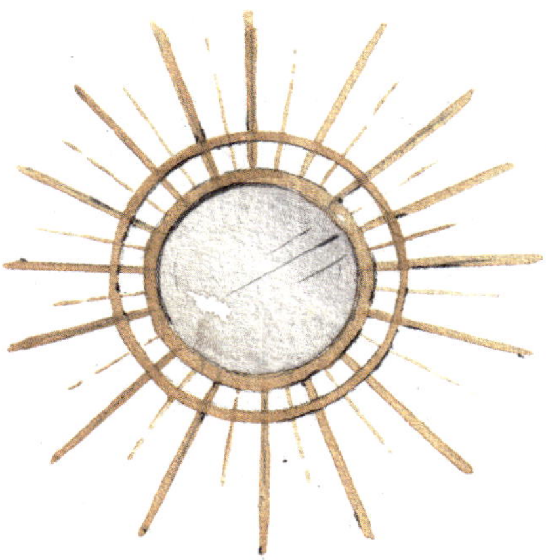
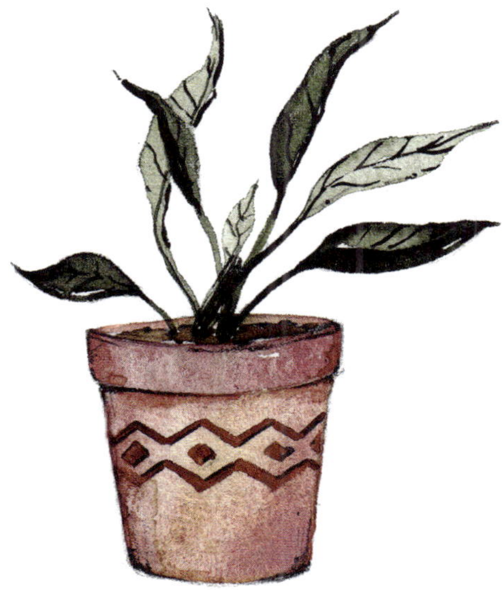
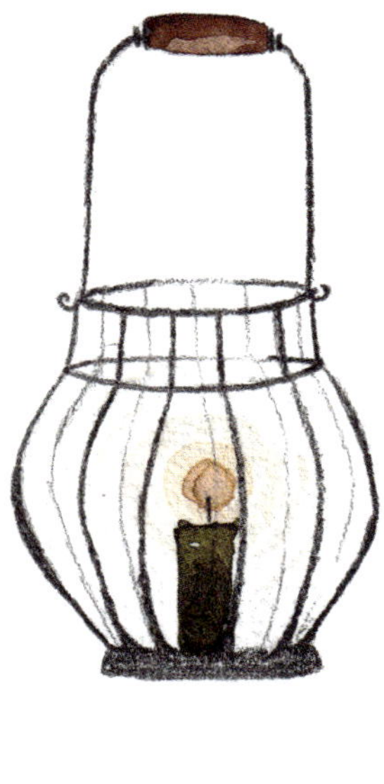
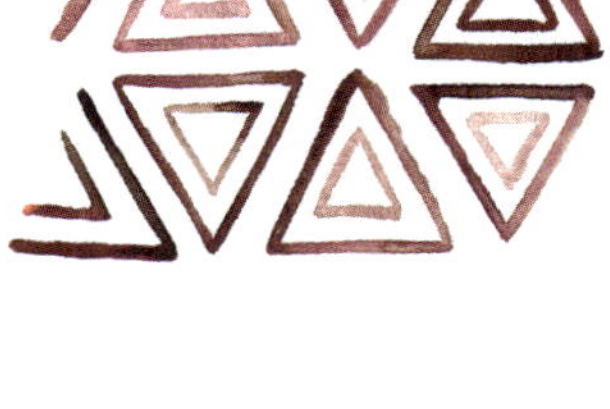
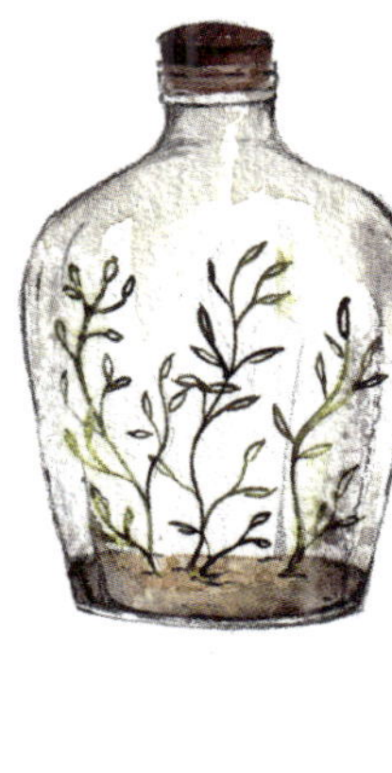

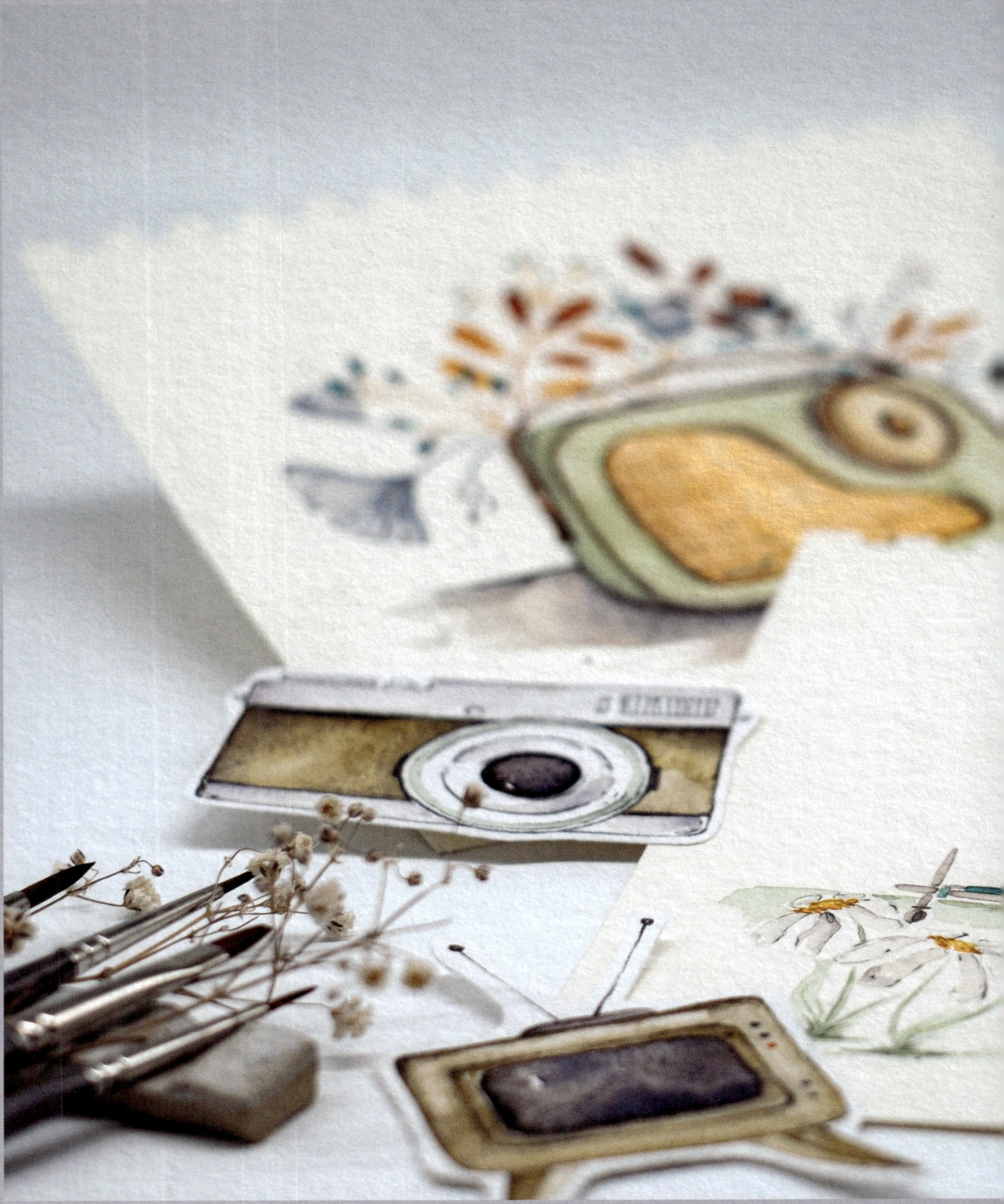

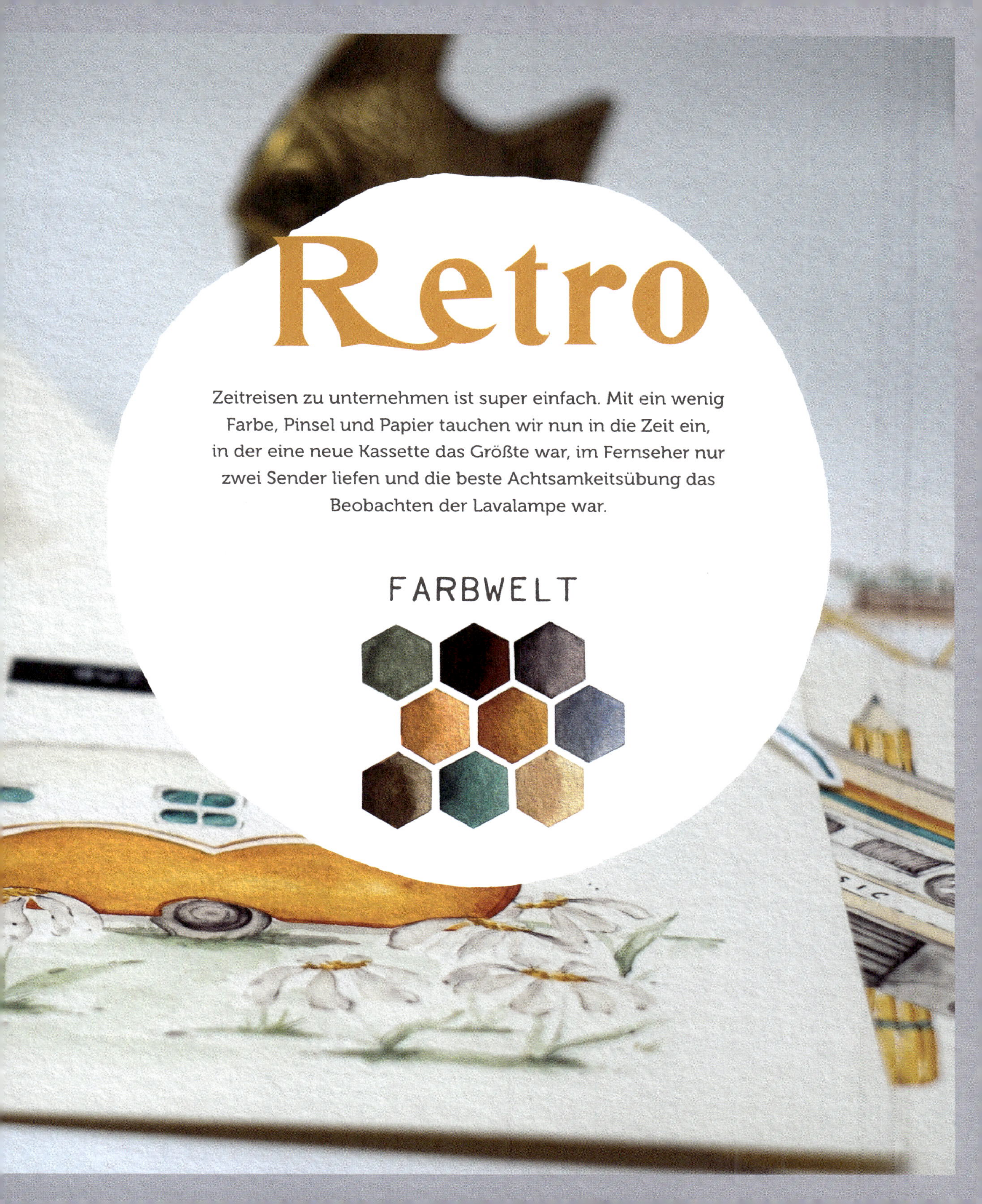

Retro

Zeitreisen zu unternehmen ist super einfach. Mit ein wenig Farbe, Pinsel und Papier tauchen wir nun in die Zeit ein, in der eine neue Kassette das Größte war, im Fernseher nur zwei Sender liefen und die beste Achtsamkeitsübung das Beobachten der Lavalampe war.

FARBWELT

Das Fahrrad

EIN ALTES GELBES FAHRRAD MIT EINER KISTE VOLLER BLUMEN – WO ES WOHL HINFAHREN WIRD? VIELLEICHT ZU EINEM GEBURTSTAG ODER ZU LIEBEN FREUNDEN, DIE MAN SCHON VIEL ZU LANGE NICHT MEHR GESEHEN HAT?

FARBEN

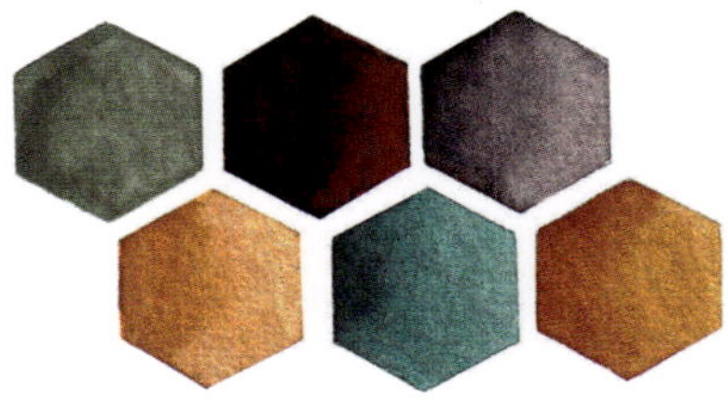

PINSEL

Rundpinsel in kleiner Größe (0)
Rundpinsel in mittlerer Größe (4)
Verwaschpinsel mit feiner Spitze

MATERIAL

Aquarellpapier: Carnet Aquarelle, Hahnemühle, 400 g/m²
(Druck-)Bleistift
Knetradiergummi
evtl. Küchentuch

VORLAGE

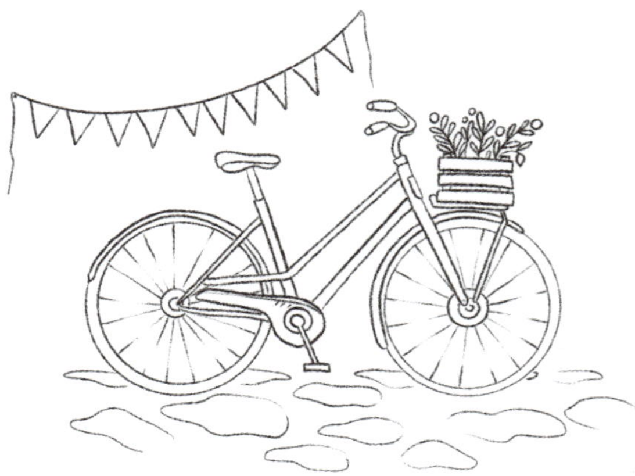

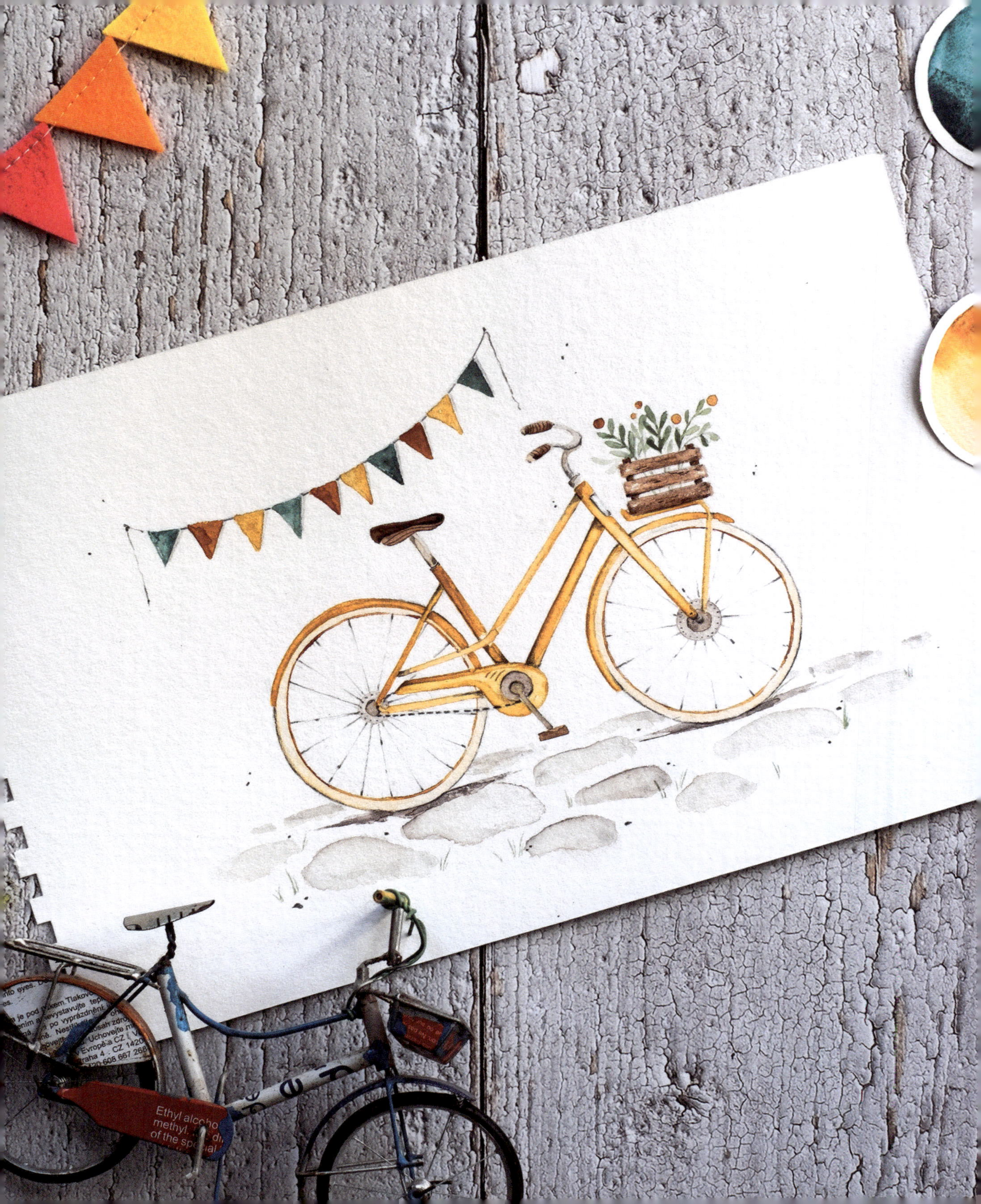

So geht's

Schritt 1

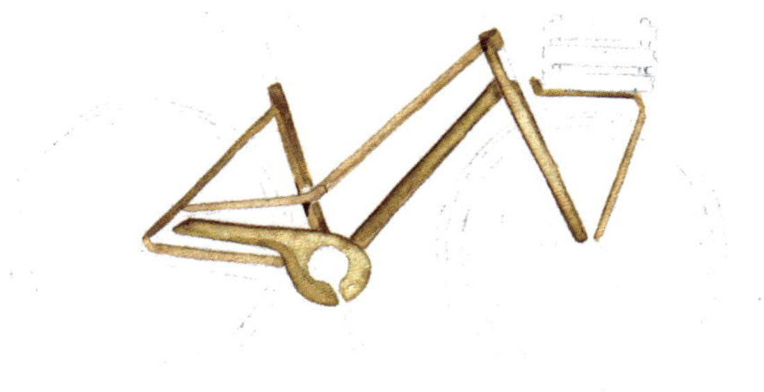

Nach dem Übertragen deines Motivs beginnst du, mit dem gelben Farbton den Rahmen des Fahrrads zu kolorieren. Dazu eignet sich ein mittlerer Rundpinsel sehr gut, da du ihn einfach kontrollieren kannst. Filigranere Abschnitte des Rahmens kannst du mit einem kleineren Rundpinsel grundieren. Probiere gerne auf einem Schmierpapier aus, wie dick oder fein die verschiedenen Rundpinselgrößen malen, so kannst du besser einschätzen, was zu deinem Format passt.

Schritt 2

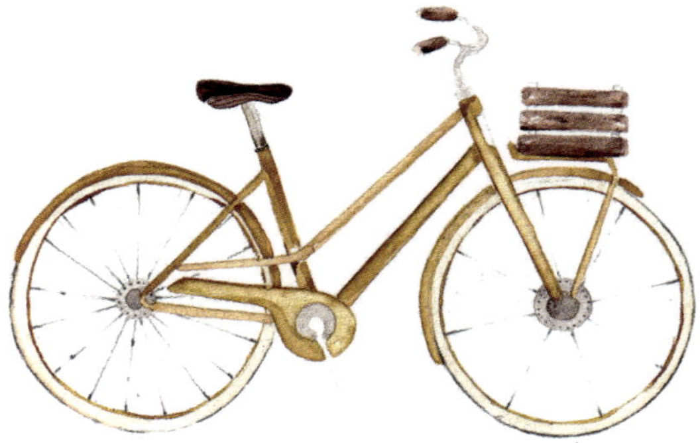

Dein Fahrrad besteht aus vielen kleinen Details, die später ein spannendes Bild ergeben. Lege zunächst die Grundierung von Kiste, Lenkergriffen und Sattel mit einem braunen Farbton an. Während die kleinen Flächen trocknen, kannst du die Räder in einem Sandton andeuten. Bei den Speichen und der Außenseite des Rades kann auf einen Bleistift zurückgegriffen werden. Beim Vorderrad siehst du, dass die Speichen zunächst grob eingeteilt sind. Daneben ist das Hinterrad bereits mit weiteren Speichen versehen. Dabei kommt es aber nicht auf eine originalgetreue Anordnung der Drähte an. Auch Lenker und Sattelstange sowie kleinere Kontraste kannst du in diesem Schritt bereits kolorieren.

Schritt 3

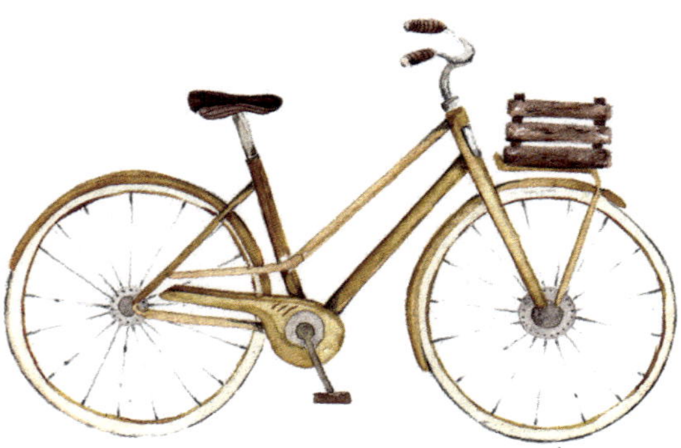

Weiter geht es mit den Pedalen und Details. Die Bretter deiner Kiste werden nun trocken genug sein, sodass du die vertikalen Innenstreben aquarellieren kannst. Nutze für weitere kleine Linien und Punkte an den Griffen und am Sattel einen kleinen Rundpinsel. An den Stellen, an denen die Metallstangen aufeinandertreffen, verstärke ich gerne den Kontrast mit leichten Bleistiftschraffuren. Nimm dazu einen Druckbleistift und setze dort ein paar Striche, wo sozusagen die „Schweißnähte" des Rahmens sind.

Schritt 4

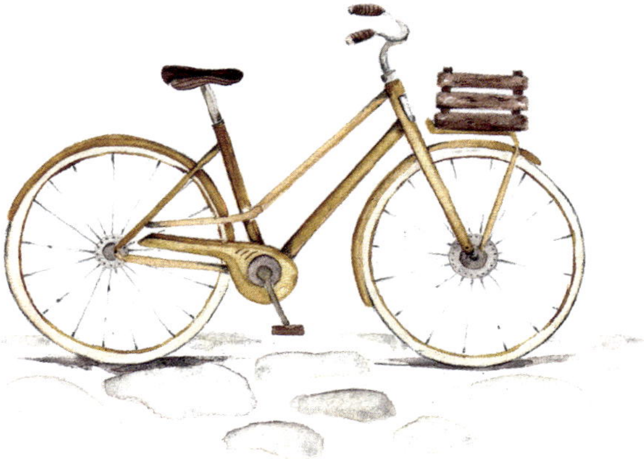

Noch schwebt dein Fahrrad frei im Raum. Für mehr Bodenhaftung malst du ein paar Pflastersteine. Hierfür eignen sich ein wenig schwachpigmentierte graue Aquarellfarbe und ein Verwaschpinsel. Halte den Pinsel ein Stückchen weiter hinten am Stiel, um lockere, unregelmäßige Steine zu kreieren. Drücke dazu den Pinsel leicht schräg auf dein Papier und male grobe Steinformen. Direkt unter den Rädern deutest du mit einem etwas stärker pigmentierten Grau zwei Schatten an. Versuche dies mit nur einem Pinselstrich, um darunterliegende Schichten nicht wieder anzulösen.

Schritt 5

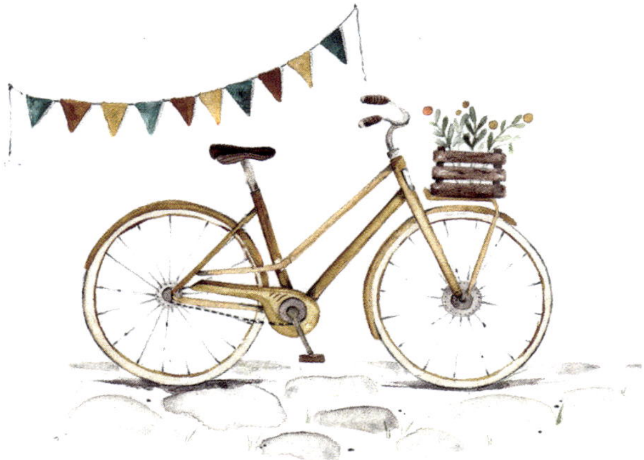

Ein paar Blumen lockern dein Motiv auf. Egal ob deine Lieblingsblüten oder einfache abstrahierte Formen wie im Anleitungsbild, deine Kiste kannst du ganz nach deinem Geschmack befüllen. Mit einem kleinen Rundpinsel lassen sich ein paar Grashalme zwischen die Steine setzen. Wenn du magst, kannst du noch eine feierliche Wimpelkette im Hintergrund einfügen. Hierfür ziehst du eine leicht gebogene Linie, die du in abwechselnden Farben mit Dreiecken besetzt.

BLICK AUF DIE DETAILS

Hier kannst du verschiedene Blumen entdecken, die dich zum Füllen deiner Kiste inspirieren dürfen.

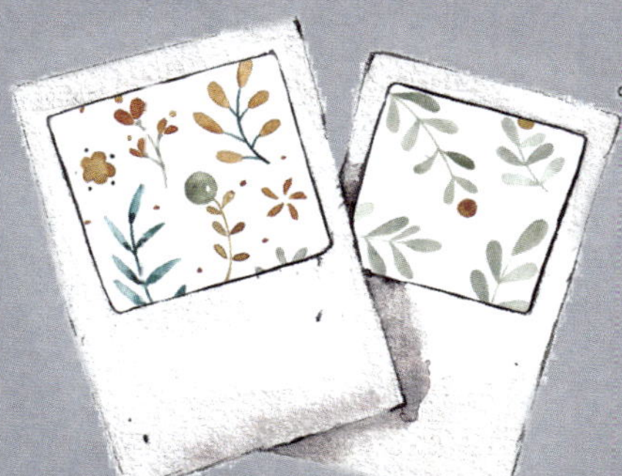

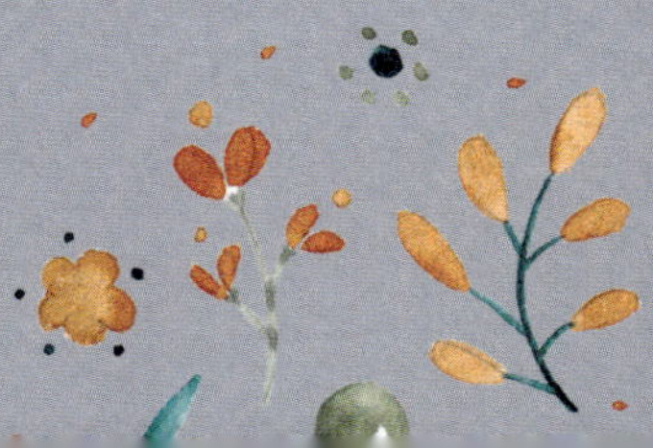

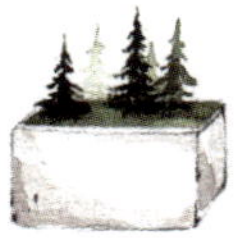

Die Kassette

BANDSALAT - WAS FÜR EIN SCHÖNES WORT. NATÜRLICH KONNTEN WIR DAS CHAOS MIT EINFACHSTEN MITTELN REPARIEREN, WIEDER UND WIEDER UND WIEDER. ZEIG MAL DEN MENSCHEN, DIE NACH DEN 90ERN AUF DIE WELT KAMEN, DIE KOMBINATION AUS BLEISTIFT UND KASSETTE. OB SIE WISSEN, WAS MAN DAMIT MACHT?

PINSEL

Rundpinsel in kleiner Größe (0)

Rundpinsel in mittlerer Größe (4)

Flachpinsel

MATERIAL

Aquarellpapier: Carnet Aquarelle, Hahnemühle, 400 g/m^2

(Druck-)Bleistift

Knetradiergummi

Küchentuch

FARBEN

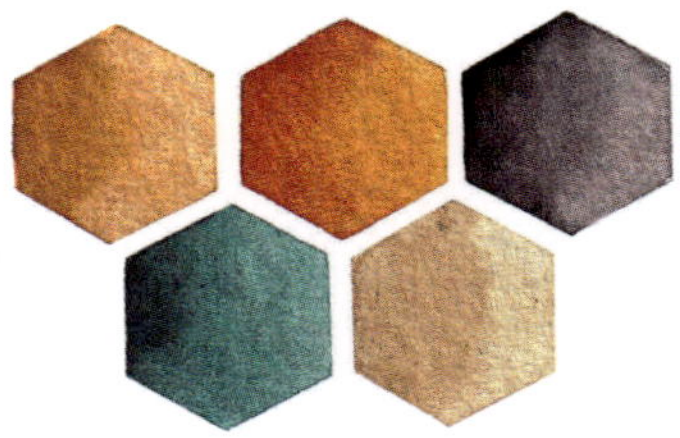

VORLAGE

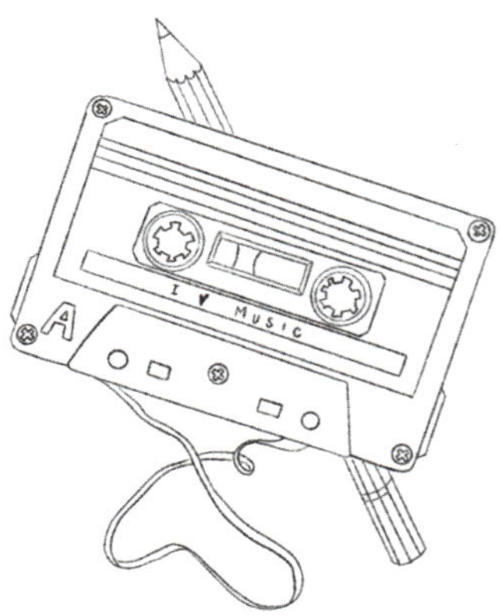

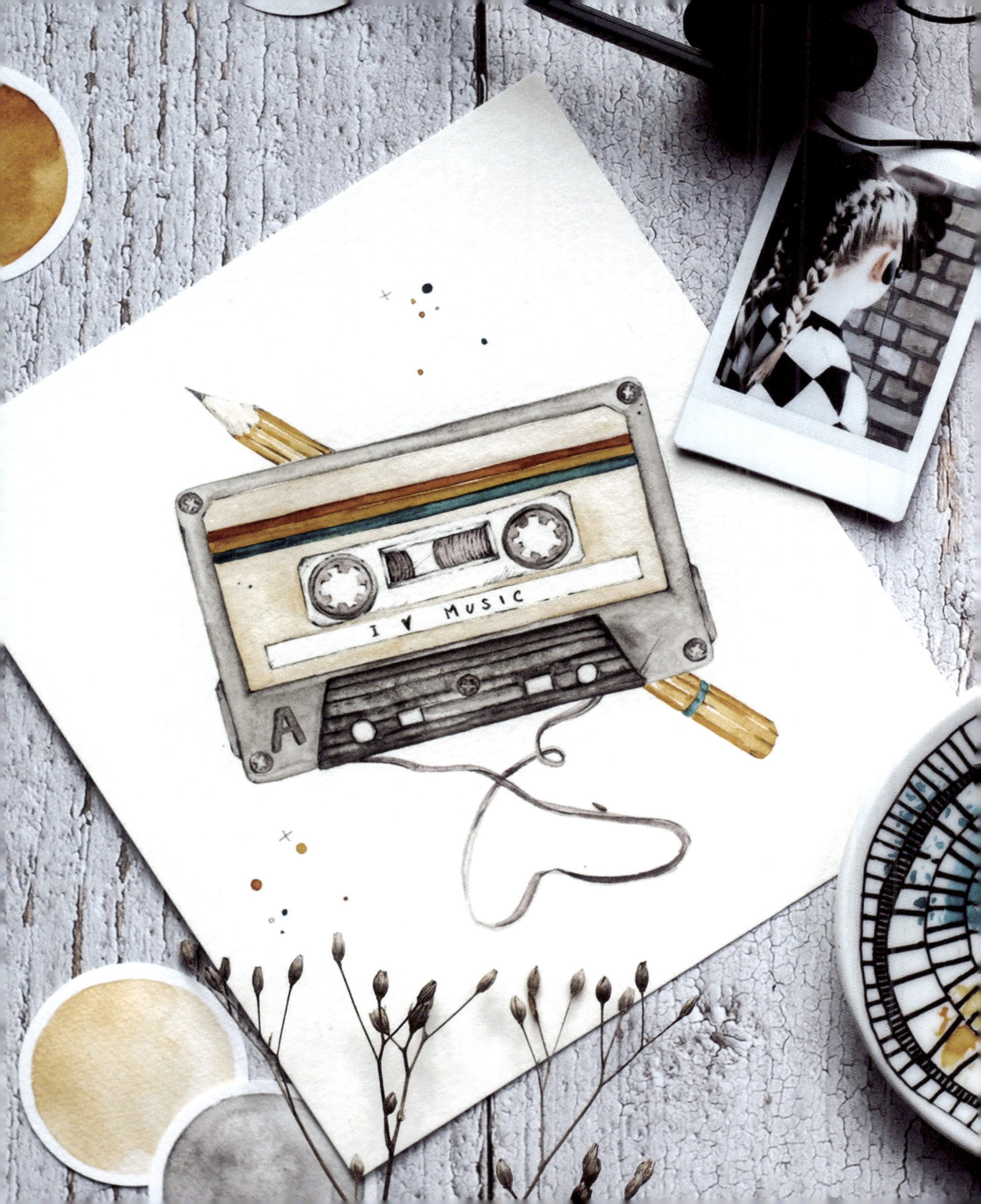
I ♥ MUSIC
A

So geht's

Schritt 1

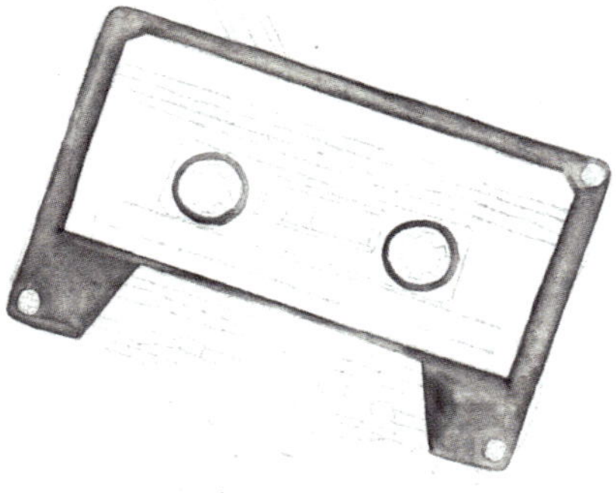

Nachdem du die Vorlage auf dein Aquarellpapier übertragen hast, mischst du dir einen leicht pigmentierten Grauton, wie zum Beispiel Neutraltinte, an. Mit einem mittleren Rundpinsel kannst du nun die grauen Flächen der Kassette grundieren. Teste gerne zuvor auf einem Schmierpapier deinen Ton, damit die erste Farbschicht nicht zu dunkel wird.

Schritt 2

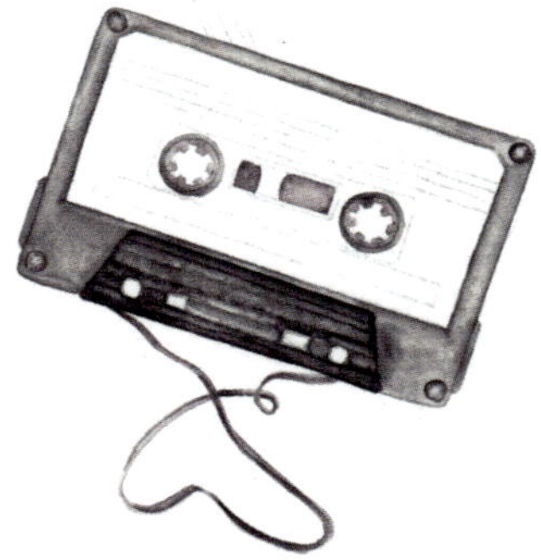

Dann dunkelst du deinen Ton etwas ab, indem du ein wenig mehr Pigment in deine Mischung gibst. Danach malst du damit das Tonband und die weiteren Flächen der Kassette. Spare die kleinen runden und eckigen Flächen aus. Erste feine Linien lassen sich gut bei der zweiten Lasur mit einem kleinen Rundpinsel ziehen.

Schritt 3

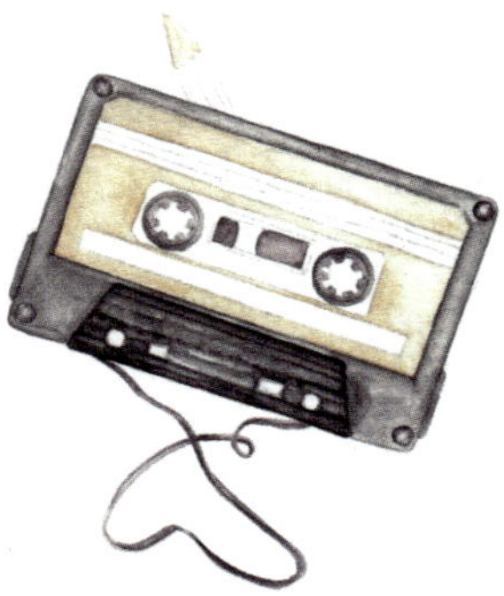

Koloriere im nächsten Schritt mit einem Sandton und deinem Rundpinsel den Innenteil der Kassette und die Bleistiftspitze. Halte dabei den Mittelteil und die Streifen frei und lass alles gut trocknen.

Schritt 4

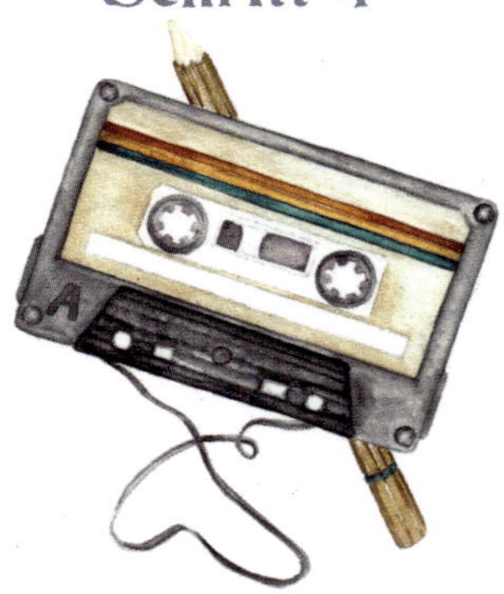

Um die bunten Streifen auf der Kassette sauber zu illustrieren, nimm dir einen schmalen Flachpinsel zur Hand. Wichtig ist dabei, dass du jeden Streifen gut trocknen lässt, bevor du den nächsten ziehst. In diesem Motiv sind die Streifen und der Bleistift in einem Rotorange, Senfgelb und Türkisblau gehalten. Lass deiner Fantasie bei der Farbwahl freien Lauf.

Schritt 5

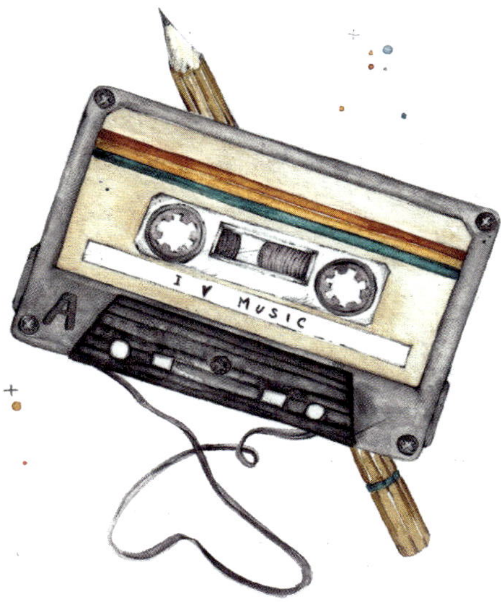

Kleine Details lassen dein Motiv frischer wirken und bringen mehr Tiefe und Kontrast in deine Illustration. Verwende dazu gerne deinen Bleistift. Die Kanten, Schrauben, den Buchstaben „A" und die Bleistiftspitze kannst du mit dem Bleistift gut verstärken, damit sie dunkler wirken. Auch der Schriftzug ist mit dem Druckbleistift entstanden. Kleine bunte Punkte in den Farben der Streifen, sowie Kreise und Sterne mit Bleistift lockern zum Schluss dein Bild auf.

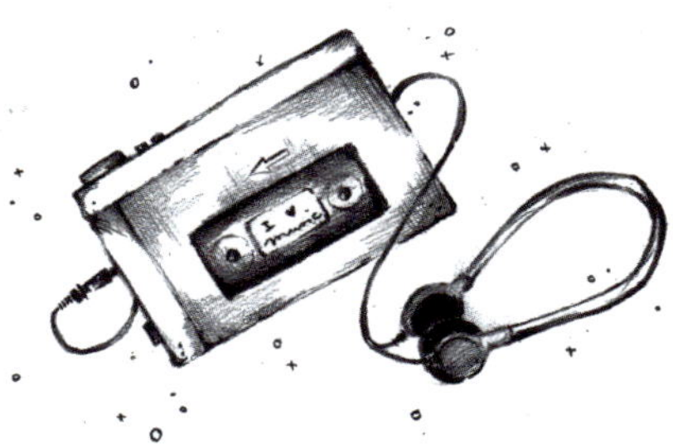

BLICK AUF DIE DETAILS

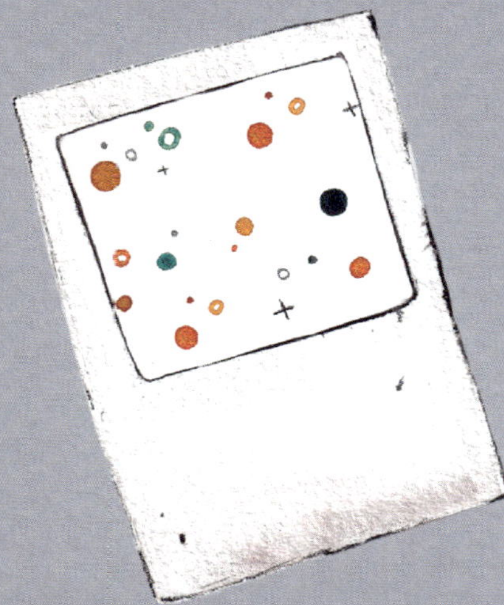

Manchmal ergeben sich auf einem Motiv große weiße Freiräume, wodurch das Bild etwas verloren wirken kann. Diese Flächen kannst du mit Mustern, geometrischen Formen und Sprenkeln füllen. Dann wirkt das Gesamtbild „runder". Besonders schön anzusehen ist es, wenn diese farblich auf deine Illustration abgestimmt sind.

Der Wohnwagen

WOLLTEST DU AUCH SCHON EINMAL GANZ SPONTAN DEINE SACHEN PACKEN UND MIT DEM WOHNWAGEN AN FREMDE ORTE REISEN? LASS DICH VON DIESEM MOTIV EINEN AUGENBLICK LANG AUS DEINEM ALLTAG ENTFÜHREN.

PINSEL

Rundpinsel in kleiner Größe (0)

Rundpinsel in mittlerer Größe (4)

Verwaschpinsel mit feiner Spitze

MATERIAL

Aquarellpapier: Carnet Aquarelle, Hahnemühle, 400 g/m²

(Druck-)Bleistift

Knetradiergummi

Küchentuch

FARBEN

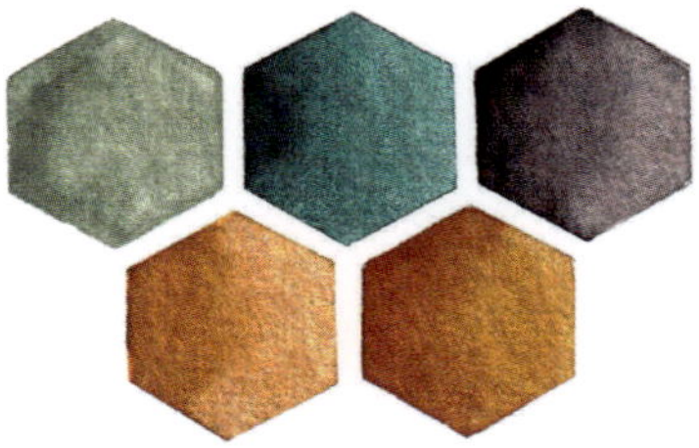

VORLAGE

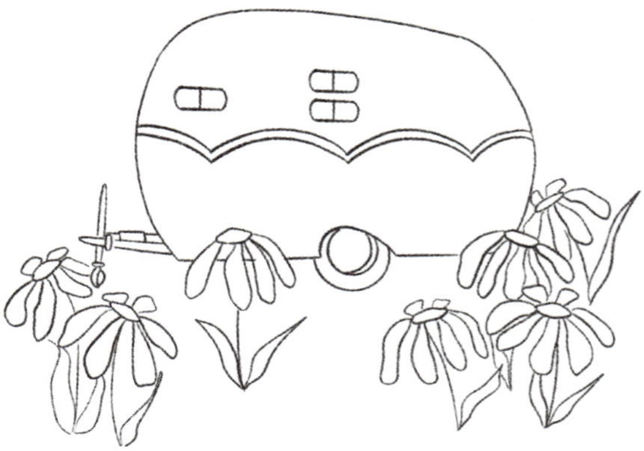

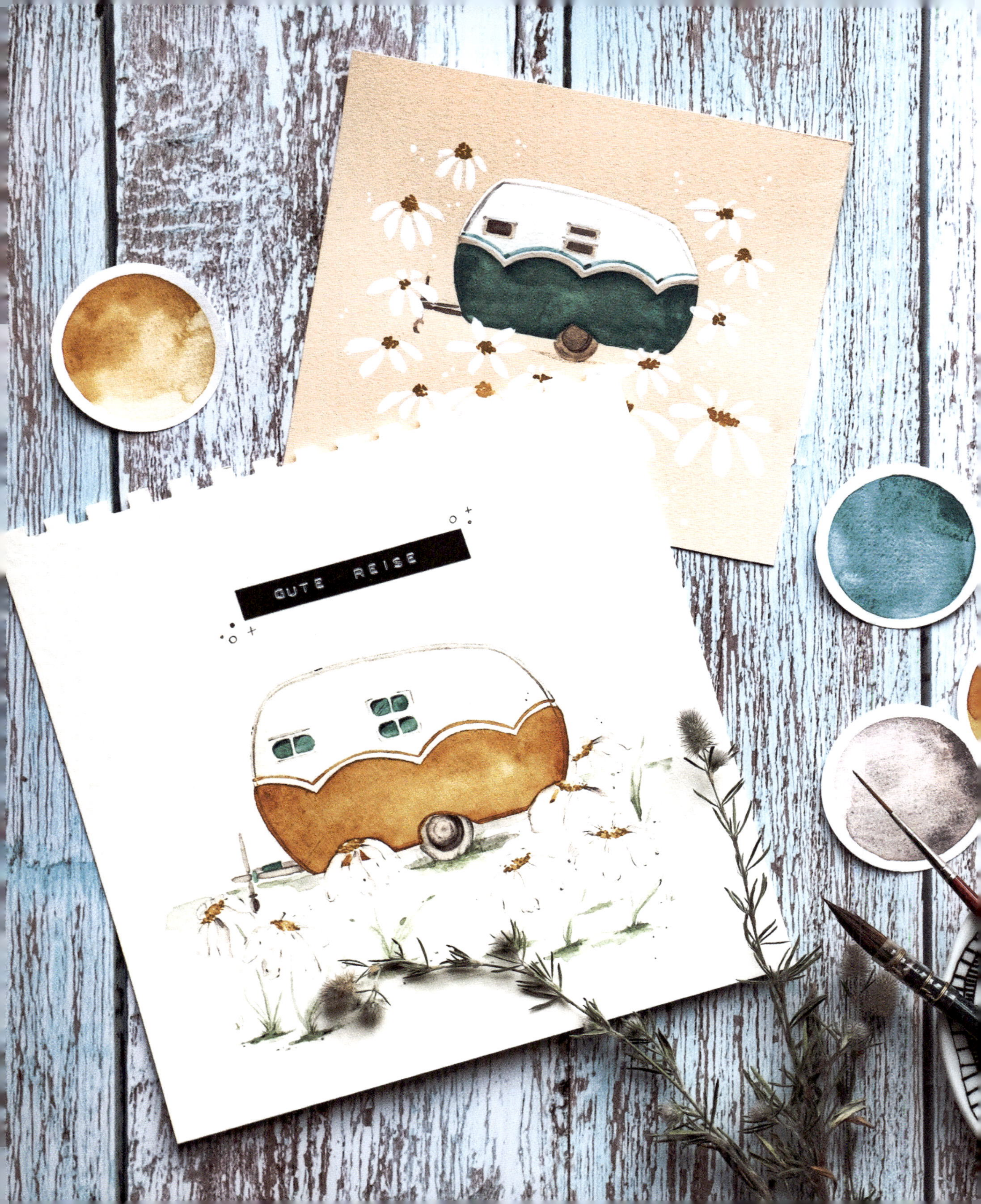
GUTE REISE

So geht's

Schritt 1

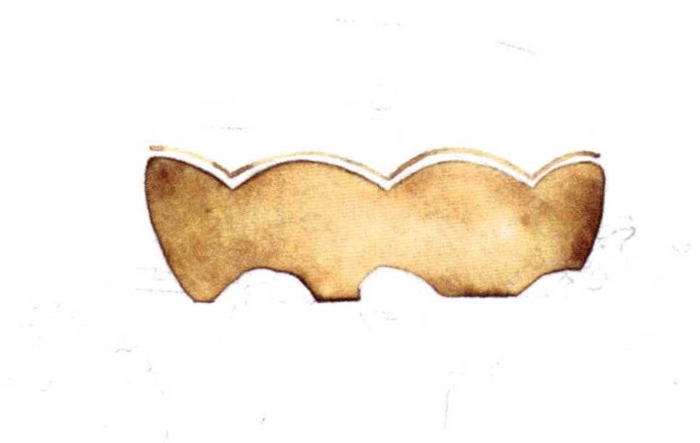

Nachdem du deine Vorzeichnung auf dein Aquarellpapier übertragen hast, grundierst du den Wohnwagen mit leicht pigmentierter Aquarellfarbe. Achte bitte darauf, dass du nicht zu nass malst, um Wasserränder zu vermeiden. Zum Grundieren eignet sich ein Verwaschpinsel mit feiner Spitze. Auch die Wellenlinien lassen sich damit prima andeuten.

Schritt 2

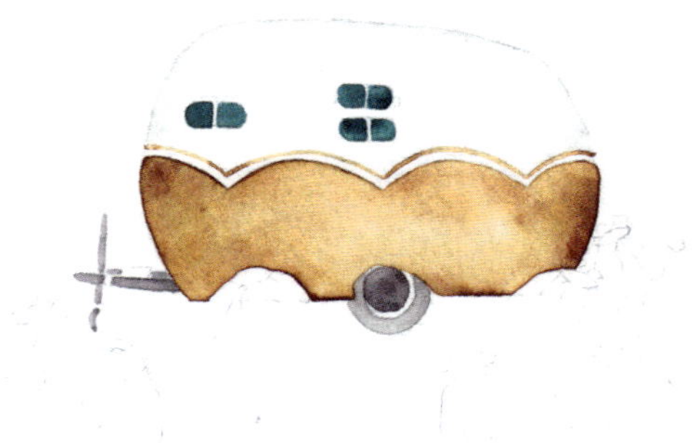

Als Nächstes grundierst du die kleineren Flächen, wie Räder, Anhängerkupplung und die obere Fläche des Wohnwagens mit einem Grauton. Dabei ist es wichtig, dass du besonders am Wohnwagen nicht zu dunkel arbeitest. Nutze dazu nur sehr wenig Pigment. Koloriere auch die Fenster mit einem Türkis.

Schritt 3

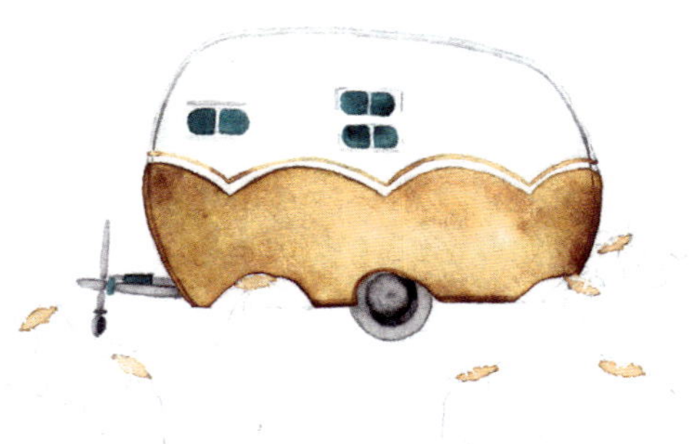

In diesem Schritt deutest du die Köpfe der Margeriten mit einem Senfgelb an. Dazu tupfst du die Farbe mit einem kleineren Rundpinsel auf. Kleine Details wie dunklere Linien am Wohnwagen, den Fenstern, der Anhängerkupplung und Schatten an den Rädern kommen hinzu. Verwende dafür entweder einen kleinen Rundpinsel oder die feine Spitze des Verwaschpinsels.

Schritt 4

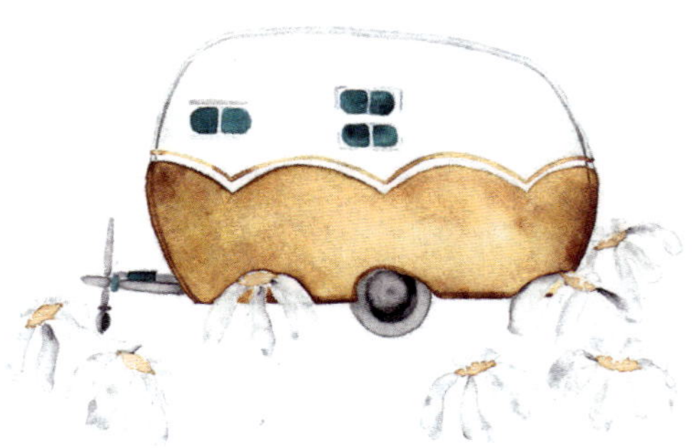

Die Blätter der Margeriten malst du mit sehr schwach pigmentierter Neutraltinte. Mach gerne zuvor auf einem Schmierpapier ein paar Übungen mit dem Pinsel, indem du einen Rundpinsel mittlerer Größe erst sanft auf dem Papier ansetzt und dann den kompletten Pinselkopf auf das Papier drückst. So entsteht fast von selbst eine typische Blütenblattform. Dabei darf jedes Blatt anders aussehen und sich in verschiedene Richtungen neigen, damit ein natürlicher Look entsteht.

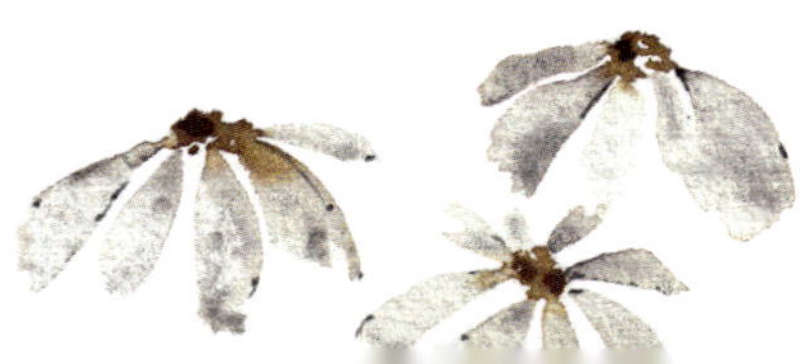

Schritt 5

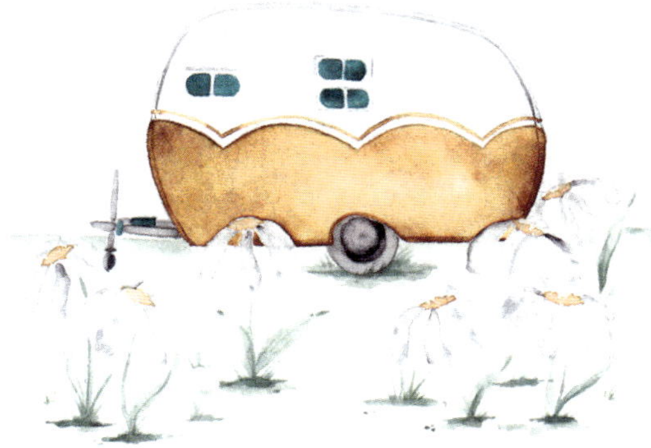

Nachdem du deine Blütenköpfe illustriert hast, kannst du noch Blätter, Stängel und kleine Grashügel hinzufügen. Dafür eignet sich ein Mintton oder eine grüne Erde besonders gut. Auch unter dem Rad braucht es einen kleinen Grashügel, um dem Wohnwagen mehr „Bodenhaftung" zu geben. Dazu lässt sich der Verwaschpinsel mit feiner Spitze sehr gut nutzen.

Schritt 6

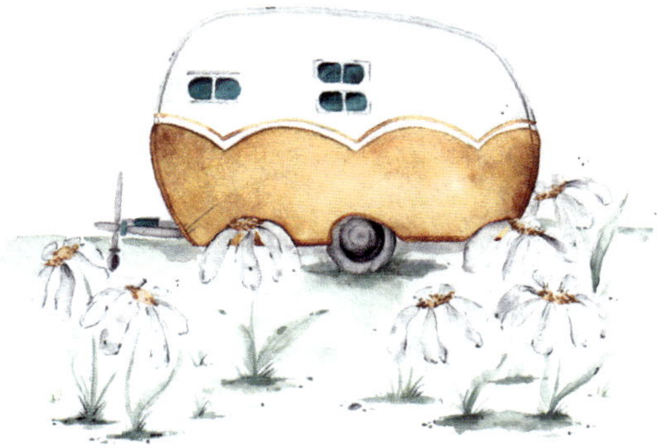

Auch bei diesem Motiv wirkt es sehr schön, wenn kleine Details mit dem (Druck-)Bleistift hinzugefügt werden. Dunkle Stellen an den Blütenblättern schaffen mehr Struktur und Kontrast. Kleine Pünktchen auf der Wiese werden zu Steinen oder Erdklumpen.

Schau dir dein Bild noch einmal genau an und setze so viele Details, wie du magst. Bei mir ist die Wiese noch etwas grüner geworden und ein Schild mit „Gute Reise" kam dazu. Das lässt sich mit einem Etikettiergerät selbst herstellen und aufkleben.

BLICK AUF DIE DETAILS

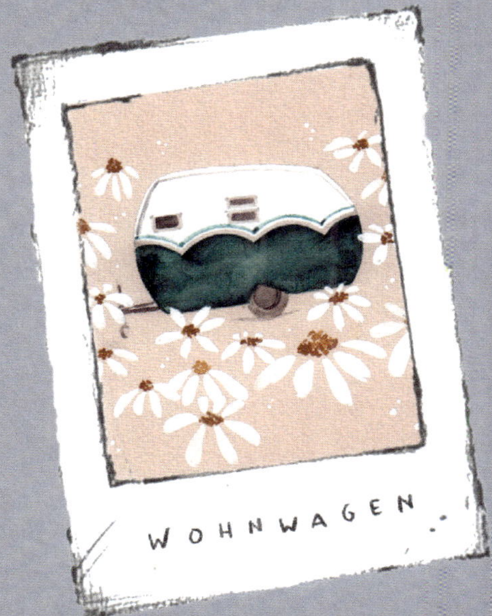

Hast du schon einmal ein getöntes Aquarellpapier ausprobiert? Auf diesem Papier in einem Braunton kommen die Blumen und der Wohnwagen besonders gut zur Geltung. Für die weißen Flächen eignet sich hier etwas Gouache. Diese Farbe ist ebenso wasserlöslich wie Aquarellfarbe, jedoch viel deckender.

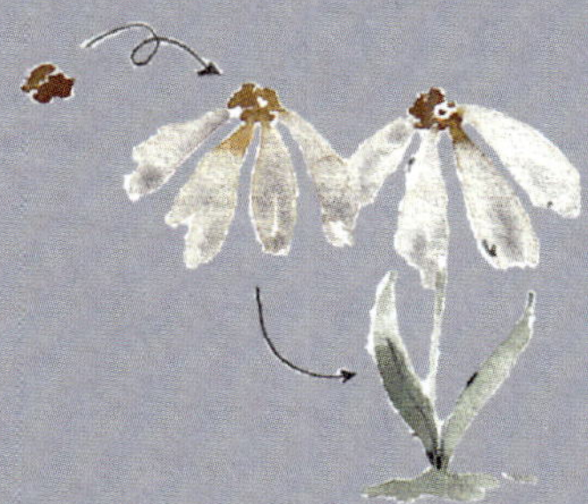

Der Sessel

HAST DU NOCH ALTE MÖBELKATALOGE ODER SCHÖNE MAGAZINE ZU HAUSE? STÖBERE EIN BISSCHEN UND ILLUSTRIERE GEMÜTLICHE INTERIEURELEMENTE. MACH ES DIR DABEI BEQUEM UND SCHALTE EINEN MOMENT AB.

PINSEL

Rundpinsel in kleiner Größe (0)
Rundpinsel in mittlerer Größe (4)
Verwaschpinsel mit feiner Spitze
Schlepperpinsel

MATERIAL

Aquarellpapier, 300 g/m²
(Druck-)Bleistift
Knetradiergummi
evtl. Küchentuch

FARBEN

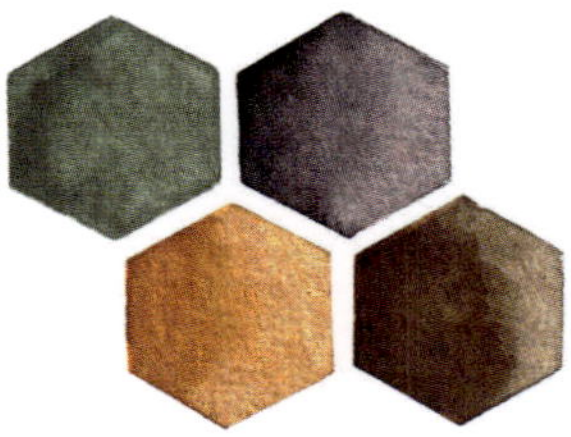

VORLAGE

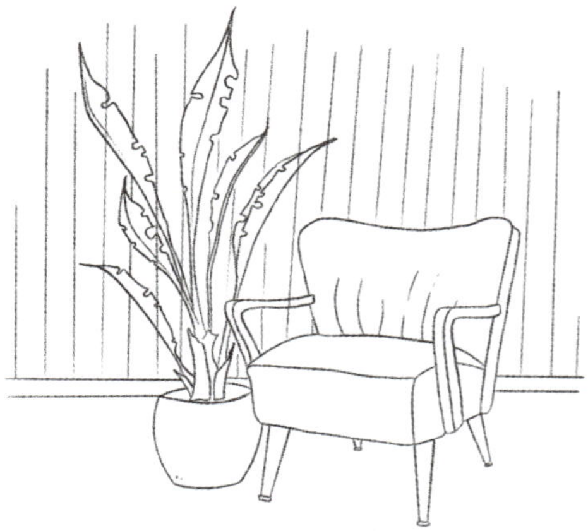

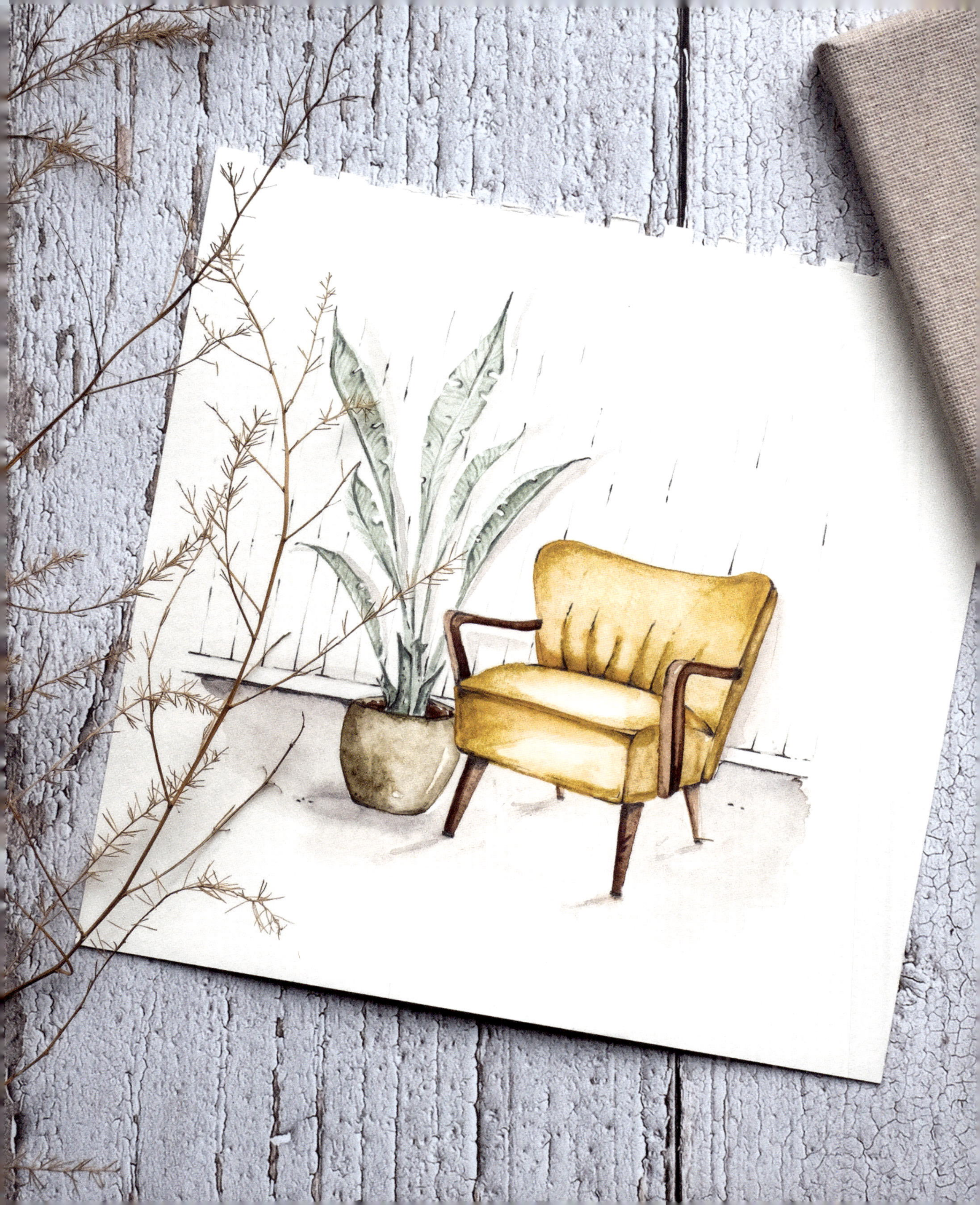

So geht's

Schritt 1

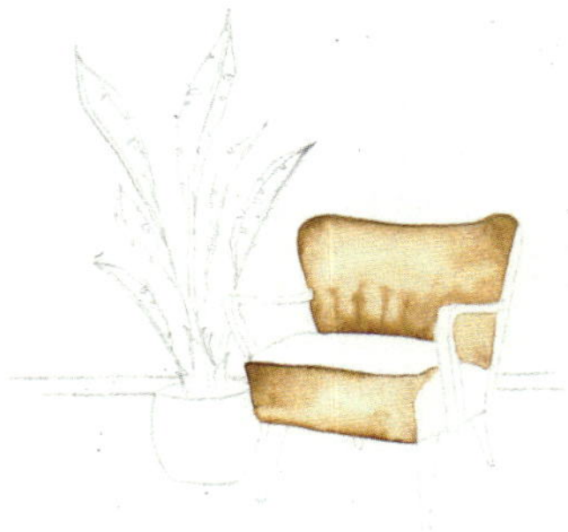

Beginne zunächst mit den größeren Flächen, grundiere also den Sessel in einem senfgelben Farbton. Das gelingt am besten mit einem mittleren Rundpinsel. Probiere das „Pigmenteschubsen" (siehe Seite 14–15) aus und dränge mit dem nassen Pinsel die gelbe Farbe an die Ränder der Fläche und lass alles gut trocknen.

Schritt 2

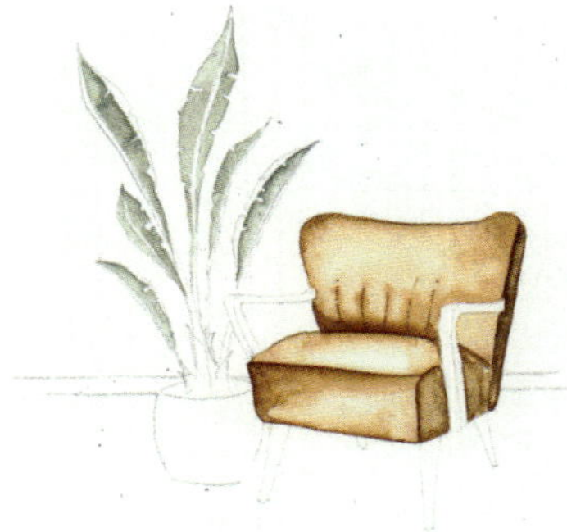

Weiter geht es mit den restlichen gelben Flächen des Sessels, bei denen du genauso vorgehen kannst wie im ersten Schritt. Auch die Blätter der Topfpflanze grundierst du nun in einem zarten Mintton.

Schritt 3

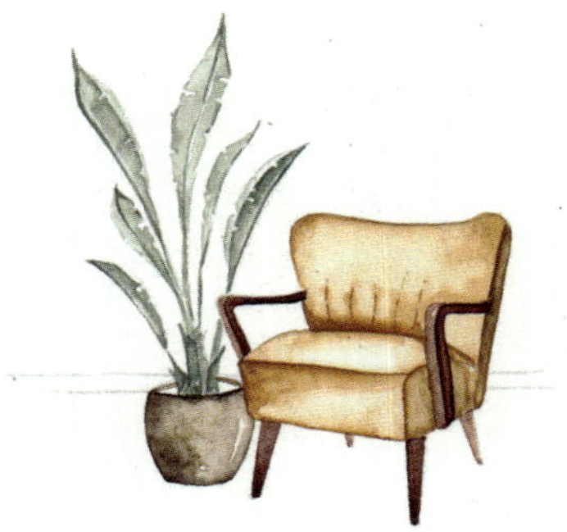

Die kleineren Flächen kolorierst du mit einem kleinen Rundpinsel. Für den Pflanzentopf verwendest du Umbra grünlich. Für die Armlehnen und Stuhlbeine mischst du den Umbraton mit etwas Dunkelrot zu einem kastanienbraunen Ton.

Schritt 4

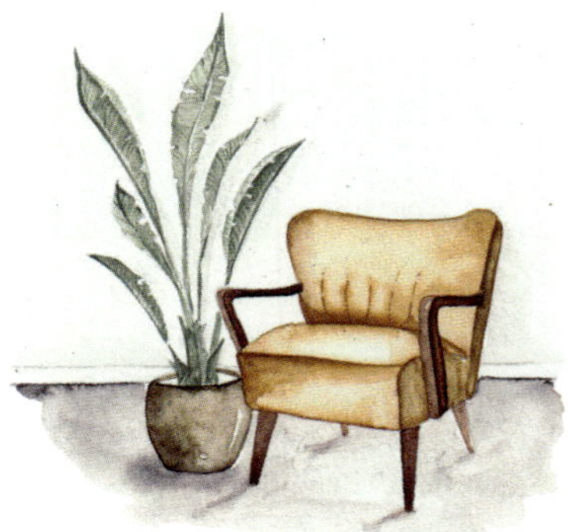

Manchmal ist es leichter, große Flächen erst zum Ende hin auszufüllen. Auch hier kannst du so besser einschätzen, wie dunkel oder hell deine Bodenfläche sein soll, ohne die restlichen Elemente in den Hintergrund zu drängen. Am besten gelingt es mit einem Verwaschpinsel und etwas Neutraltinte. In die noch nasse Fläche gibst du zusätzlich noch etwas Pigment, wo Schatten entstehen sollen. Das ist bei den Stuhlbeinen und der Topfpflanze der Fall.

Schritt 5

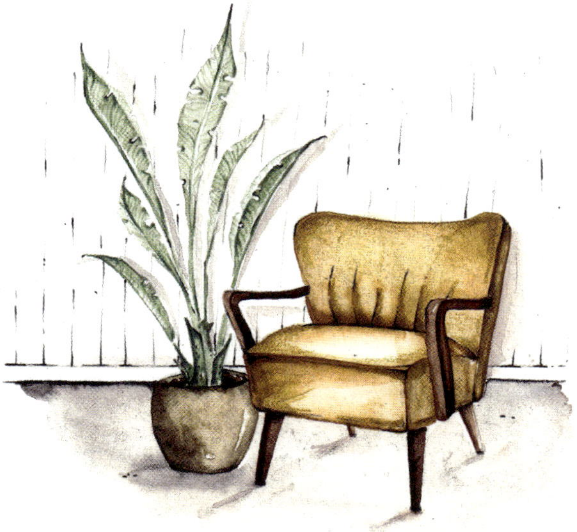

Im Anschluss kannst du mit demselben Farbton, nur schwächer pigmentiert, die Wand im Hintergrund andeuten. Die Fußleiste sparst du jedoch aus. Einzelne Blätter und der Stuhl werfen leichte Schatten an die Wand, die du wieder mit etwas mehr Farbe andeuten kannst. Achte bitte darauf, nicht zu dunkel zu werden. Zusätzliche Streifen geben der Wand Struktur. Vielleicht fällt dir auch eine ganz eigene Tapete ein oder du probierst dich an Backsteinen aus.

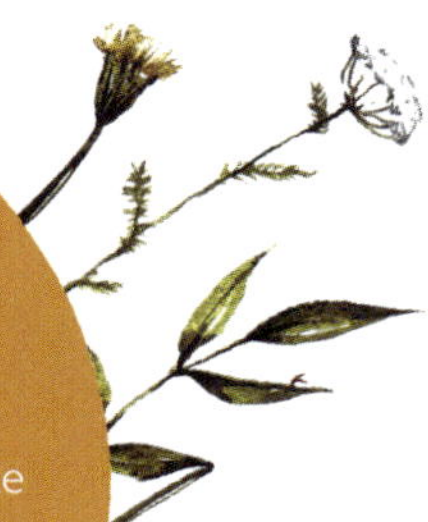

Tipp

Dir fällt es schwer, dir vorzustellen, wo Schatten entstehen? Schnappe dir eine Kaffeetasse und die Taschenlampe deines Handys und schau, was passiert, wenn du den Winkel der Lichtquelle veränderst.

BLICK AUF DIE DETAILS

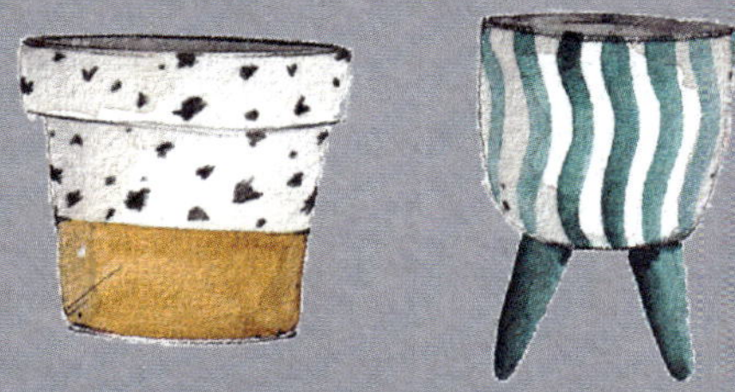

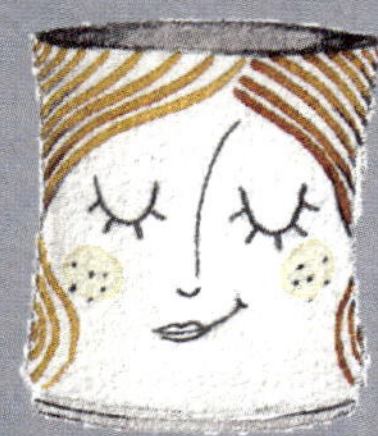

Darf es ein bisschen mehr sein? Gemusterte Tapeten können auch mit Buntstift entstehen. Denke dir dafür kleine Elemente aus und wiederhole diese mehrfach. Oder du machst den Blumentopf zum Blickfang. Teste verschiedene Designs aus.

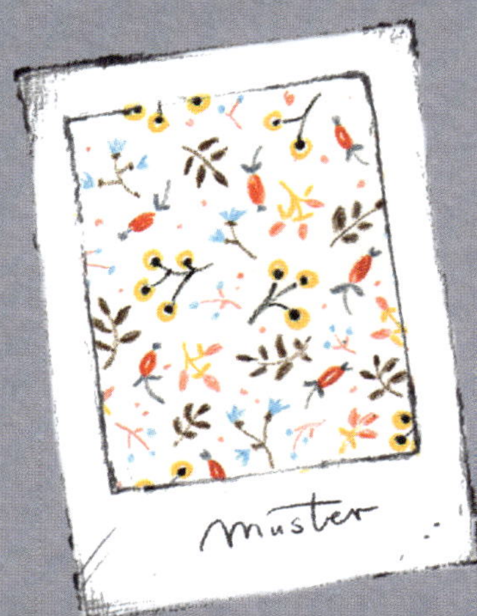

Das Radio

LUST AUF EINE ZEITREISE? WOMIT GEHT DAS BESSER ALS MIT MUSIK? DER RICHTIGE SONG KANN DICH IN DIE SCHÖNSTEN ERINNERUNGEN UND GEFÜHLE ZURÜCKVERSETZEN.

PINSEL

Rundpinsel in kleiner Größe (0)
Rundpinsel in mittlerer Größe (4)
Verwaschpinsel mit feiner Spitze
Schlepperpinsel

MATERIAL

Aquarellpapier: Carnet de Voyage, Hahnemühle, 300 g/m²
(Druck-) Bleistift
Knetradiergummi
evtl. Küchentuch

FARBEN

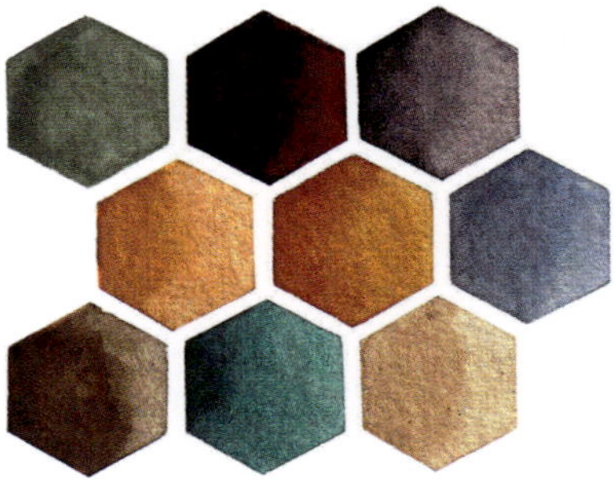

VORLAGE

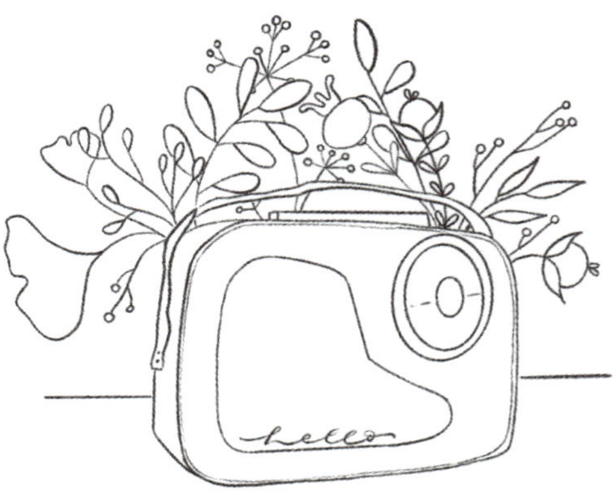

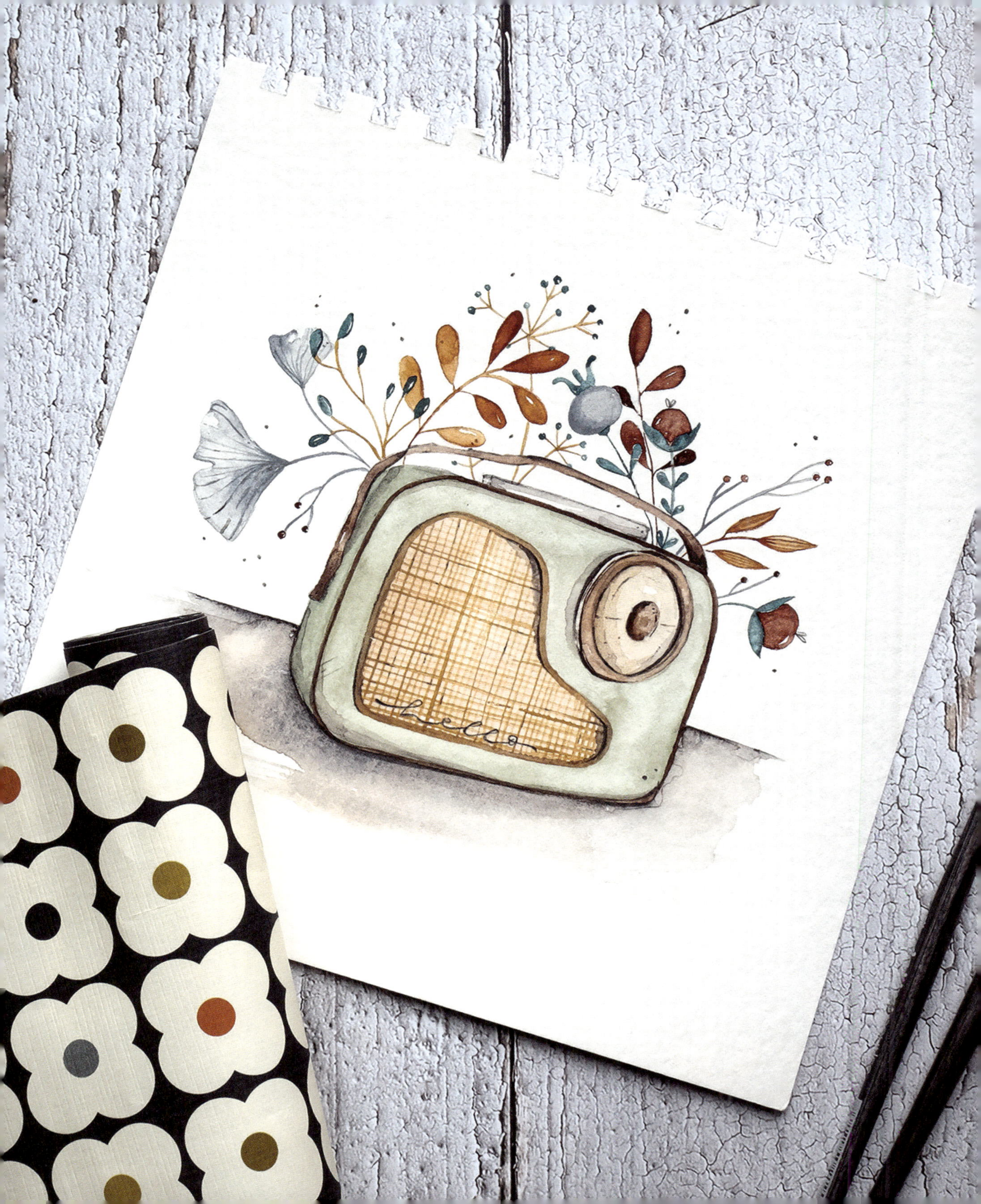
hello

So geht's

Schritt 1

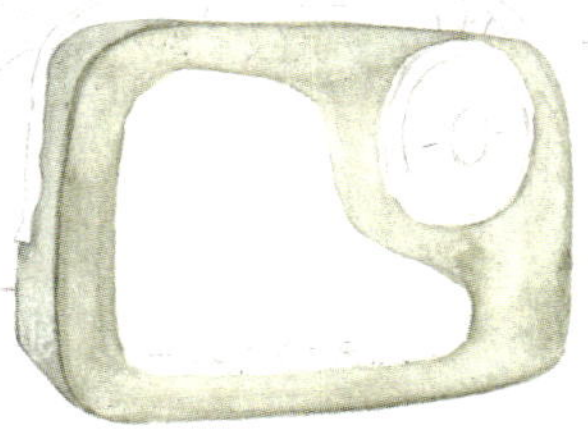

Zunächst kolorierst du mit dem mittleren Rundpinsel und einem Mintton erste Flächen des Radios. Dabei kannst du die vordere Fläche grundieren, sie gut trocknen lassen und danach die seitliche Kante im selben Ton füllen. Das gibt bereits eine schöne, klare Kante zwischen beiden Flächen.

Schritt 2

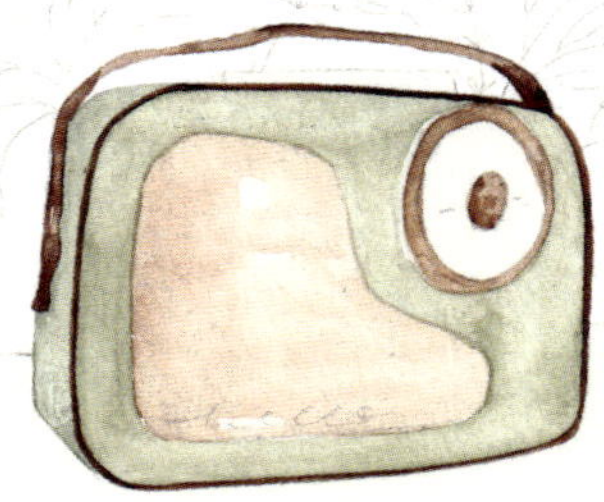

Für weitere Details greifst du zu einem kleineren Rundpinsel und grundierst schwach pigmentiert den Lautsprecher in einem Sandton sowie den Riemen und runde Flächen in einem Kastanienton. Ziehe auch einen Rahmen mit diesem Pinsel und demselben Farbton um das Radiogehäuse.

Schritt 3

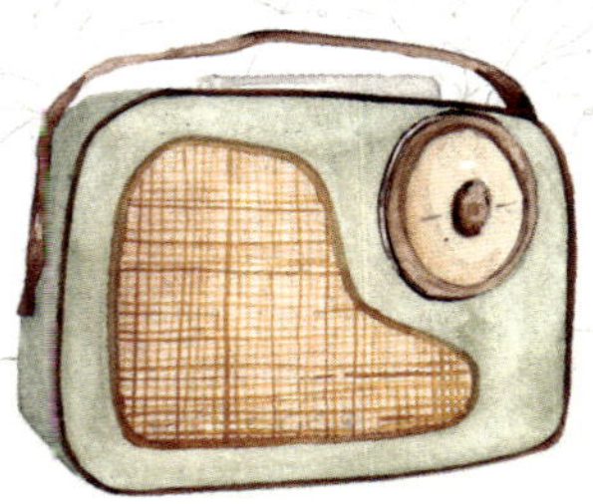

Danach malst du mit dem kleinen Rundpinsel und dem stark pigmentierten Sandton einen Rahmen um den Lautsprecher. Aktiviere hierfür die Farbe im Näpfchen länger und nimm sie direkt daraus. Ziehe erst alle horizontalen Linien mit einem Schlepperpinsel, lass sie trocknen und male dann die vertikalen. Schwankungen der Farbintensität können dabei sehr reizvoll sein. Fülle auch die weiße Fläche des runden Elements aus. Durch eine zweite Lasur am Rand wirkt es plastischer. Die obere Taste ist mit Neutraltinte sanft koloriert.

Schritt 4

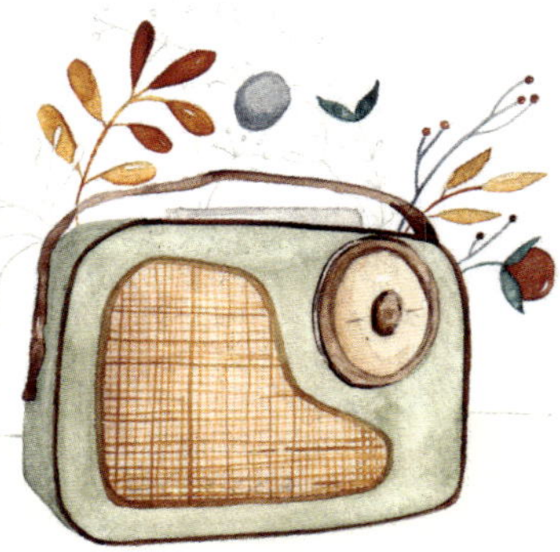

Du kannst dich nun um die floralen Elemente kümmern. Dabei müssen diese keine detailgetreuen Abbildungen „echter" Pflanzen sein, sondern dürfen ihre ganz eigenen Farben und Formen entwickeln. Hierfür nutzt du den kleinen Rundpinsel für Blätter und Beeren und den Schlepperpinsel für die Stiele und Stängel. Verwende gerne ein Graublau, Türkis, Orangerot, Senfgelb und das Dunkelrot.

Schritt 5

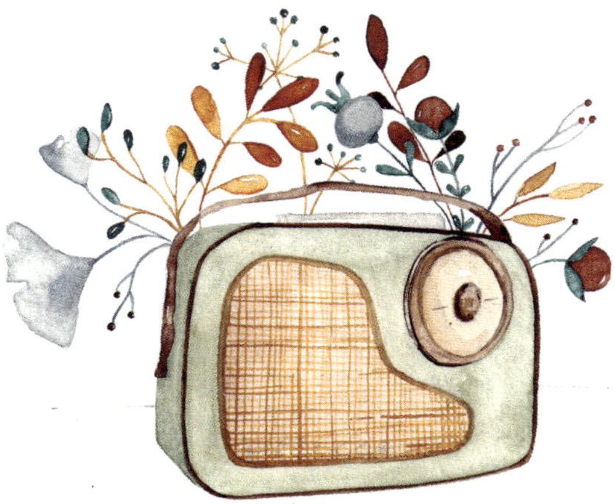

Vollende alle Pflanzen hinter dem Radio. Achte dabei darauf, dass die Farben sich an verschiedenen Stellen wiederholen, um ein harmonisches Gesamtbild zu erzeugen.

Kleine Weißräume in den größeren Blättern und Beeren sorgen für Leichtigkeit und Lichtreflexe. Du kannst beim Malen einfach ein paar Stellen aussparen oder im Nachhinein einen weißen Gelroller benutzen.

Schritt 6

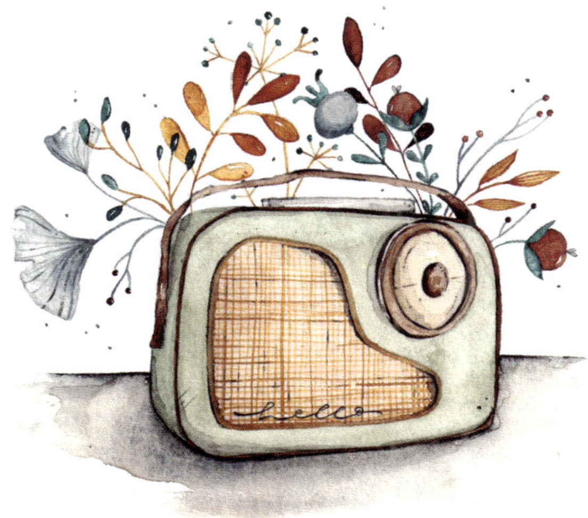

Zuletzt hebst du mit Neutraltinte und dem Verwaschpinsel den Boden an. Tupfe unterhalb des Radios etwas Farbe zusätzlich in die nasse Fläche, um einen zarten Schatten zu erzeugen. Auch am Radio kannst du leicht pigmentiert ein paar Schatten setzen. Ziehe die Schatten nicht zu nass und nur leicht pigmentiert mit einem Zug durch, um die darunterliegenden Schichten nicht anzulösen. Nutze den Druckbleistift oder einen gut angespitzten Bleistift, um Details wie kleine Striche und Punkte hinzuzufügen. Wenn du magst, ergänze noch einen Schriftzug auf dem Lautsprecher.

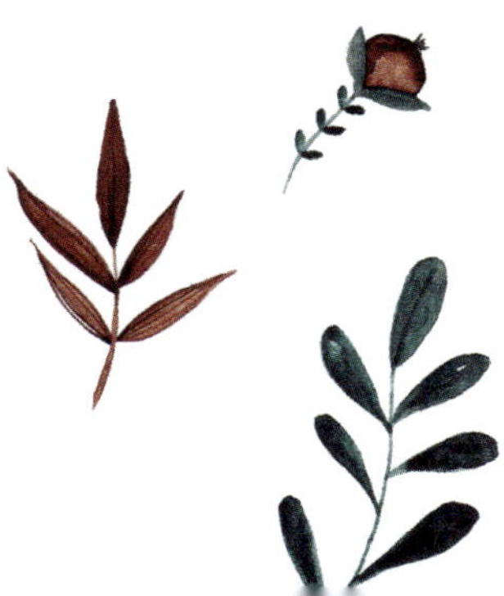

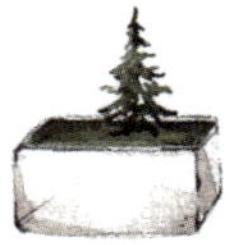

Der Kuchenwagen

STELL DIR VOR, DU SCHLENDERST AN EINEM HERBSTLICHEN NACHMITTAG DURCH DEN PARK UND PLÖTZLICH RIECHST DU FRISCHEN KAFFEE UND SIEHST EINEN KÖSTLICHEN KUCHEN. KANNST DU DA WIDERSTEHEN?

FARBEN

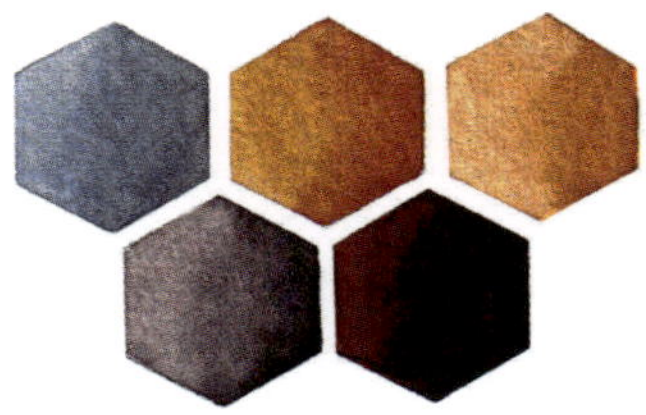

PINSEL

Rundpinsel in kleiner Größe (0)

Rundpinsel in mittlerer Größe (4)

Verwaschpinsel mit feiner Spitze

MATERIAL

Aquarellpapier: Carnet Aquarelle, Hahnemühle, 400 g/m²

Weißer Buntstift oder Gelroller

Roter Buntstift

(Druck-)Bleistift

Knetradiergummi

evtl. Küchentuch

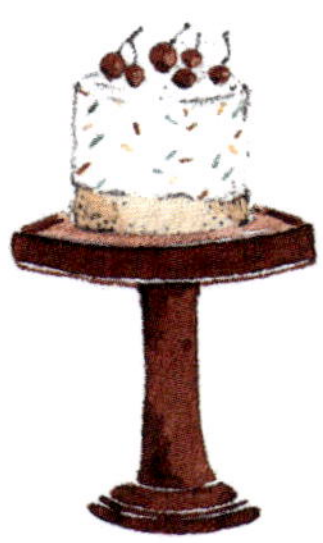

VORLAGE

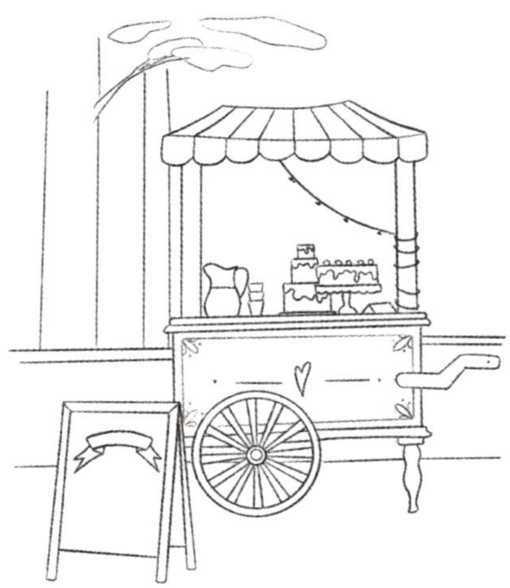

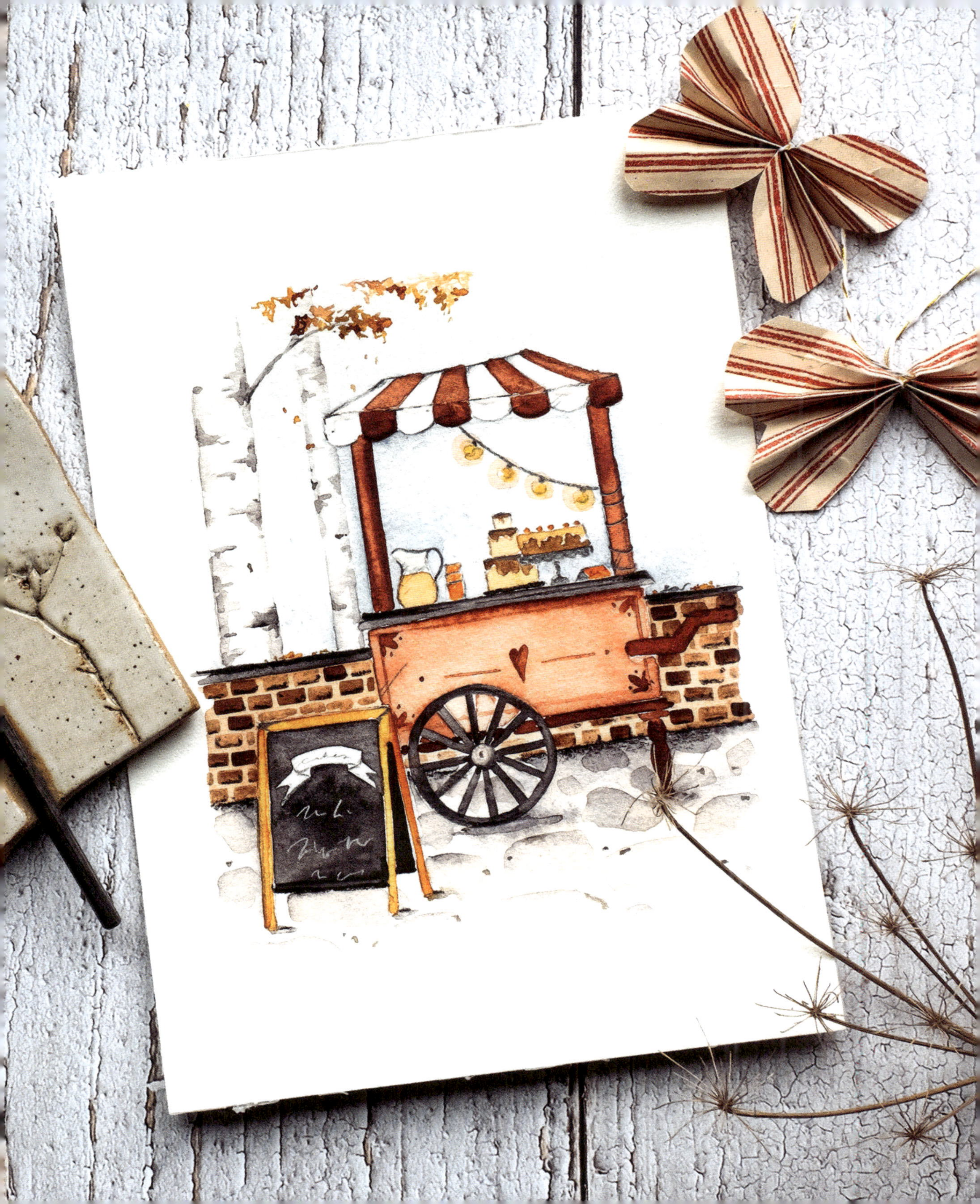

So geht's

Schritt 1

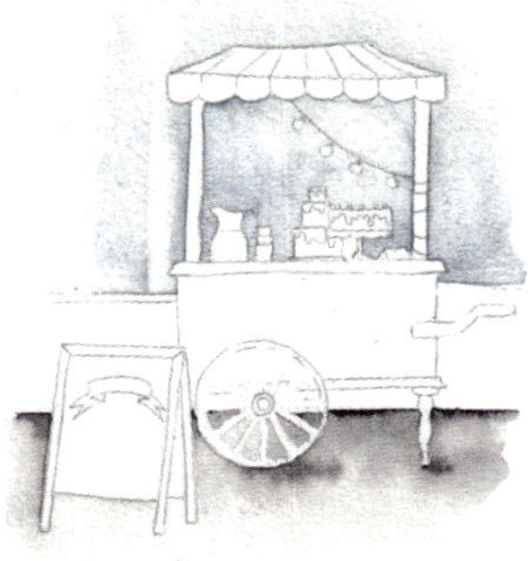

Nachdem du deinen Kuchenstand skizziert hast, grundierst du alle größeren Flächen mit einem Verwaschpinsel. Nimm für den Himmel ein rauchiges Blau und eine Neutraltinte für den Asphalt. Beides sollte nur schwach pigmentiert sein. Da noch Birken hinzukommen werden, löst du an diesen Stellen die Farbe mit klarem Wasser an und trägst sie mit einem Küchentuch ab. Es ist auch möglich, diese Stellen gleich auszusparen.

Schritt 2

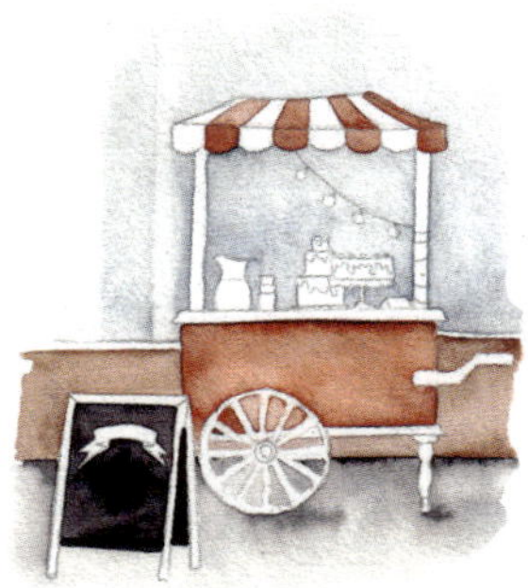

Im zweiten Schritt legst du auf weitere große Flächen mit einem Rund- oder Verwaschpinsel eine Schicht Farbe an. Ich habe Rot- und Brauntöne für den Wagen und die Mauer verwendet. Pass auf, dass du nicht zu dunkel grundierst, um später Details wie Muster und Backsteine hinzufügen zu können. Für die Tafel im Motiv wurde ein granulierendes Schwarz gewählt. Hier entstehen später weiße Details mit einem Buntstift.

Schritt 3

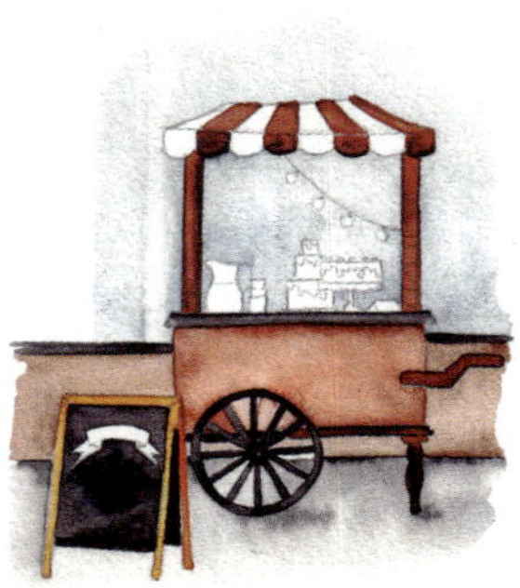

Am Wagen füllst du weitere kleine Flächen mit demselben Rotton aus. Diesmal kannst du die Farben kräftiger anmischen. Das Rad sowie den Abschluss der Mauer kolorierst du in einem Schwarz oder stark pigmentierter Neutraltinte. Auch das Gestell der Tafel kannst du jetzt aquarellieren. Alle diese Details lassen sich mit einem mittleren Rundpinsel sauber illustrieren.

Schritt 4

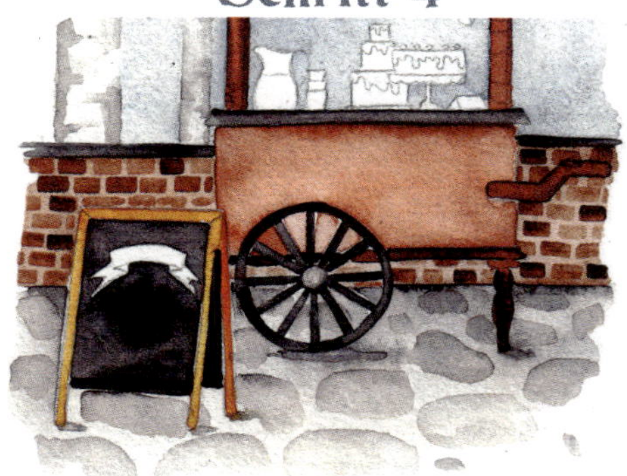

Für die Backsteine eignet sich ein Flachpinsel. Achte darauf, bei den einzelnen Steinen in der Farbintensität zu variieren, das macht das Ganze spannender und kontrastreicher. Unregelmäßig geformte Steine am Boden lassen sich gut mit dem Verwaschpinsel und Neutraltinte zaubern, halte dafür den Pinsel locker und schräg. Probiere mal, den kompletten Pinselkopf auf das Papier zu drücken. Denselben Farbton kannst du für die Birken verwenden. Dazu tupfst du die typischen Streifen auf die Baumstämme. Pass bitte auf, dass du die Birken zunächst nur sehr hell betupfst und die Flächen anschließend gut trocknen lässt.

Schritt 5

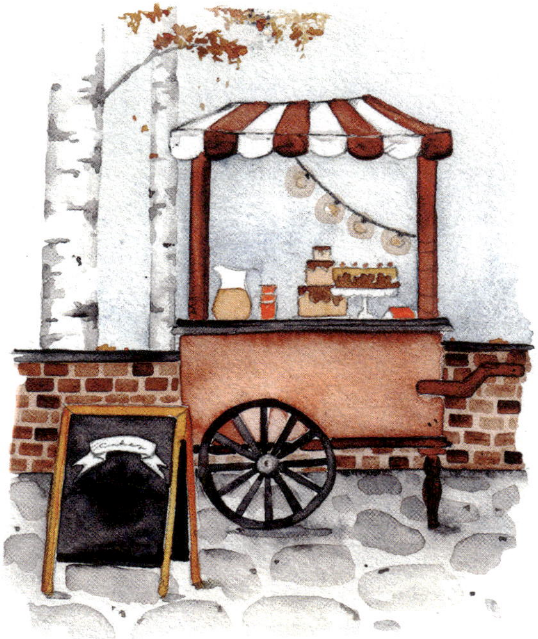

Nun wird es Zeit für viele kleine Details. Mit einem kleinen Rundpinsel gelingt dies am besten. Damit kannst du die Kuchen, Becher und die Karaffe bemalen. Auch die Lichterkette kannst du andeuten, indem du für das Kabel den Bleistift benutzt und gelbe, leicht pigmentierte Kreise setzt. Nimm gerne Braun- und Gelbtöne für diese Details. Für weitere kleine Akzente beim Becher und Schild wird auf einen strahlend roten Buntstift ausgewichen. Mit Rotorange und dem schwer kontrollierbaren Schlepperpinsel kannst du die herbstlichen Blätter der Birke gestalten. Ein paar Punkte und Akzente an den Bodenplatten und der Birke bringen noch mehr Detailreichtum in dein Werk.

Schritt 6

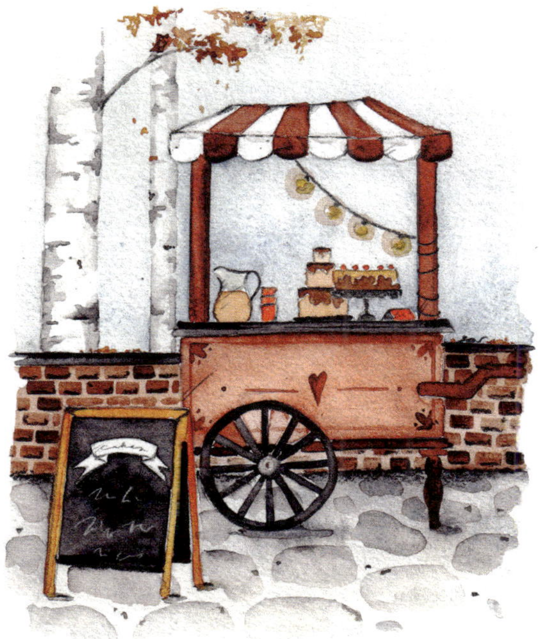

Mit einer weiteren Lasur kannst du noch ein paar Elemente am Kuchenwagen ergänzen. Kleine Muster an den Ecken und der Mitte machen die Fläche komplett. Auf der Tafel kannst du einen weißen Gelroller nutzen, um ganz locker Schrift zu imitieren.

Mit dem Druckbleistift kannst du einige Flächen und Begrenzungen bei den kleinen Elementen, wie der Kuchenplatte und der Karaffe, hervorheben.

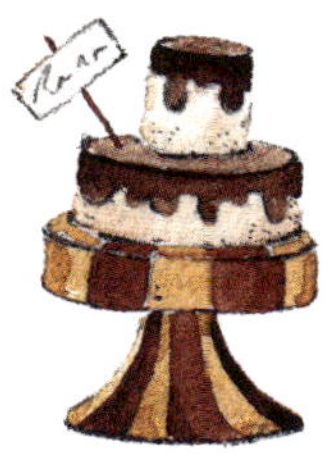

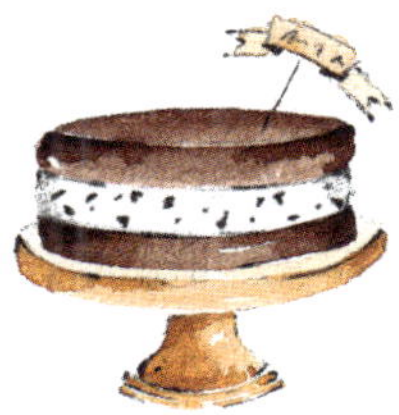

Kreativbibliothek
RETRO

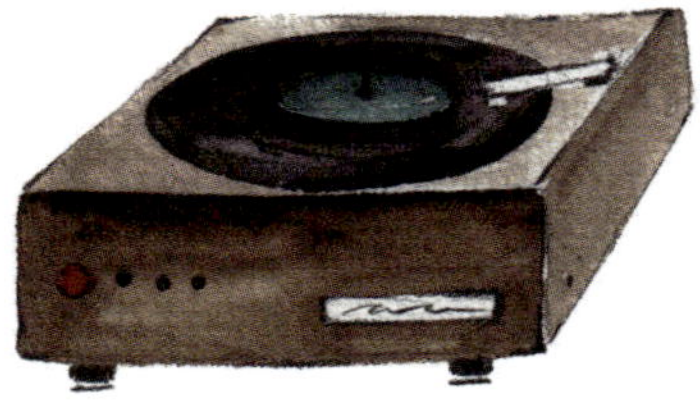

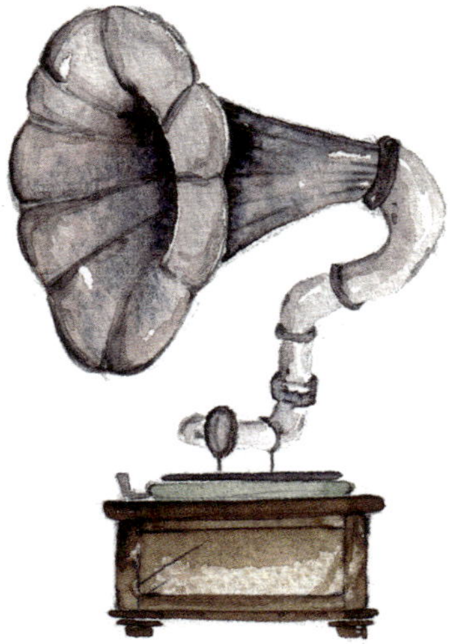

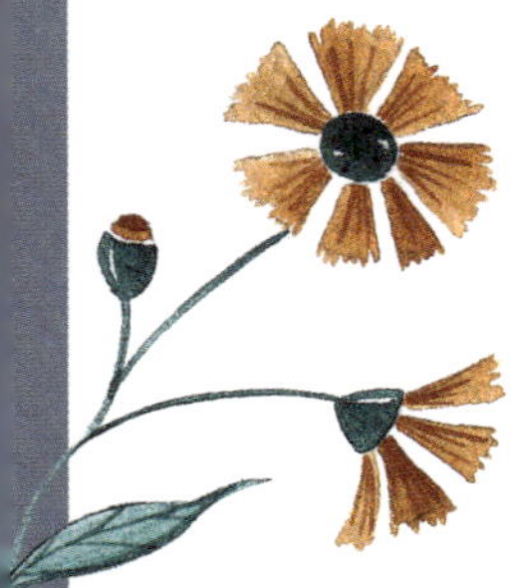

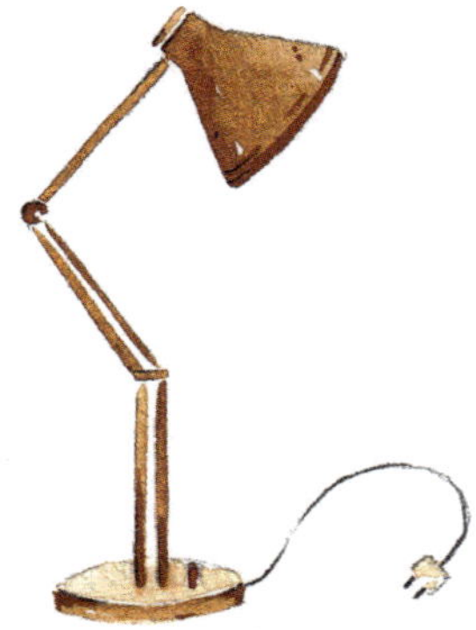

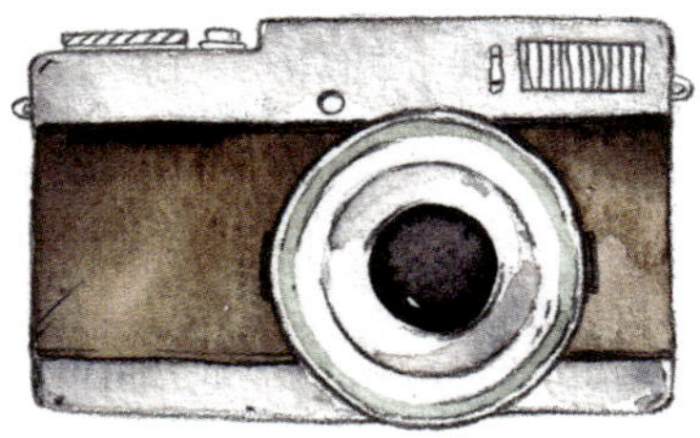

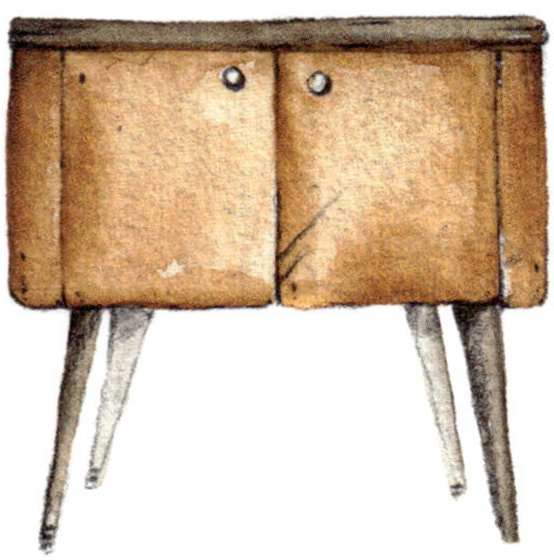

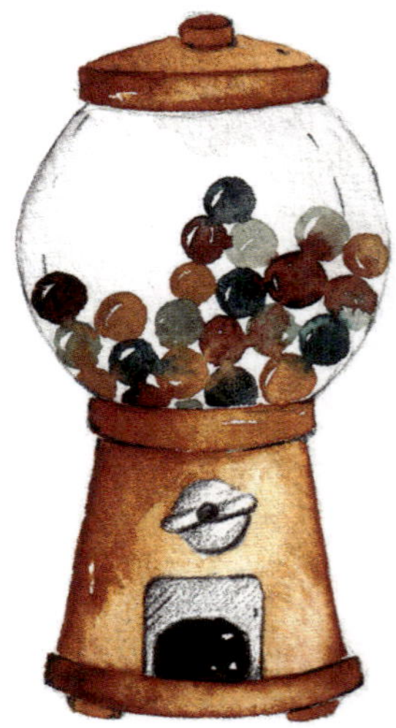

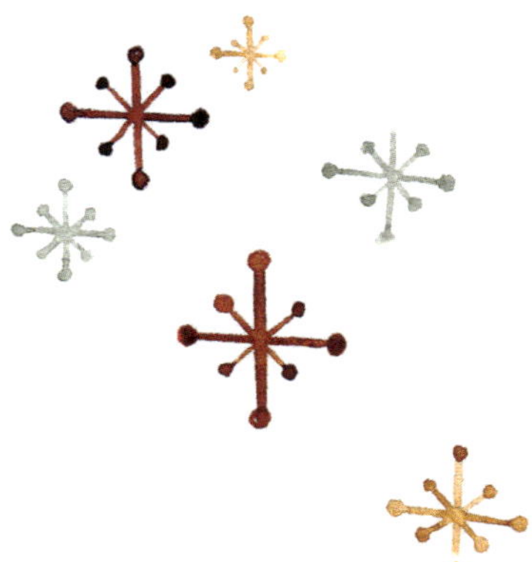

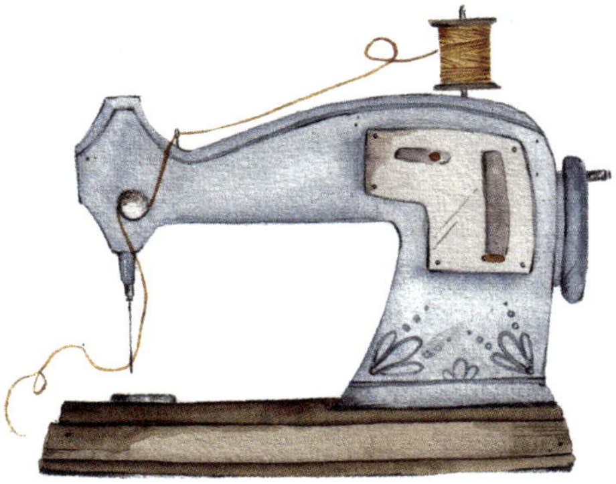

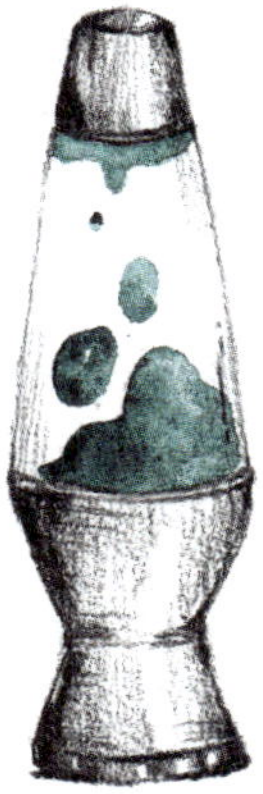

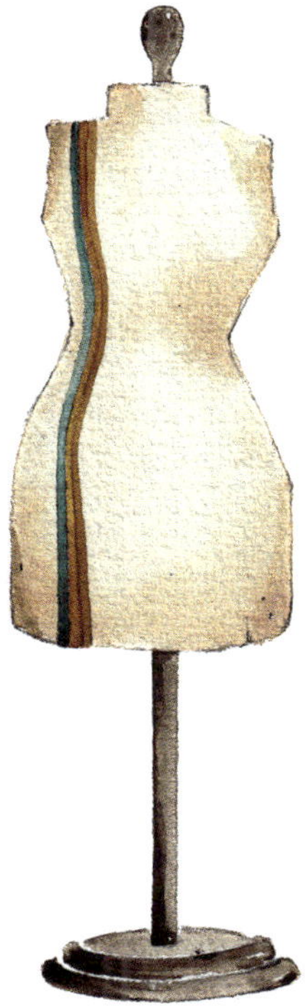

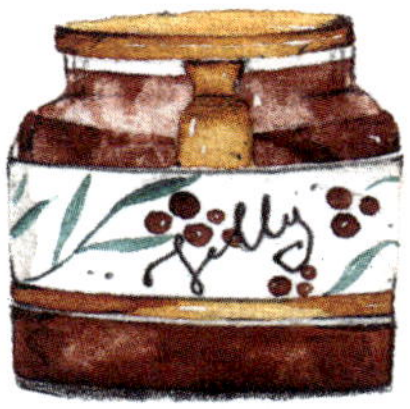

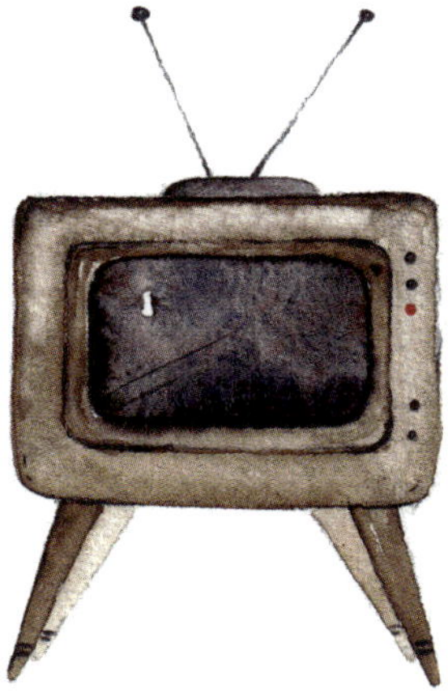

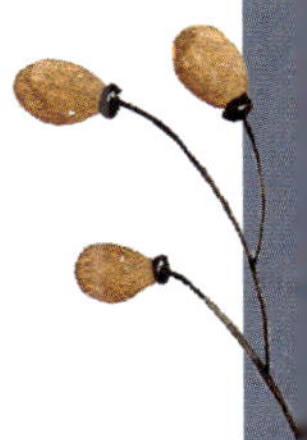

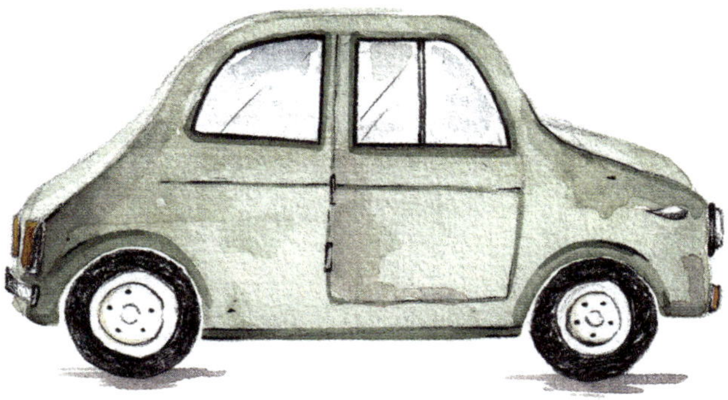

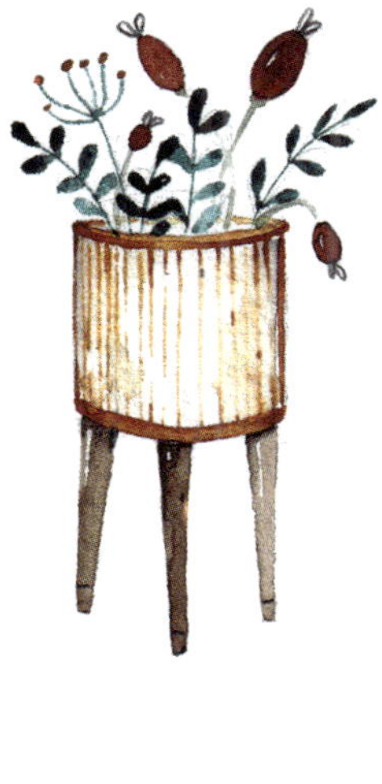

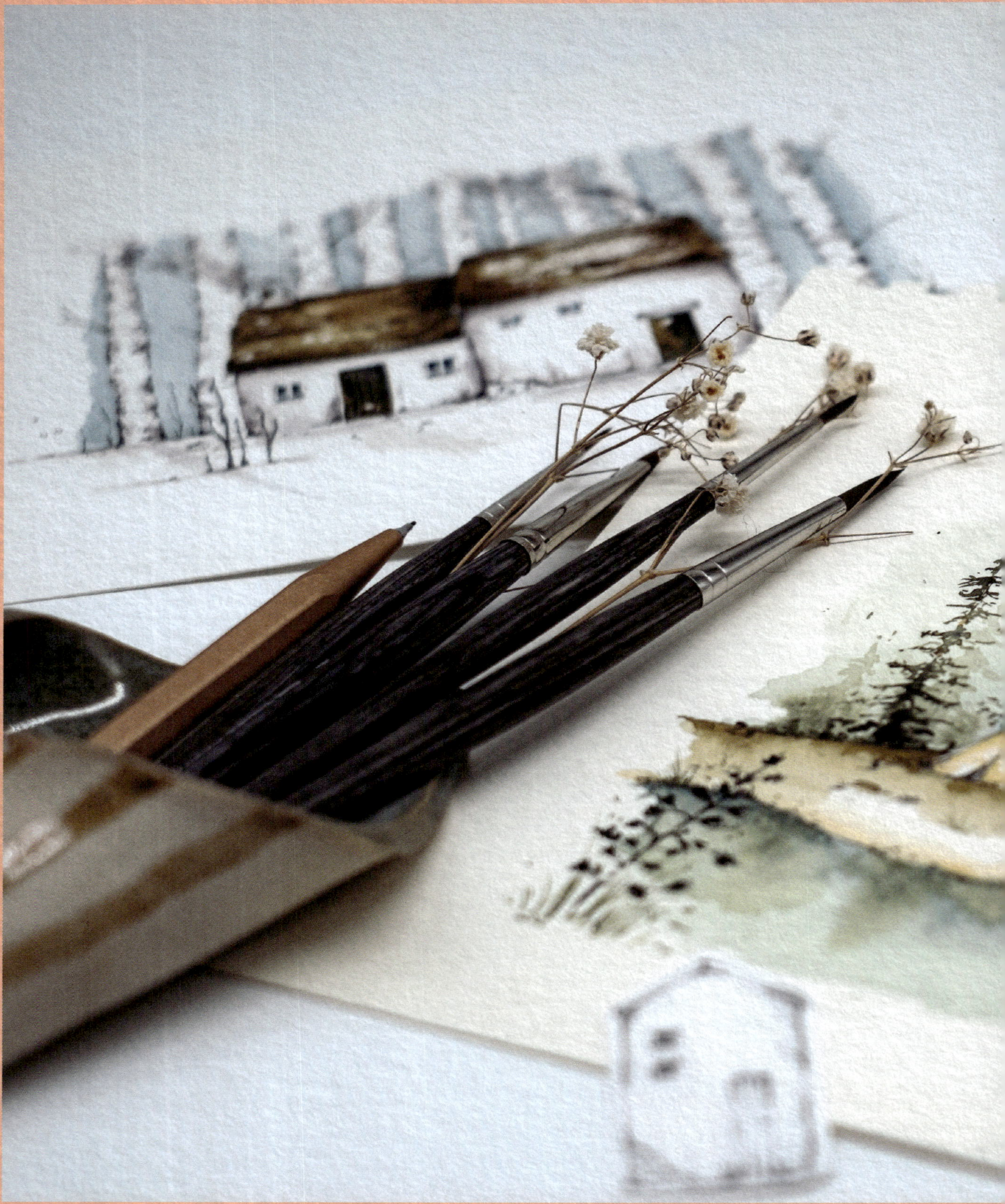

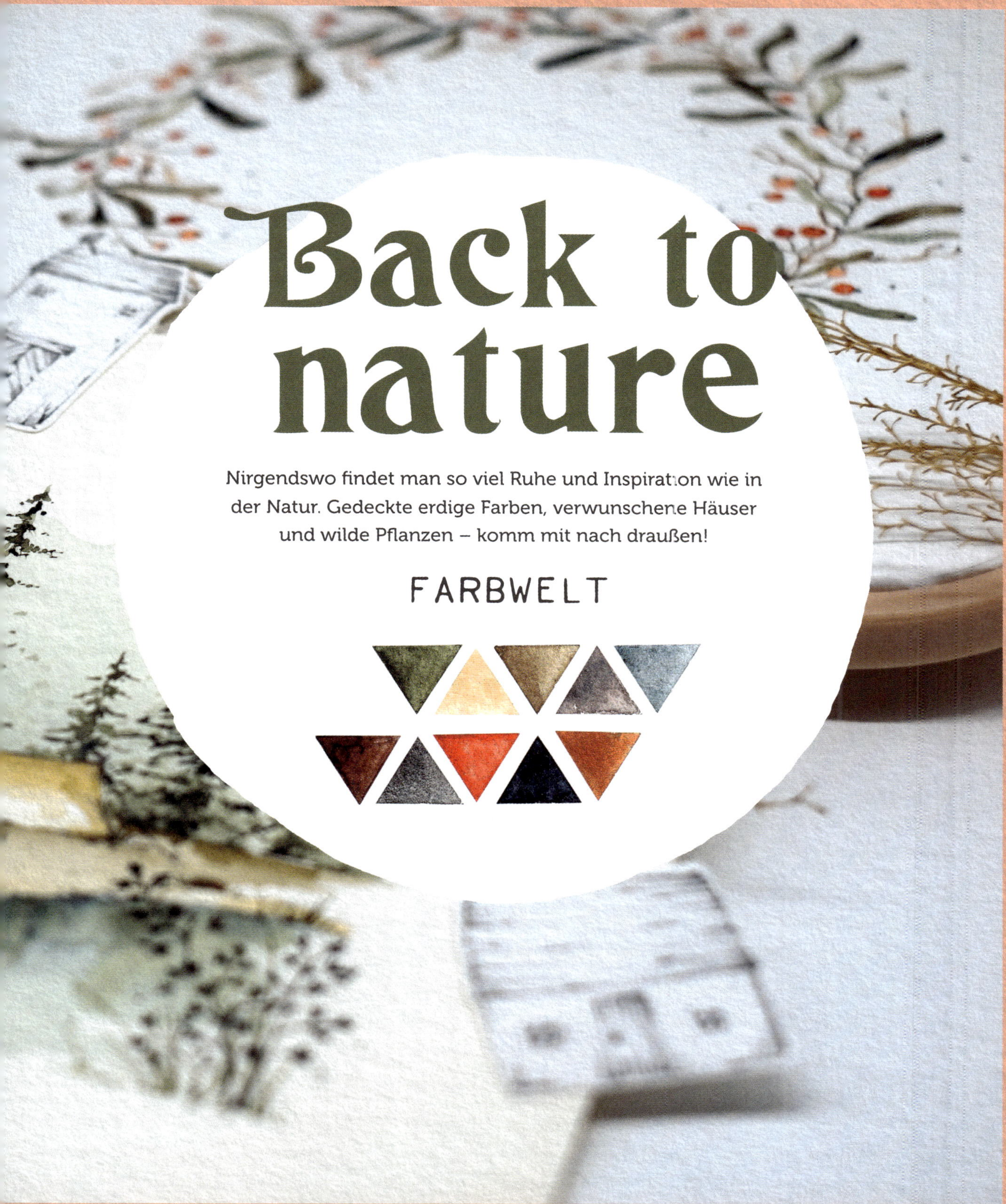

Back to nature

Nirgendswo findet man so viel Ruhe und Inspiration wie in der Natur. Gedeckte erdige Farben, verwunschene Häuser und wilde Pflanzen – komm mit nach draußen!

FARBWELT

Die Fotorolle

WAS GIBT ES SCHÖNERES, ALS ERINNERUNGEN ZU SAMMELN? WEIẞT DU NOCH, WIE SPANNEND ES WAR, EINEN FILM ZUM ENTWICKELN ZU BRINGEN? WIE WERDEN DIE FOTOS NUR AUSSEHEN?

PINSEL

Rundpinsel in kleiner Größe (0)
Rundpinsel in mittlerer Größe (4)
Verwaschpinsel mit feiner Spitze
Schlepperpinsel

MATERIAL

Aquarellpapier: Carnet de Voyage, Hahnemühle, 400 g/m²
(Druck-)Bleistift, HB oder B
Knetradiergummi
evtl. Küchentuch

FARBEN

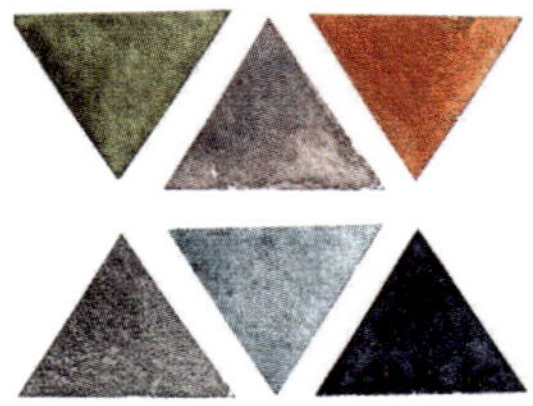

VORLAGE

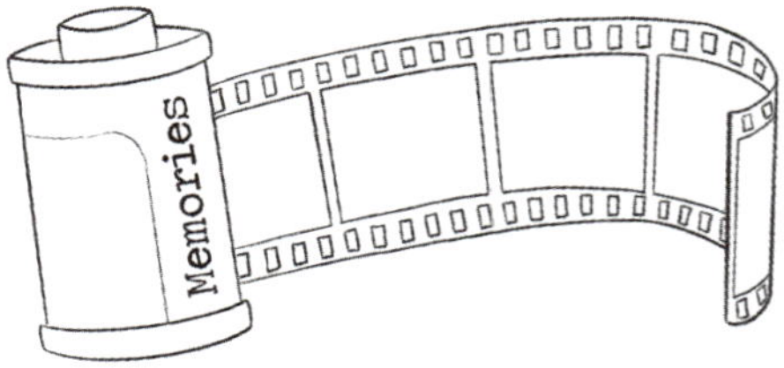

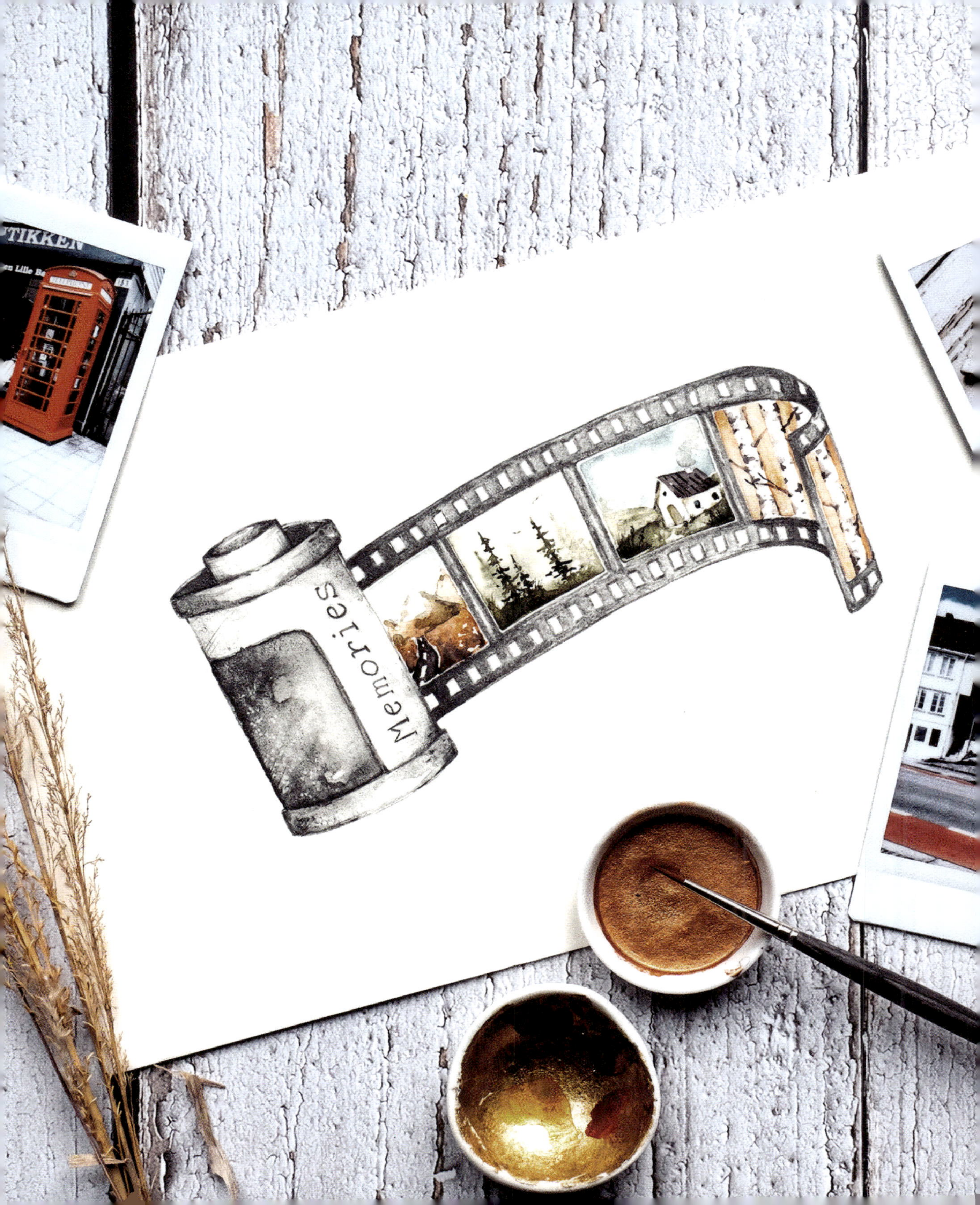
Memories

So geht's

Schritt 1

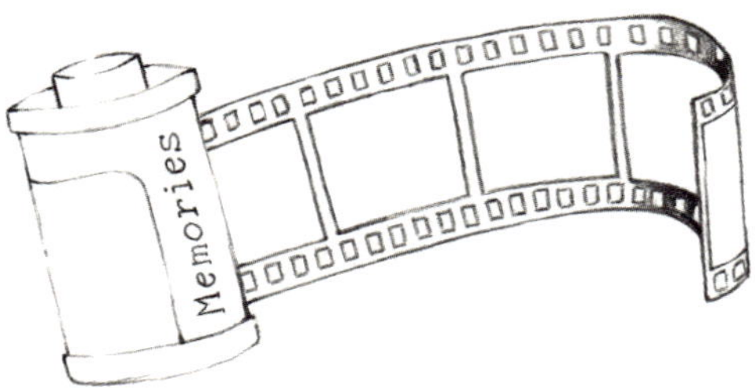

Schritt 2

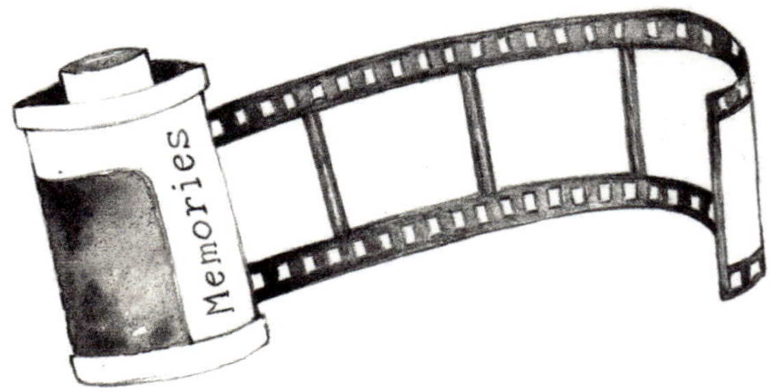

Bei dieser Illustration entsteht ein Mix aus Bleistiftzeichnung und Aquarell. Dafür verstärkst du zunächst alle Linien der nachgezeichneten Vorlage mit dem Bleistift und schraffierst mit ihm erste Flächen am Fotorand. Du wirst merken, dass es so einfacher ist, all die weißen Quadrate frei stehen zu lassen. Falls du ein anderes Papier benutzt als in der Materialliste angegeben, solltest du beachten, dass die Oberfläche nicht zu stark strukturiert ist. Je glatter (zum Beispiel satiniertes Papier), desto leichter wird dir das Zeichnen mit Bleistift fallen.

Im nächsten Schritt kannst du Aqua Graphit, eine Aquarellfarbe aus demselben Grafit wie Bleistifte, nutzen. Diese schlägt eine schöne Brücke zwischen beiden Medien. Solltest du diese Farbe nicht besitzen, kannst du natürlich den Körper der Fotorolle mit dem Bleistift weiter in verschiedenen Helligkeitsstufen ausfüllen.

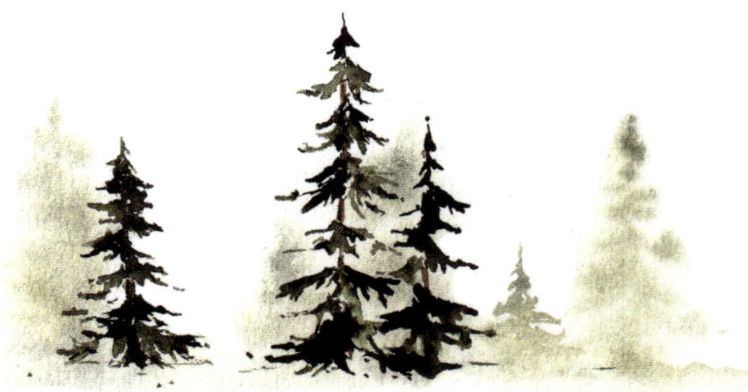

Schritt 3

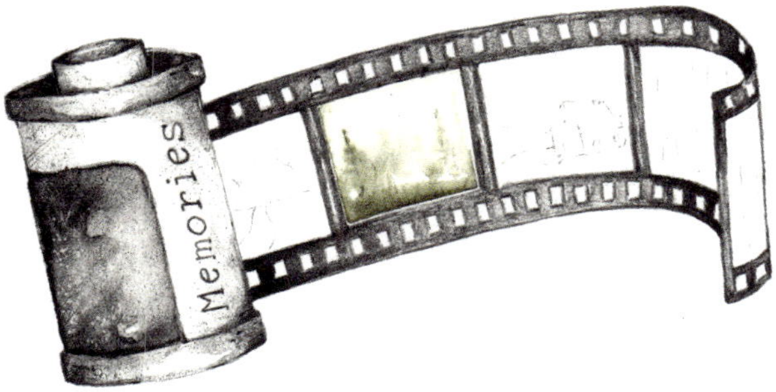

Dadurch, dass die Ränder der Fotorolle mit dem Bleistift gezeichnet wurden, kann beim Ausfüllen der Fotos nass gearbeitet werden, ohne dass sich etwas anlöst. Überlege dir, welche Motive du in diesen Flächen andeuten möchtest, und skizziere sie, falls nötig, leicht vor. Hier zeigt das erste Foto einen Wald. Generell müssen die Bildchen nicht allzu detailreich werden. Es genügt, wenn du Formen vereinfachst.

Schritt 4

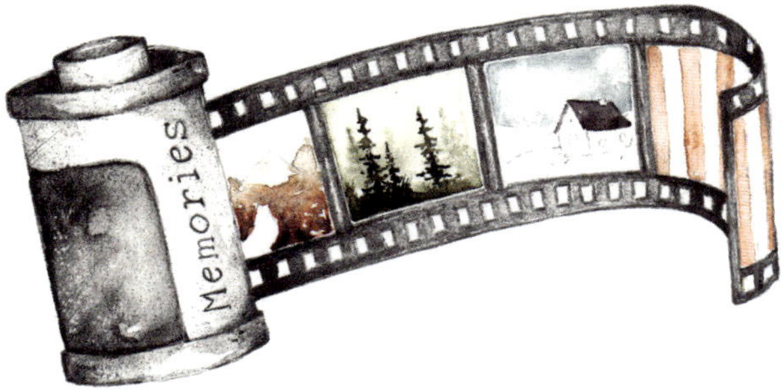

Du „springst" nun von Foto zu Foto. Das heißt, während die erste Schicht des Waldmotivs trocknet, widmest du dich den anderen Bildern. Wenn wiederum diese trocknen, ergänzt du Details und Kontrastpunkte in deinem Waldbild.

Schritt 5

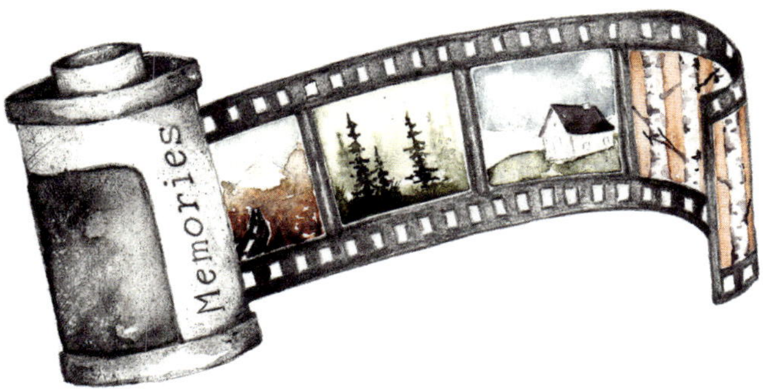

So gehst du weiter vor und ergänzt immer mehr Kleinigkeiten. Die Birken bekommen mehr Struktur und Äste, die Straße ihre Form und die Wiese des Hauses wird angedeutet. Für die Details eignet sich ein kleiner Rundpinsel, aber auch der Schlepperpinsel oder sogar die feine Spitze des Verwaschpinsels.

Schritt 6

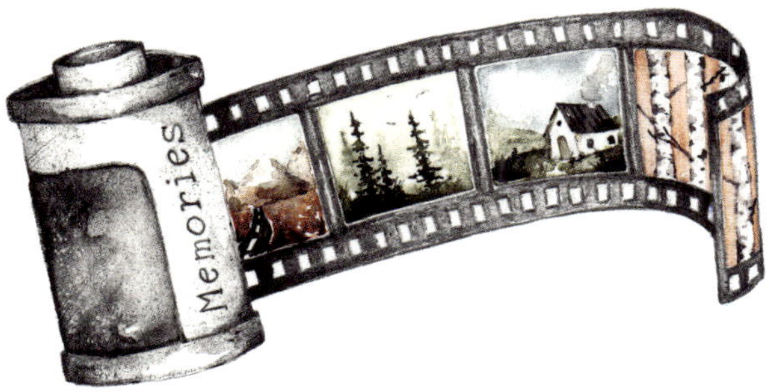

Komplettiere dein Motiv mit allen kleinen Elementen und Details, wie zum Beispiel die Vögel am Himmel aus Bleistift. Danach kannst du dein Werk genau betrachten. Gibt es genug Kontrastpunkte im Bild? Dunklere Flächen mit dem Bleistift oder der Grafitfarbe an den Seiten und Kanten lassen das Gesamtbild spannend erscheinen. Auch Schraffuren mit dem Bleistift an der Fotorolle hinterlassen interessante Strukturen.

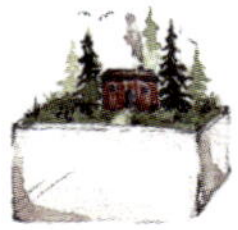

Zelt am See

WIE SCHÖN SICH DER WALD IM GLATTEN SEE SPIEGELT. KEIN AUTOLÄRM, NUR DAS QUAKEN DER FRÖSCHE UND DEN GESANG DER VÖGEL KANN MAN AN DIESEM ORT HÖREN.

PINSEL

Verwaschpinsel mit feiner Spitze

Rundpinsel in kleiner und mittlerer Größe

Schlepperpinsel

MATERIAL

Aquarellpapier: Carnet Aquarelle, Hahnemühle, 400 g/m²

(Druck-)Bleistift

Knetradiergummi

Küchentuch

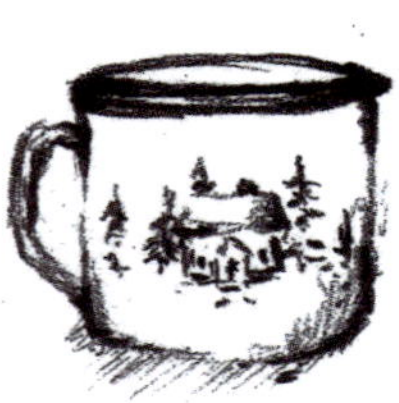

FARBEN

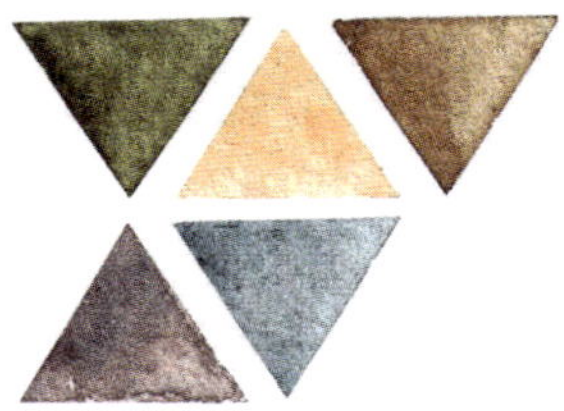

VORLAGE

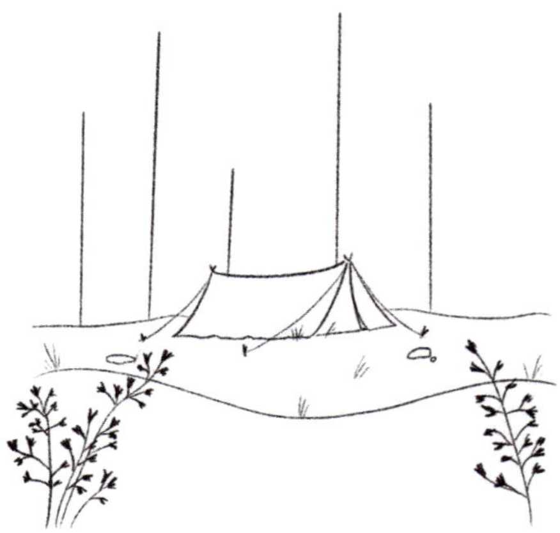

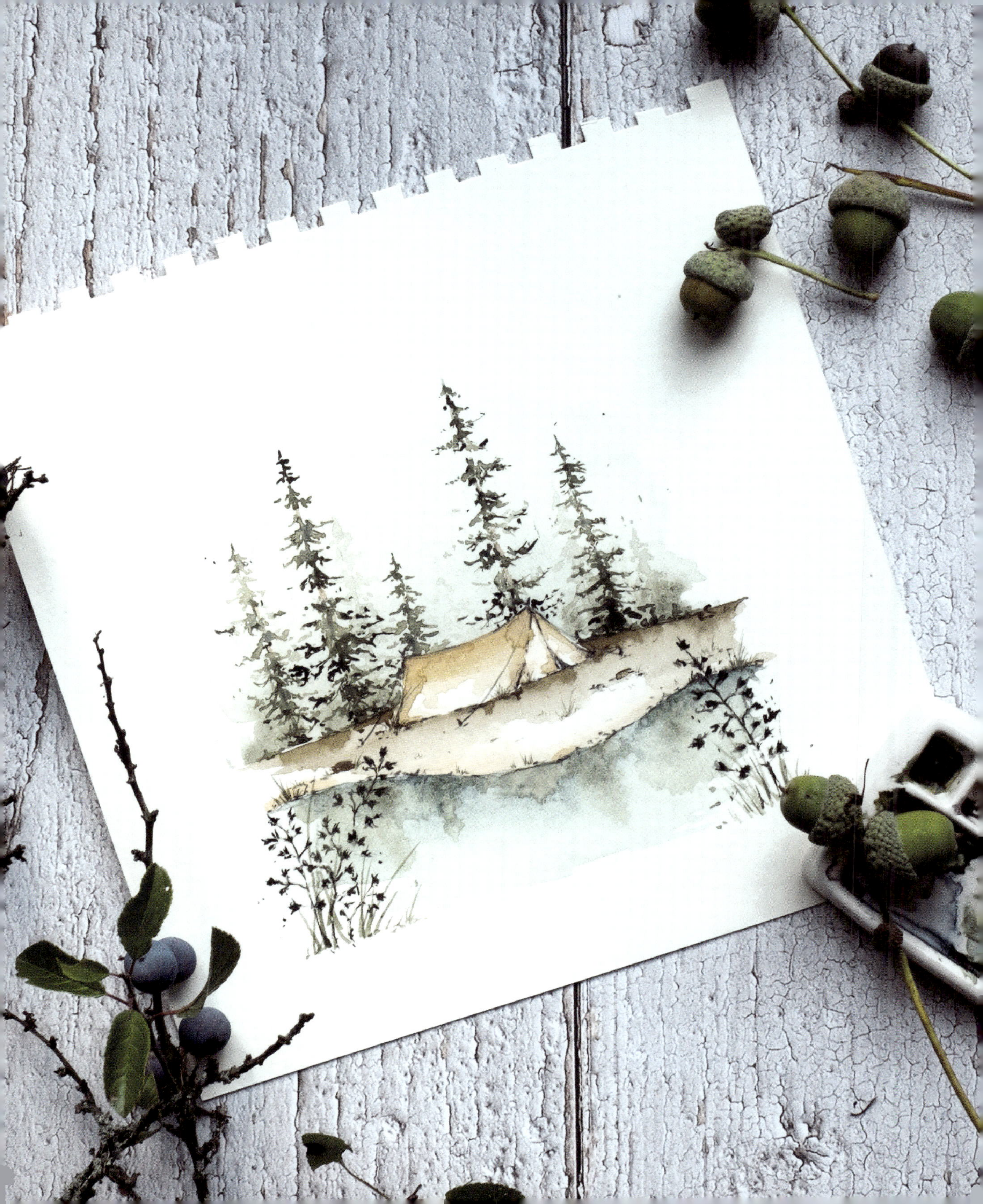

So geht's

Schritt 1

Bei diesem Motiv wirst du das Spiel zwischen Lasieren und Lavieren besonders gut anwenden können. Nachdem deine Skizze steht, grundierst du mit dem Verwaschpinsel und einer schwach pigmentierten gelblich grünen Farbe deinen Himmel. Solange der Hintergrund nass ist, gibst du mit der feinen Spitze des Pinsels kleine Tupfen hochpigmentierter grüner Aquarellfarbe an die unterste Kante deiner nassen Fläche. Schon jetzt verschwimmen die Kleckse so, dass sie an weit entfernte Baumumrisse erinnern.

Schritt 2

Noch während deine Fläche feucht ist, tupfst du mit dem Grünton und der feinen Spitze des Verwaschpinsels schemenhafte Umrisse von Tannen auf dein Aquarellpapier. Pass dabei auf, dass diese nicht zu dunkel werden, damit sie sich später gut von den Bäumen im Vordergrund abgrenzen. Gestalte die Umrisse bewusst locker und nicht zu detailliert.

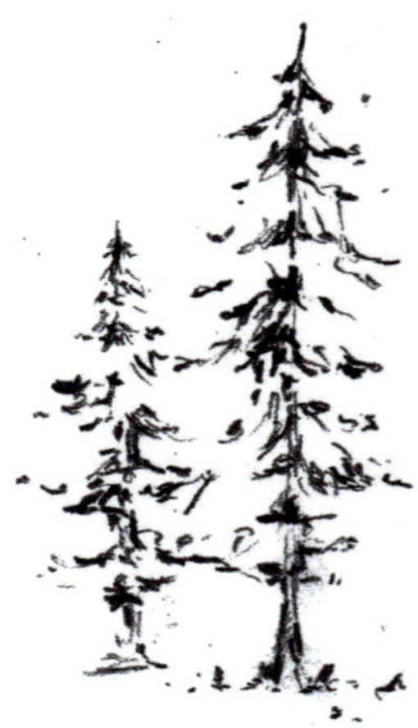

Schritt 3

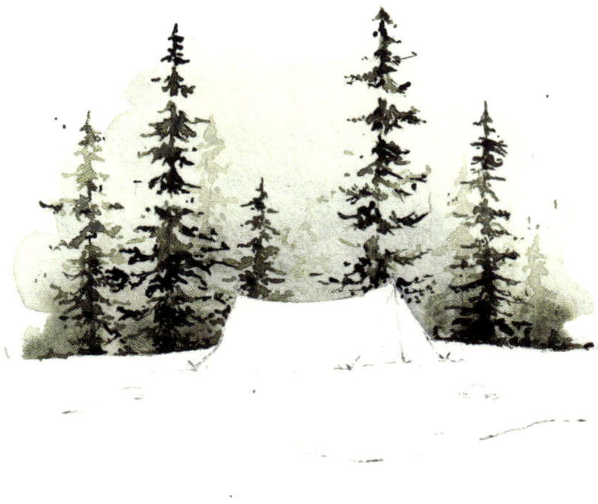

Lass den Himmel gut durchtrocknen, bevor du detaillierte und dunklere Tannen in den Vordergrund tupfst. Dafür eignet sich ein Schlepperpinsel sehr gut, da du über ihn weniger Kontrolle hast als über einen feinen Rundpinsel. Beginne an der Baumspitze mit wenigen Tupfen und Strichen und werde nach unten hin büschelweise immer breiter. Je lockerer und unsymmetrischer du die Tanne zeichnest, desto natürlicher wird sie am Ende wirken.

Schritt 4

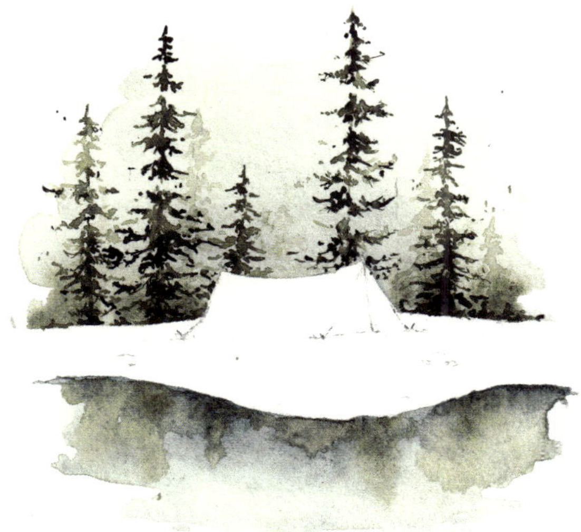

Damit das glatte Wasser des Sees gelingt, grundierst du seine Fläche in derselben Farbe wie den Himmel, nur dass du jetzt besonders in Ufernähe ein paar Tupfen Blau in die feuchte Fläche gibst. Die Spiegelungen kannst du andeuten, indem du mit dem Grünton in Ufernähe Tupfen in die Wasserfläche gibst. Wichtig ist dabei, dass du breit beginnst und nach unten hin schmaler wirst. Beachte auch, dass dieser Schritt zügig erfolgt, solange die Fläche nass ist.

Schritt 5

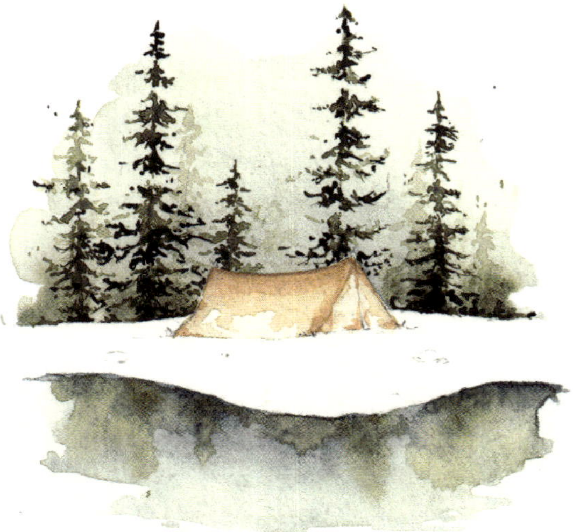

Das Zelt kannst du mit einem mittleren Rundpinsel in einem Gelb- oder Sandton leicht pigmentiert grundieren. Setze hier noch weitere Schichten des Farbtons an die obere und seitliche Kante des Zeltes, um mehr Räumlichkeit zu erzeugen.

Schritt 6

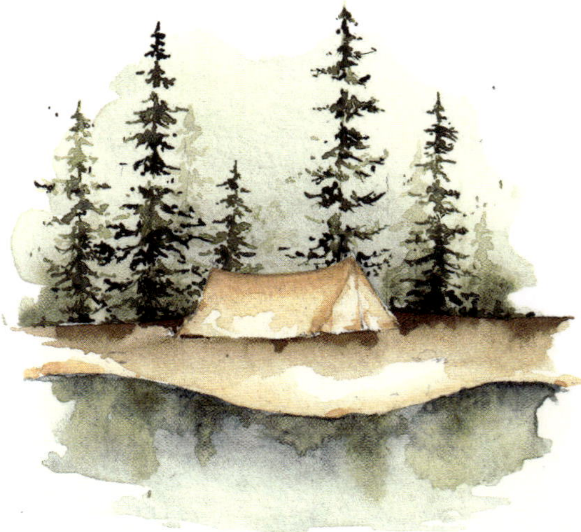

Achte darauf, dass alle Schichten des Zeltes gut getrocknet sind, bevor du den Boden in einem erdigen Umbraton grundierst. Am Ufer kannst du ein wenig des Sandtons nutzen. Ein paar weiße Punkte bringen Leichtigkeit in deine Illustration. Lass also gerne weiße Papierblitzer stehen.

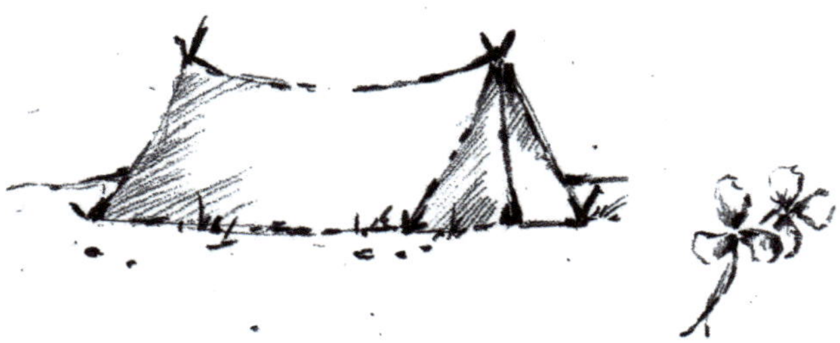

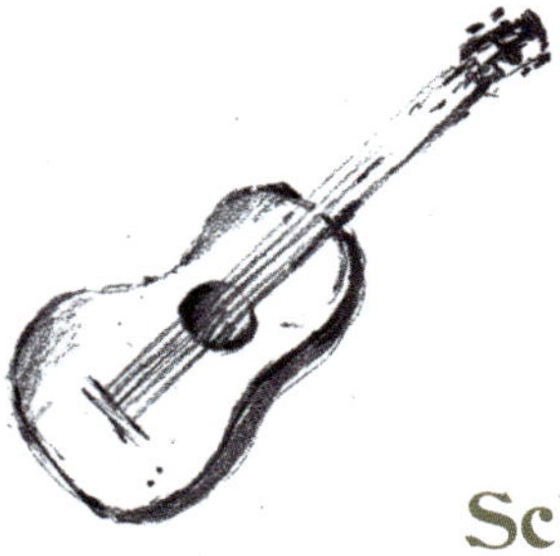

Schritt 7

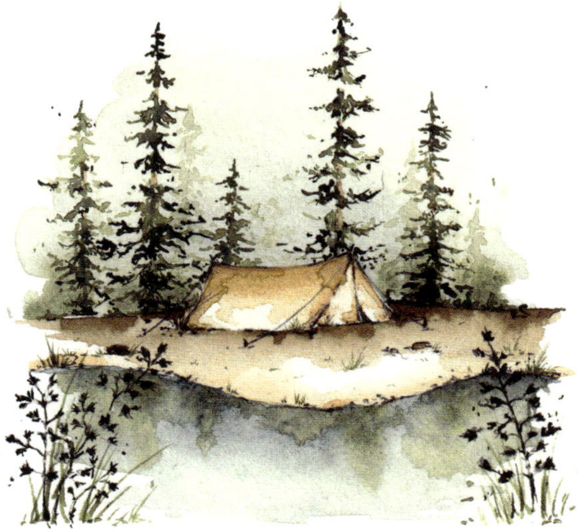

Trau dich, mit hochpigmentierter Farbe direkt aus dem Näpfchen einige Gräser in den Vordergrund zu malen. Dies schafft zusätzlich Tiefe und vermittelt den Eindruck, Beobachter*in am Ufer des Sees zu sein. Auch kleine Steine und Grasbüschel um das Zelt herum geben deinem Bild mehr Lebendigkeit. Ergänze die Ränder und Schnüre des Zeltes mit einem Bleistift.

BLICK AUF DIE DETAILS

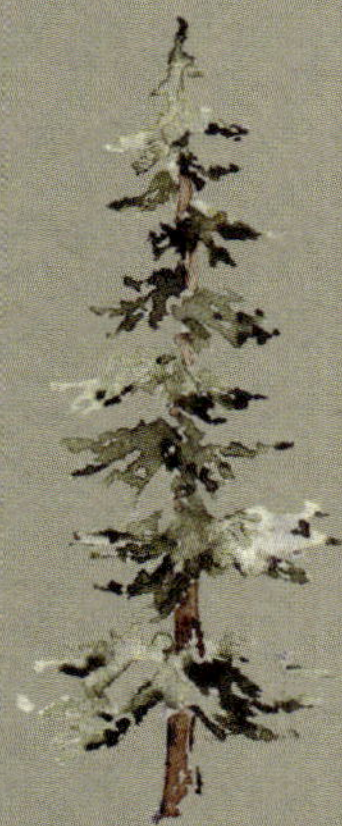

Hier kannst du noch einmal einen Blick auf die Tanne werfen. Du siehst, dass sie eigentlich nur aus Punkten und Strichen besteht. Lücken zwischen den einzelnen Büscheln füllst du mit dem Stamm aus. Variiere den Grünton und setze dunkle Kontrastpunkte.

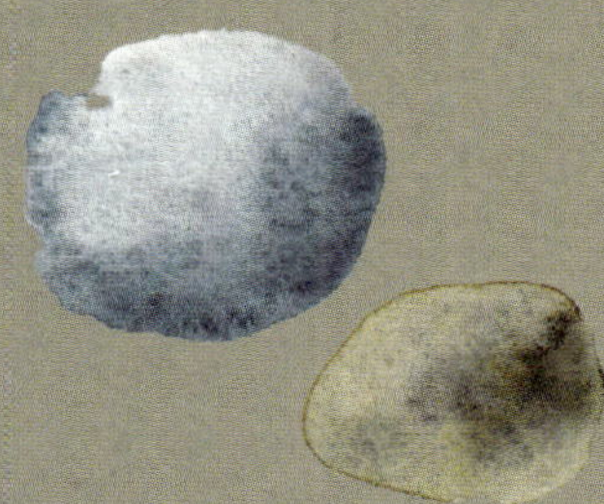

Wildbeeren-kranz

ES HAT ETWAS SEHR MEDITATIVES, AUS SELBST GESAMMELTEN KRÄUTERN, BLUMEN UND BEEREN EINEN KRANZ ZU BINDEN. GENAUSO ENTSPANNEND IST ES, IHN ZU MALEN, DA SICH DIE ELEMENTE WIEDERHOLEN, BIS SICH DER KREIS WIEDER SCHLIEẞT.

FARBEN

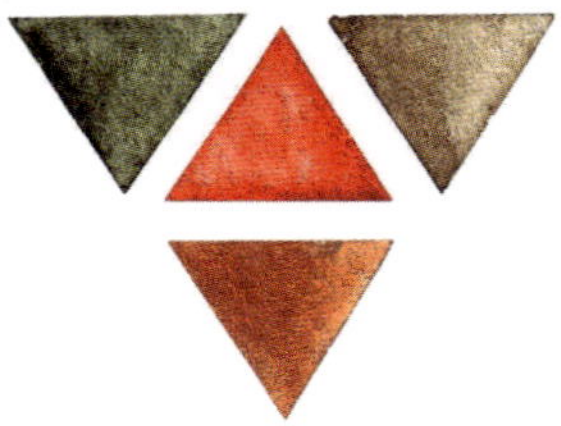

PINSEL

Rundpinsel in kleiner Größe (0)

Rundpinsel in mittlerer Größe (4)

Schlepperpinsel

MATERIAL

Aquarellpapier: Expression Hahnemühle, 300 g/m²

(Druck-)Bleistift

Knetradiergummi

evtl. Küchentuch

VORLAGE

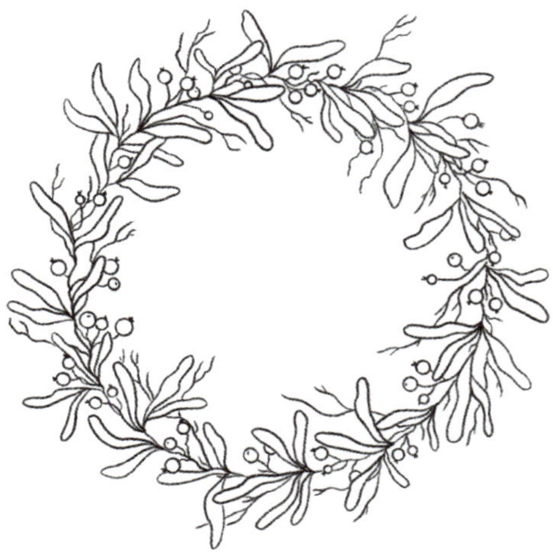

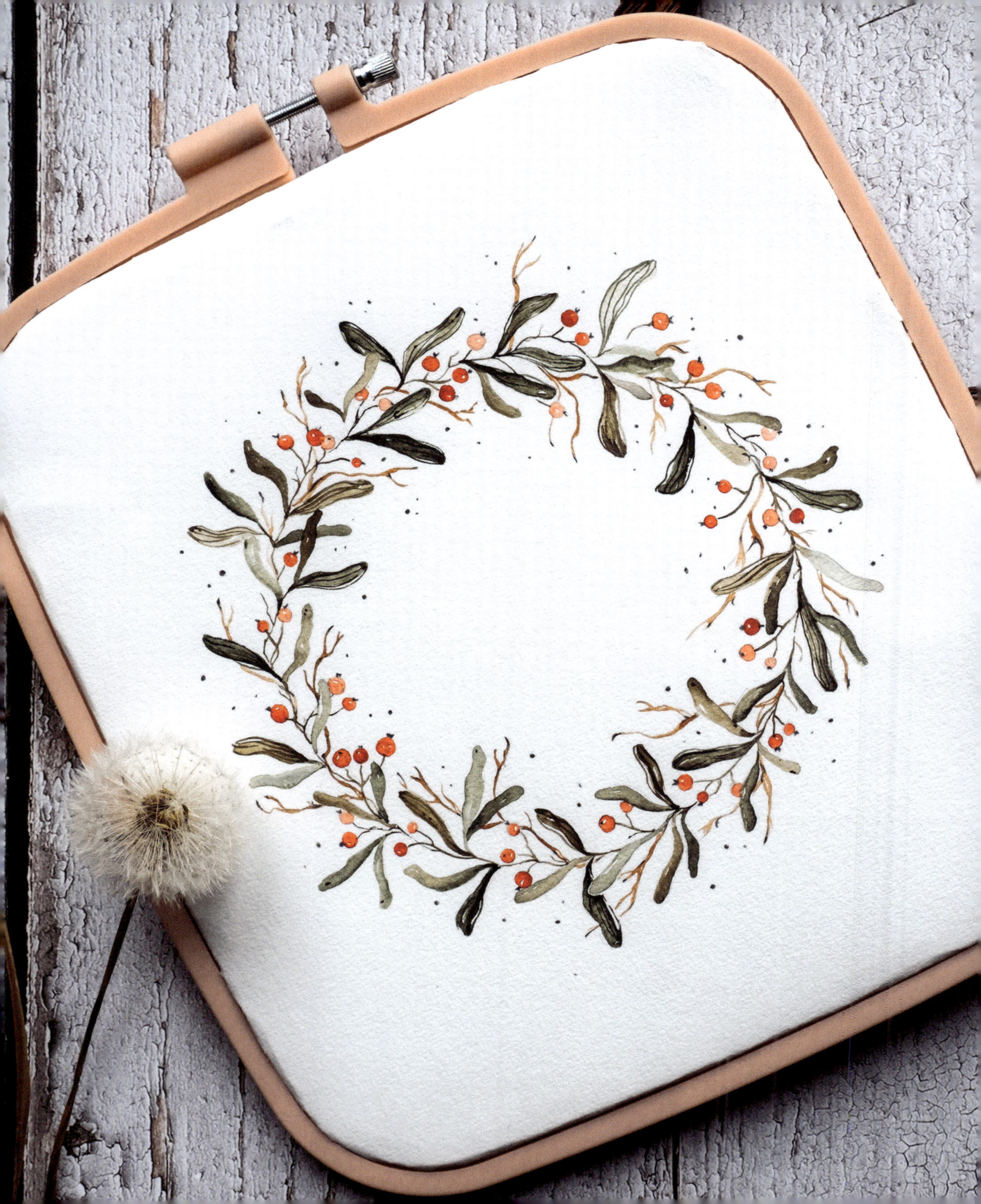

So geht's

Schritt 1

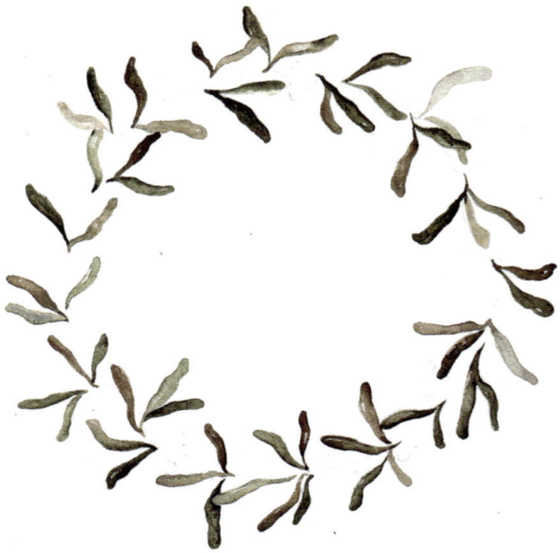

Schritt 2

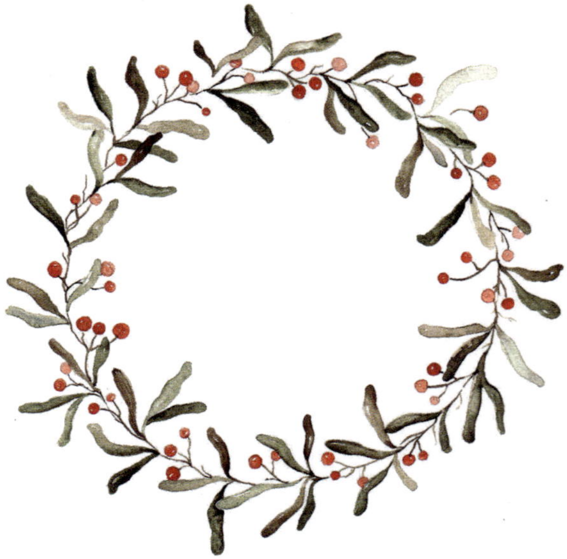

Bei diesem Motiv gehst du Element für Element vor, bis der Kranz gut gefüllt ist. Zunächst startest du mit den Blättern. Dafür mischst du dir den Grünton und den Braunton an. Von Blatt zu Blatt nimmst du dann mal mehr vom Grünton und mal mehr vom Braunton. Ein mittlerer bis kleiner Rundpinsel eignet sich dafür am besten. Denke daran, verschiedene Helligkeitsstufen einzubauen. Manche Blätter dürfen nur sehr zart angedeutet werden.

Im zweiten Schritt sind die roten Beeren an der Reihe. Lass kleine weiße Stellen stehen und achte auch hier auf unterschiedliche Helligkeitsstufen. Runde Flächen gelingen am besten mit einem kleinen Rundpinsel. Male mit dem Schlepperpinsel und Umbra kleine Zweige als Verbindung zu den Blättern.

Schritt 3

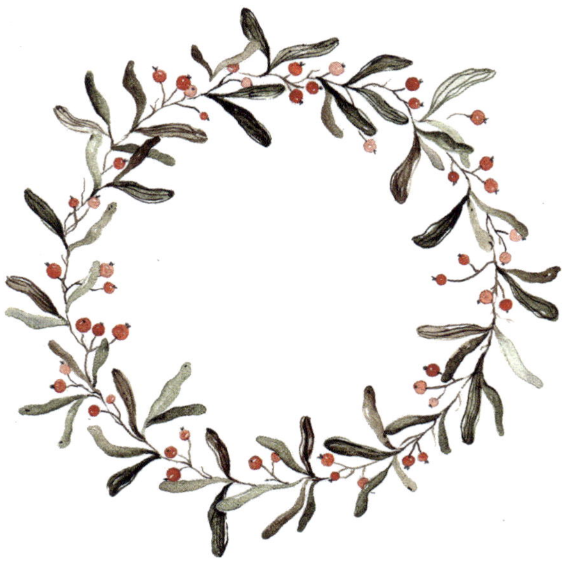

Jetzt ist es Zeit für die Details. Bleibe für die Blattstrukturen beim Schlepperpinsel und ziehe mit ihm hochpigmentiert einige Linien auf die vorgemalten Blätter. Dies musst du aber nicht bei allen Blättern machen. Die Beeren bekommen ein weiteres Detail in Form von schwarzen Härchen. Diese kannst du mit wenigen kurzen Bleistiftstrichen oder Neutraltinte und einem sehr feinen Pinsel andeuten.

Schritt 4

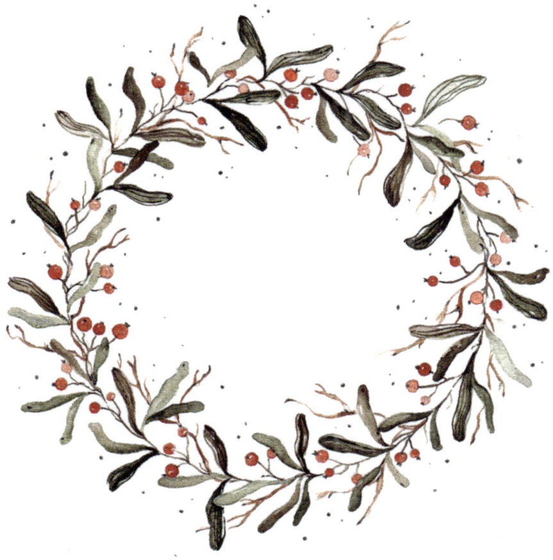

Ein paar weitere Zweige in einem hellen Braunton und einige Pünktchen lassen deinen Kranz lebendiger wirken. Füge so lange weitere kleine Details hinzu, bis du mit deiner Illustration zufrieden bist.

BLICK AUF DIE DETAILS

Du kannst dein Werk in einen Stickrahmen einspannen und so leicht aufhängen. Ich habe bei meiner Suche sogar eckige Rahmen entdeckt. Markiere dir mithilfe deines Stickrahmens die einzuspannende Fläche und gib ungefähr zwei Zentimeter Papierrand dazu. Durch Einschneiden der Randzugabe lässt sich das Papier umklappen und einspannen.

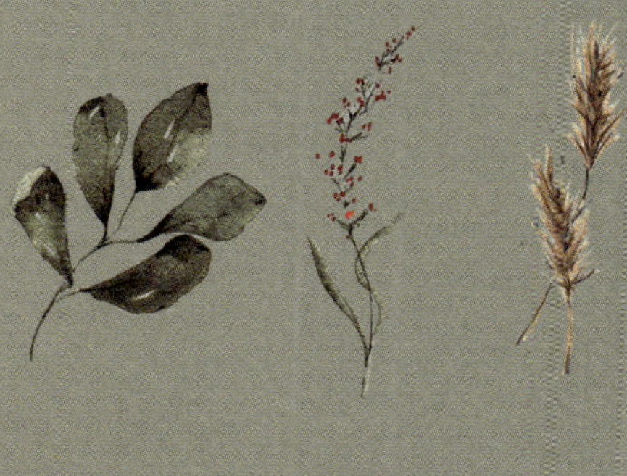

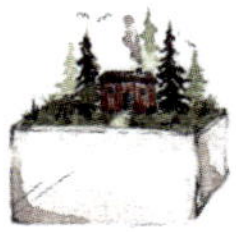

Der Leuchtturm

EIN TAG AM MEER, SALZIGE LUFT UND EIN EINSAMES HAUS AM LEUCHTTURM, IM HINTERGRUND KREISCHEN EIN PAAR MÖWEN. DIE FARBWAHL ERINNERT AN EINE LEICHT VERREGNETE, ABER GEMÜTLICHE ZEIT.

PINSEL

Verwaschpinsel

Rundpinsel in kleiner und mittlerer Größe

alter Borstenpinsel

MATERIAL

Aquarellpapier: Watercolor Pad Echtr, 300 g/m²

(Druck-)Bleistift

Knetradiergummi

Küchentuch

FARBEN

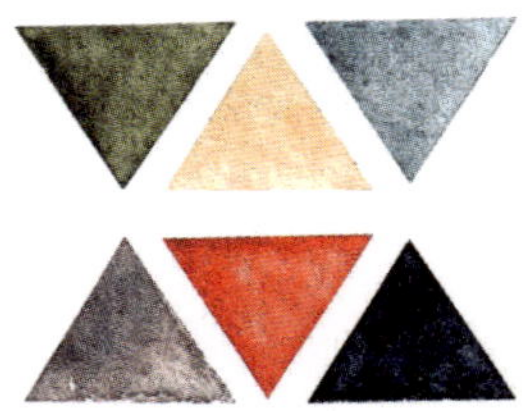

VORLAGE

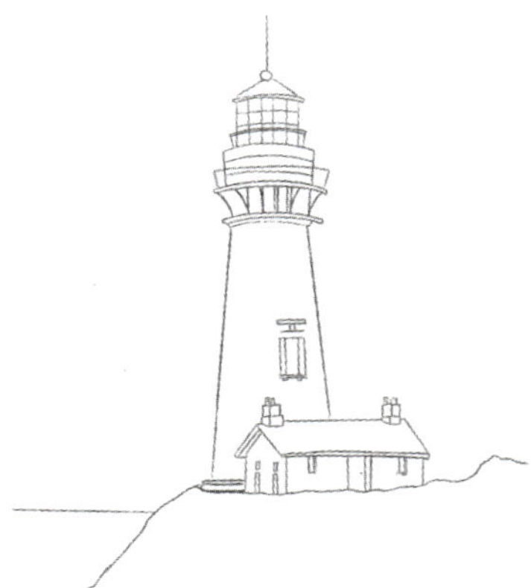

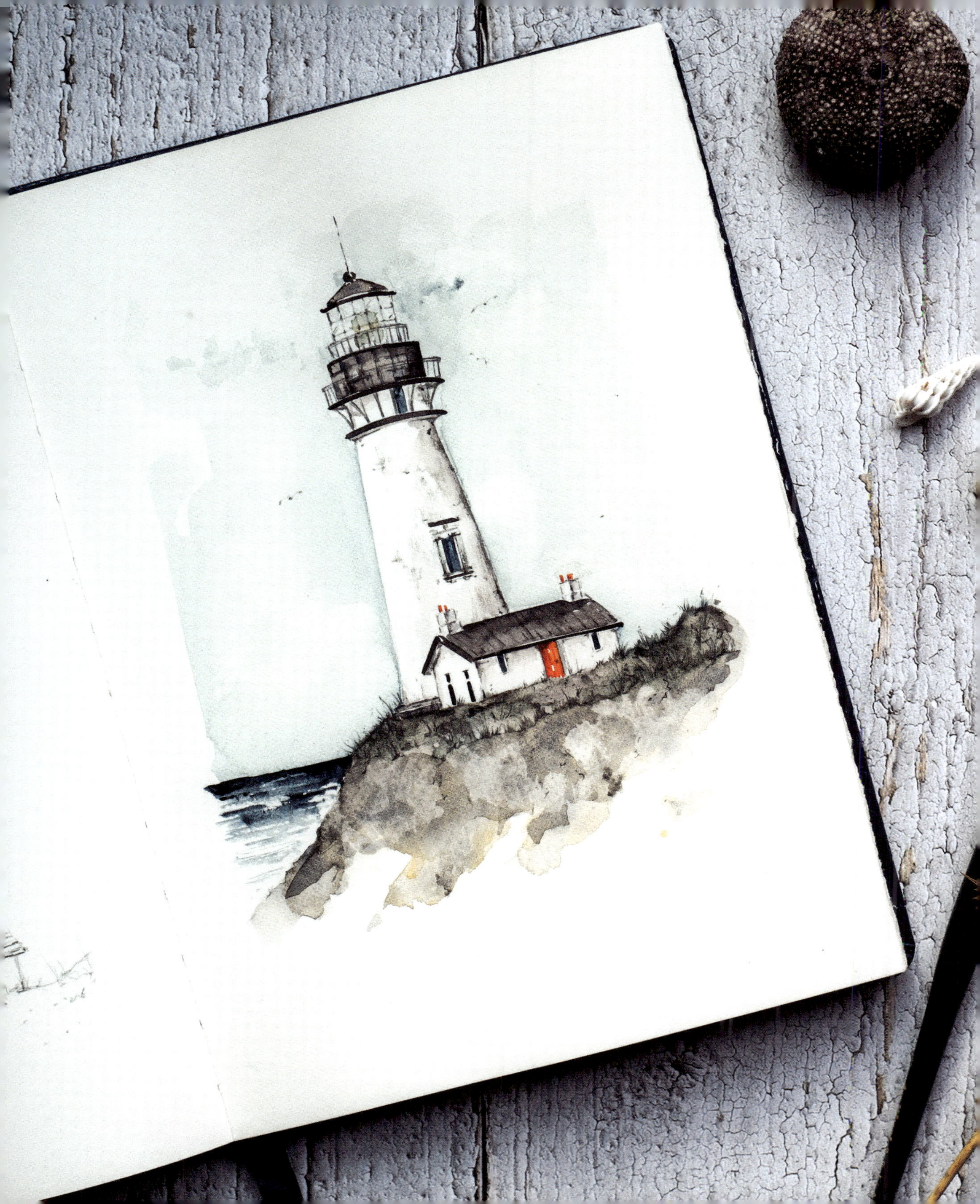

So geht's

Schritt 1

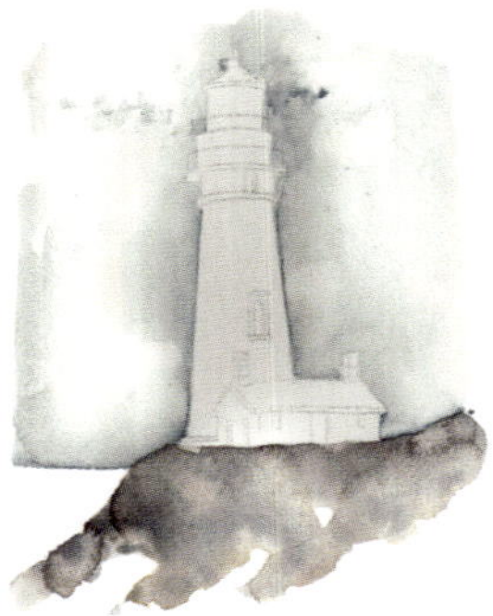

Nach der Vorzeichnung auf deinem Aquarellpapier grundierst du die größten Flächen mit leicht pigmentierter Aquarellfarbe. Für den Himmel eignet sich ein grünstichiges Blau. Mit einem Küchentuch wischst du etwas Farbe im Himmel ab und deutest so Wolken an. Die Felsen entstehen mithilfe der Nass-in-Nass-Technik aus einem Sandton und Neutraltinte.

Schritt 2

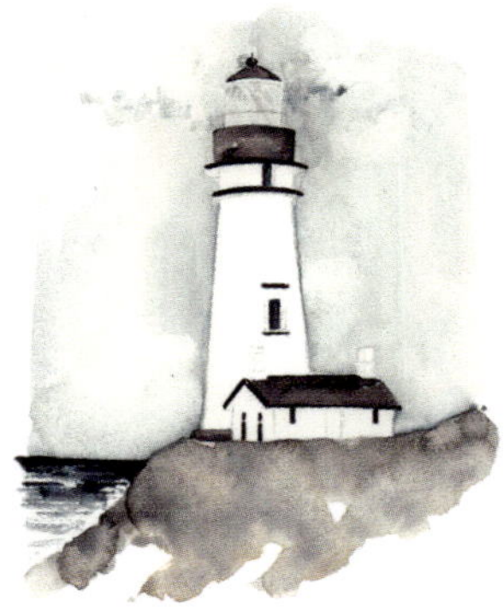

Das Meer im Hintergrund aquarellierst du mit Indigo. Nutze dazu einen trockenen Pinsel (siehe Grundtechniken, Seite 14). Lege nun die Farbschicht für das Dach und die dunklen Flächen des Leuchtturms mit Neutraltinte an. Diese dürfen schon etwas stärker pigmentiert sein, um schöne Kontraste zu erzeugen.

Schritt 3

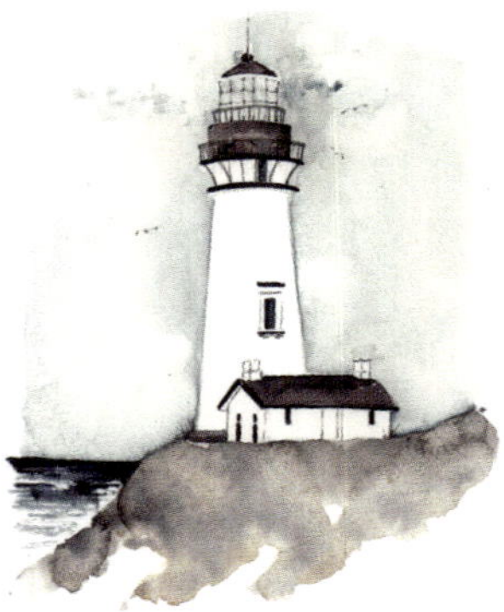

Dann kommt für das Herausarbeiten feingliedriger Elemente wie Geländer, Fensterrahmen und Möwen der Bleistift zum Einsatz. Auch einige Kanten am Haus verstärke ich auf diese Weise. Du kannst diese Details auch gerne mit einem feinen Rundpinsel und hochpigmentierter Neutraltinte illustrieren.

Schritt 4

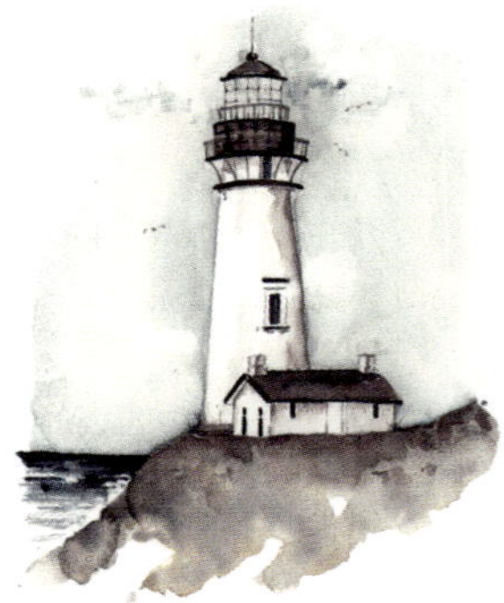

Jetzt gibst du deinem Motiv mehr räumliche Tiefe, indem du Schatten setzt. Stelle dir vor, die Lichtquelle (Sonne) befindet sich links im Bild. So muss die rechte Seite des Leuchtturms schattig sein. Nimm dafür schwach pigmentierte Neutraltinte und achte darauf, dass der Pinsel nicht zu nass ist.

Schritt 5

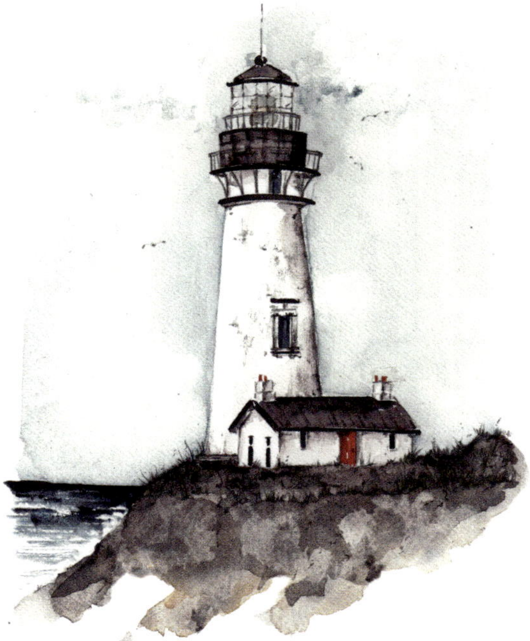

Lass dir für die Details viel Zeit. Die strahlend rote Tür wird ein richtiger Farbklecks im Bild. Setze viele kleine Grasbüschel um das Haus und den Leuchtturm herum, indem du das noch nasse Graugrün mit einem trockenen Borstenpinsel herausziehst und mit dünnen Bleistiftlinien ergänzt. Bringe mit einem trockenen Pinsel „Schmutz" auf. Die Lampe im Leuchtturm malst du sehr unkonkret mit wenigen Klecksen, da sie hinter Glas ist. Je mehr Kleckse, Punkte und Bleistiftstriche du setzt, desto älter wirkt der Leuchtturm.

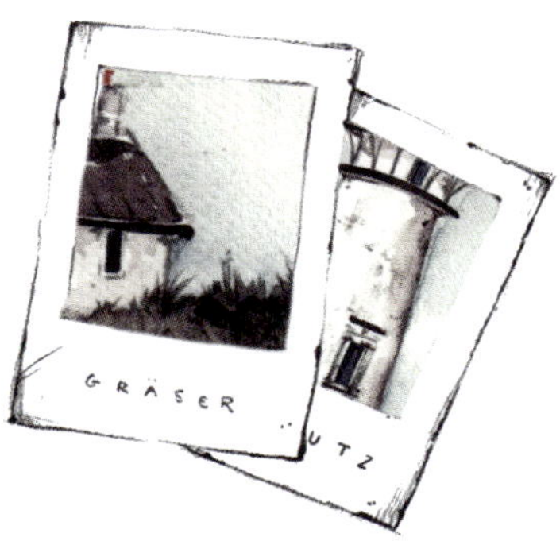

BLICK AUF DIE DETAILS

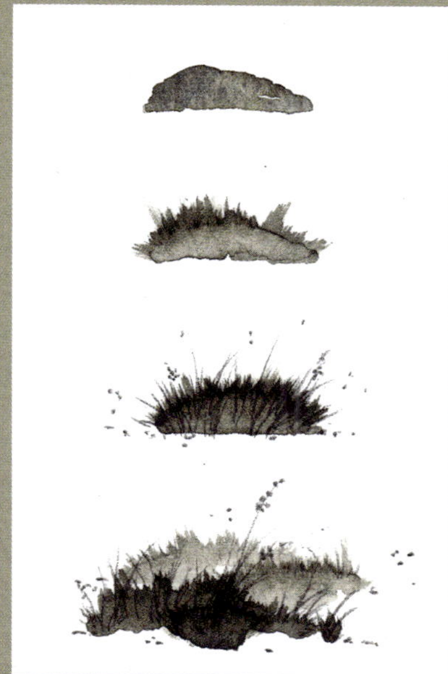

Hier kannst du Schritt für Schritt sehen, wie sich Grashügel und Fassade aufbauen.

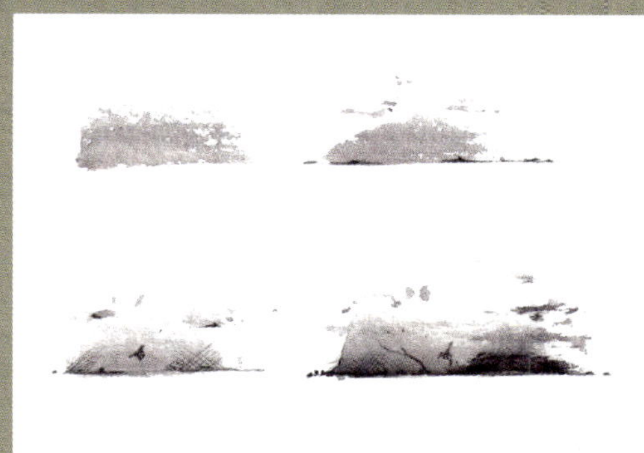

Häuser im Birkenwald

IN EINEM VERSCHNEITEN WINTERWALD TAUCHEN DIESE ZWEI VERWUNSCHENEN HÄUSER AUF. INSPIRIERT VON KLEINEN OBJEKTEN AUS HOLZ UND KERAMIK ENTSTANDEN DIESE UNGEWÖHNLICHEN URBANEN FORMEN.

PINSEL

Rundpinsel in kleiner und mittlerer Größe

Verwaschpinsel

Schlepperpinsel

MATERIAL

Aquarellpapier: Carnet Aquarelle, Hahnemühle, 400 g/m²

(Druck-)Bleistift

Knetradiergummi

Küchentuch

FARBEN

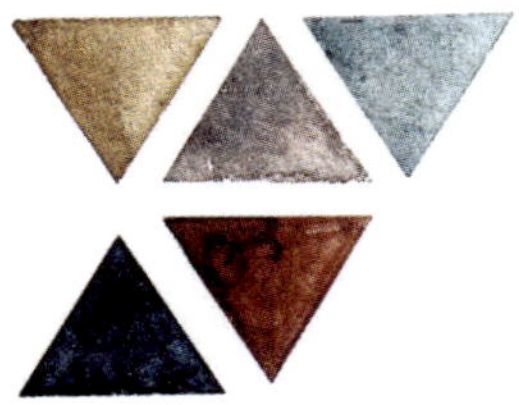

VORLAGE

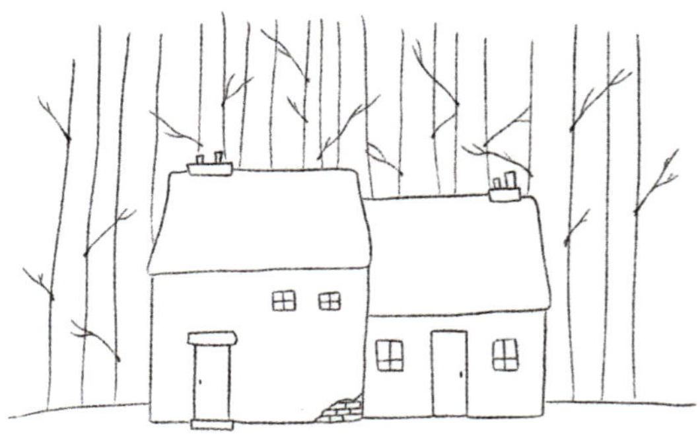

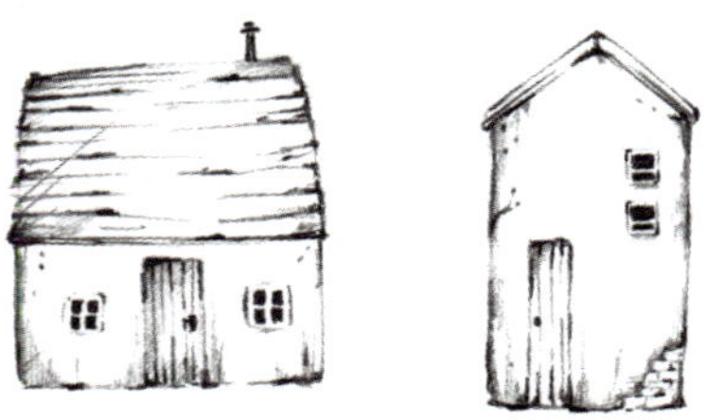

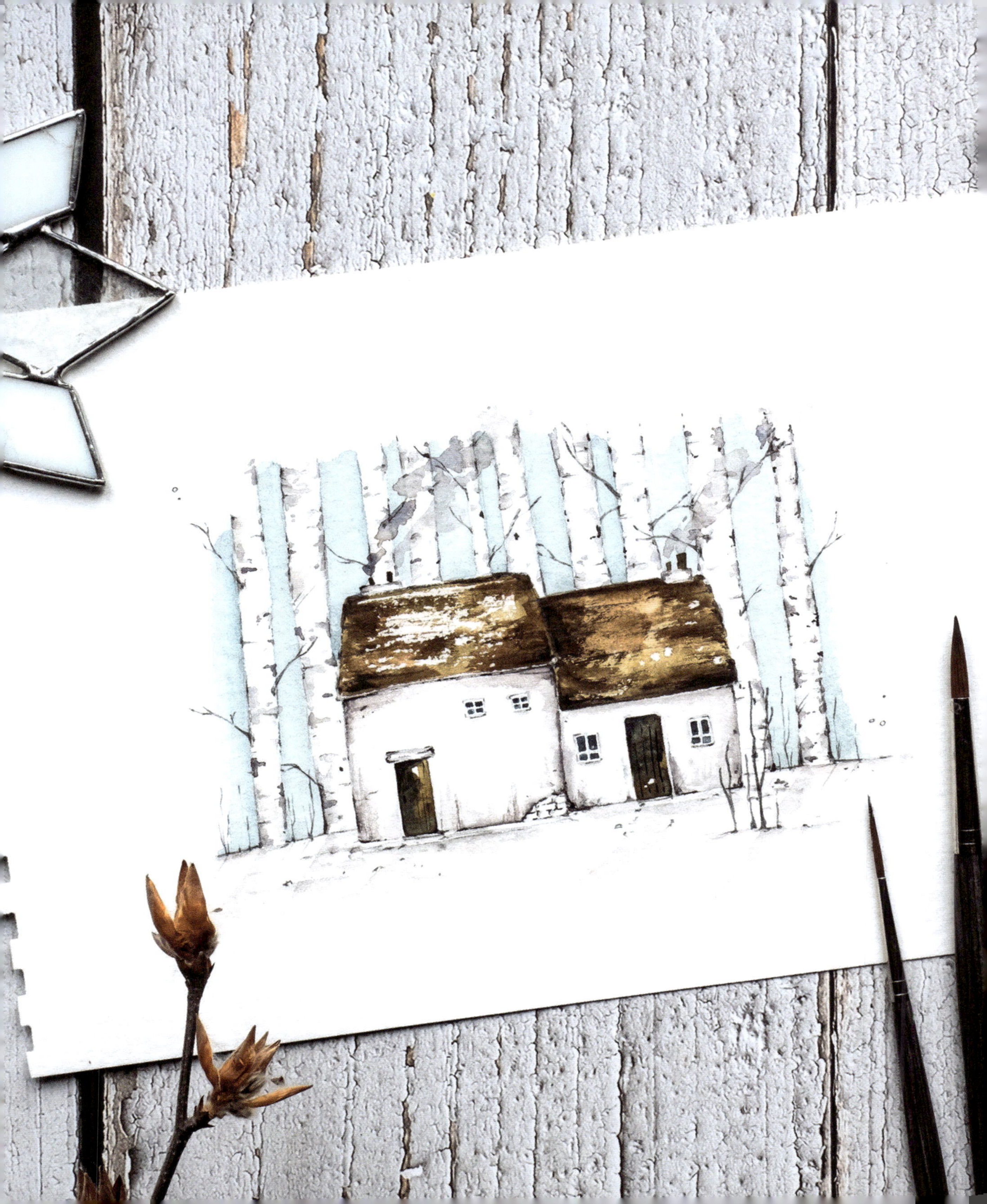

So geht's

Schritt 1

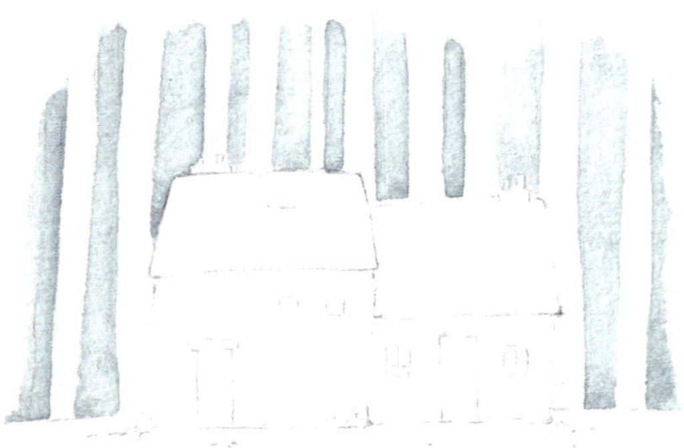

Nach dem Skizzieren trägst du eine zarte Farbschicht für den Himmel zwischen den einzelnen Bäumen auf. Benutze dafür einen Verwaschpinsel und einen leicht pigmentierten Blauton. Achte darauf, die weiteren Elemente gut auszusparen, da die Bäume einen hellen Birkenwald darstellen werden.

Schritt 2

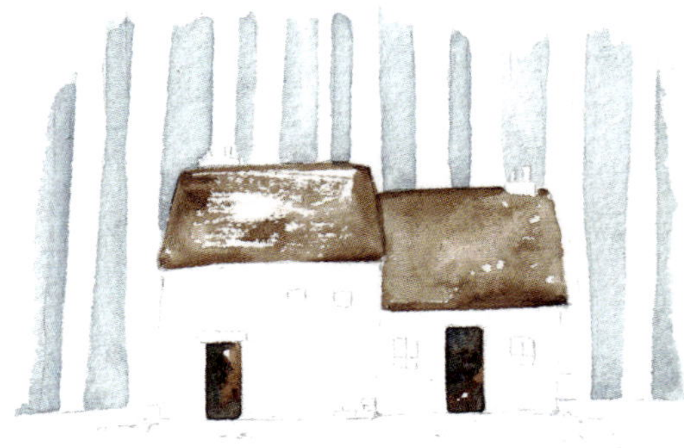

Nun kannst du die Dächer und Türen der beiden Häuser aquarellieren. Für die Dächer verwendest du einen trockenen Rundpinsel mittlerer Größe, damit weiße Stellen stehen bleiben und an Schnee erinnern. Nutze für all diese Flächen die Farbe Umbra grünlich. Die Türen kolorierst du im selben Farbton und kannst auch etwas Indigo in die noch feuchte Fläche geben.

Schritt 3

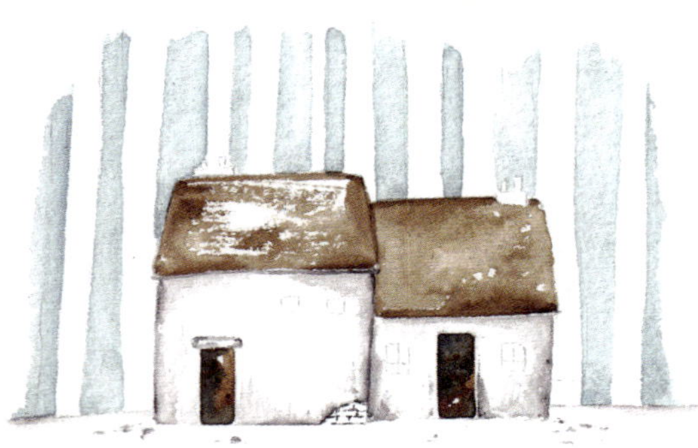

Das Gestalten weißer Flächen funktioniert am besten, indem man besonders an den Rändern der Elemente ein wenig schwach pigmentierte Neutraltinte einsetzt. Um die weiße Optik beizubehalten, male die Hausfassaden nicht zu dunkel. Deute an einigen Ecken und Kanten abgeplatzten Putz oder Backsteine an.

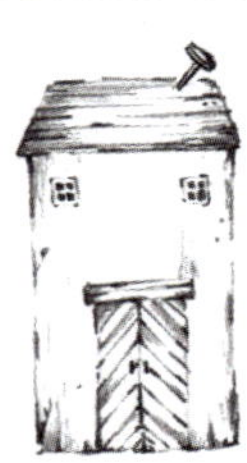

Schritt 4

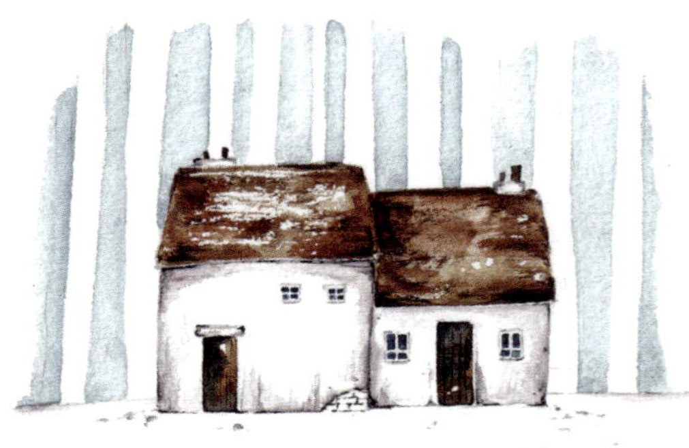

Nachdem alles gut durchgetrocknet ist, ziehst du mit der Trockener-Pinsel-Technik weitere Schichten Umbra und Kastanienbraun über die Dächer. Probiere das zuvor auf einem Schmierpapier aus, um nicht zu nass zu malen und so untere Pigmentschichten wieder anzulösen. Du kannst dies mit dem Verwaschpinsel oder einem mittleren Rundpinsel illustrieren. Auch einige trockene Schlieren in Neutraltinte an den Fassaden der Häuser kannst du in diesem Schritt bereits hinzufügen.

Male mit einem Flachpinsel und Indigo die Fenster schön dunkel an, wodurch ein angenehmer Kontrast zur Fassade entsteht.

Schritt 5

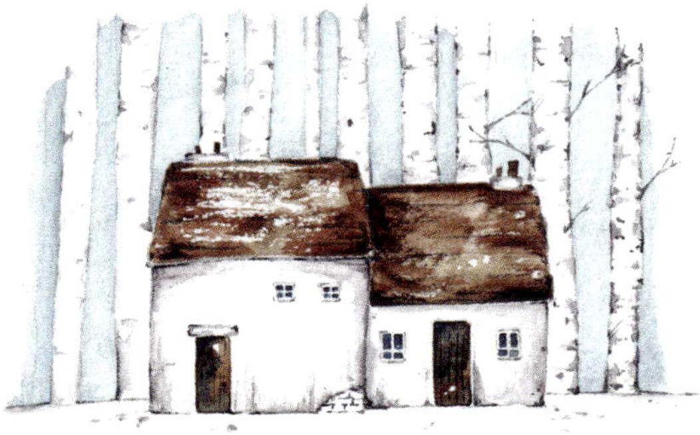

In diesem Schritt siehst du von links nach rechts, wie sich die Birken aufbauen. Beginne zunächst mit einigen leicht pigmentierten Flecken in Neutraltinte an den Seiten der Stämme. Lass diese trocknen und füge weitere, etwas dunklere Flecken hinzu. Mir persönlich fällt dies mit der Spitze des Verwaschpinsels leichter, da die Flecken unregelmäßiger und organischer werden als mit dem Rundpinsel. Danach ziehst du noch einige Linien für die verzweigten Äste mit etwas stärker pigmentierter Neutraltinte.

Schritt 6

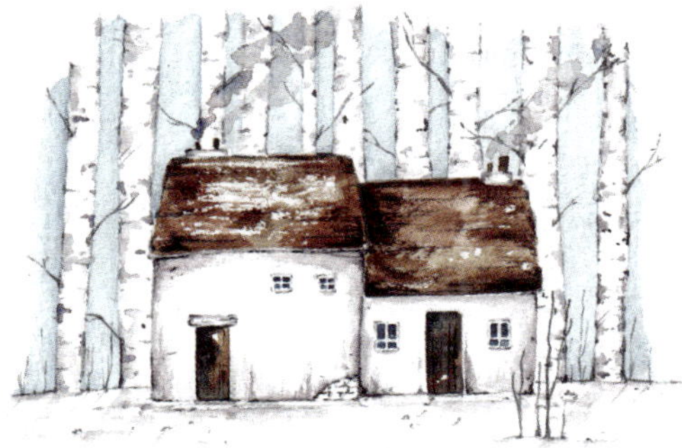

Nachdem du alle Birken fertiggestellt hast, kannst du das Gesamtbild noch winterlicher gestalten. Deute dazu mit Neutraltinte und dem Verwaschpinsel Rauch an, der aus den Schornsteinen steigt. Auch ein paar Schatten im Schnee lassen sich mit dieser Farbe darstellen. Dazu kannst du dir vorstellen, dass die Sonne schon tief am Himmel steht und die Bäume lange Schatten am Boden werfen. Einige Äste und Steine sowie Punkte, Risse und Strukturen an den Dächern kannst du mit dem Bleistift hinzufügen.

BLICK AUF DIE DETAILS

Hier siehst du noch einmal genau, wie sich die Birkenstämme aufbauen. Starte immer im hellsten Ton und werde Schicht für Schicht dunkler.

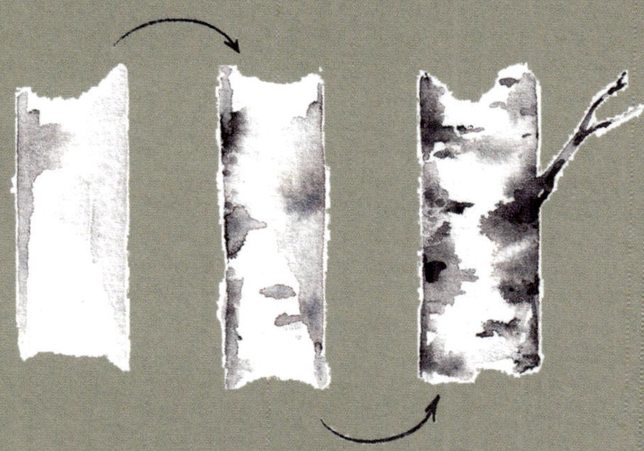

Kreativbibliothek

BACK TO NATURE

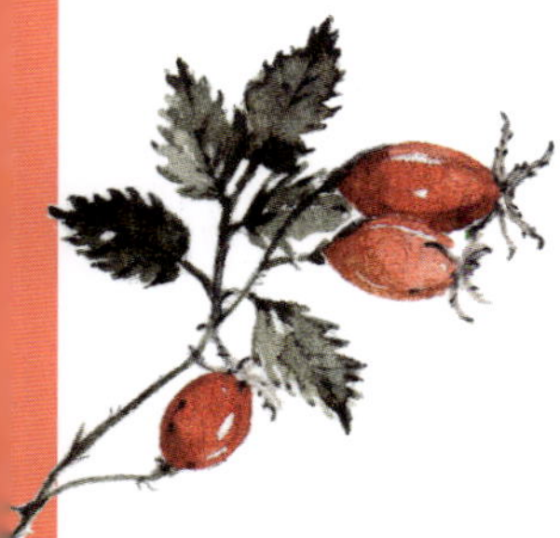

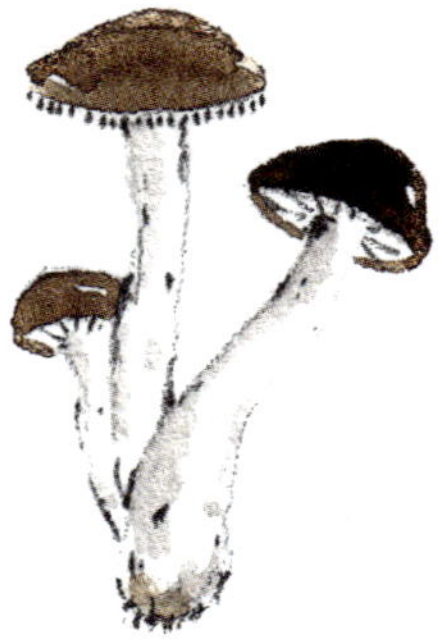

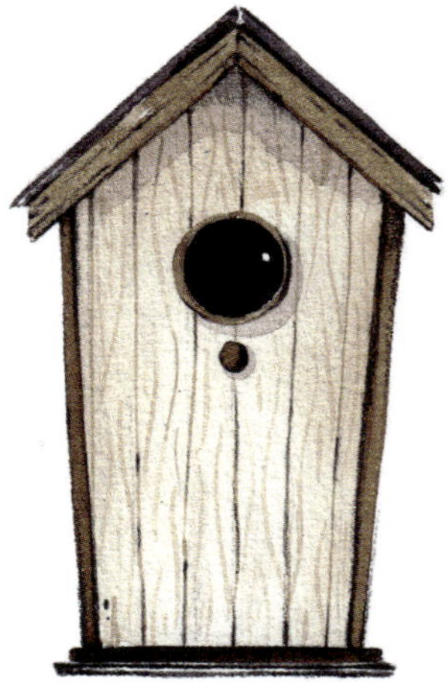

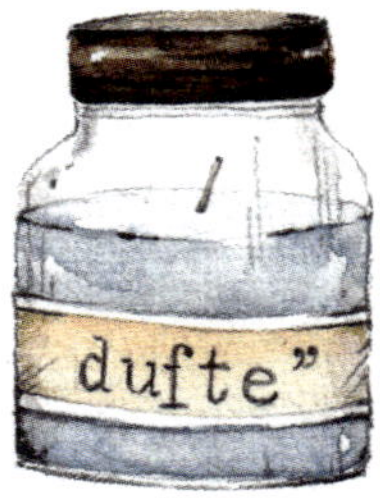

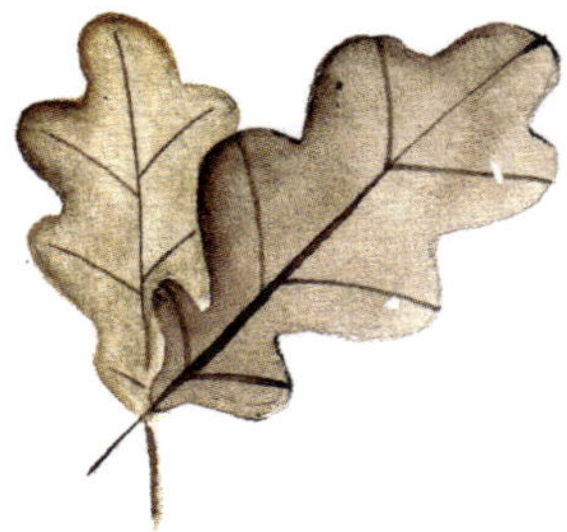

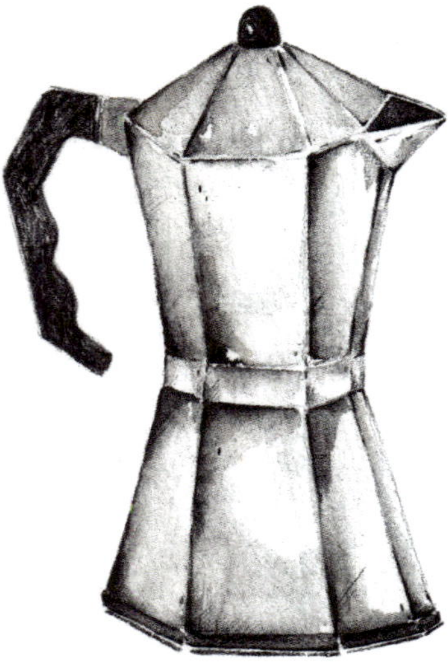

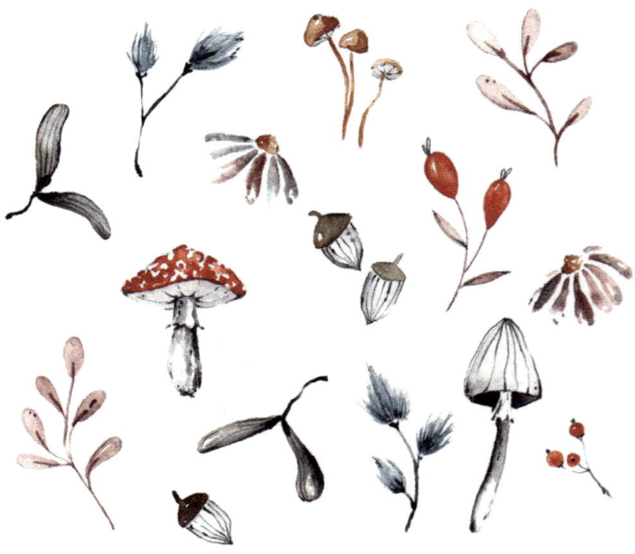

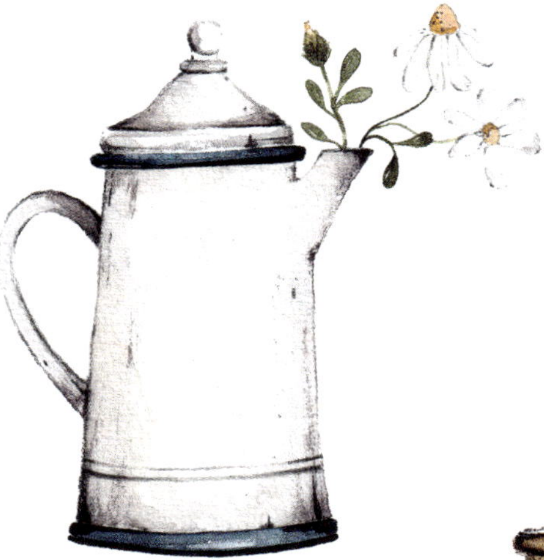

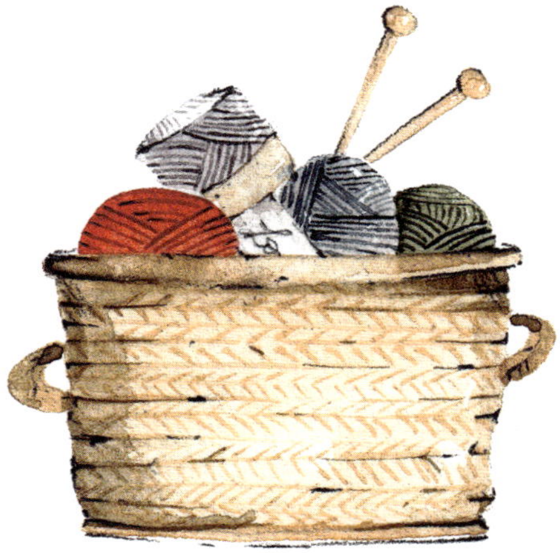

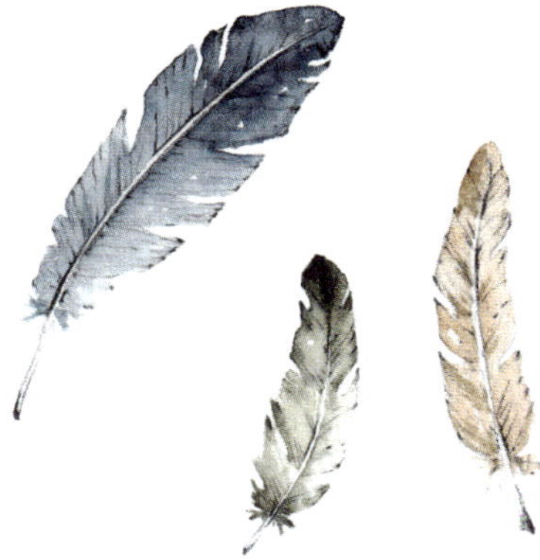

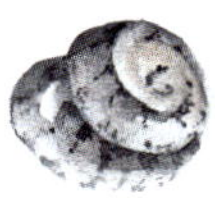

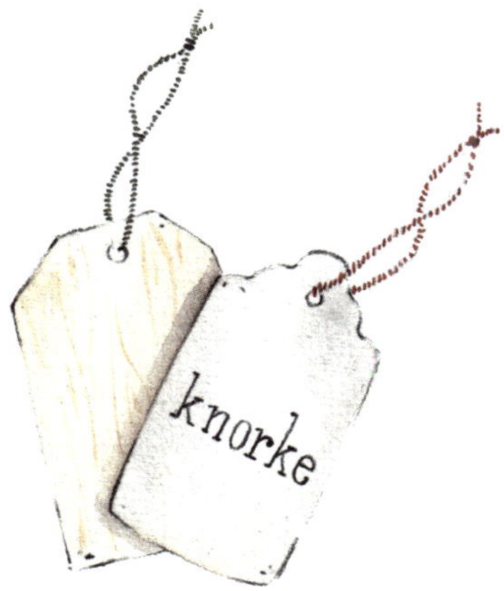
knorke

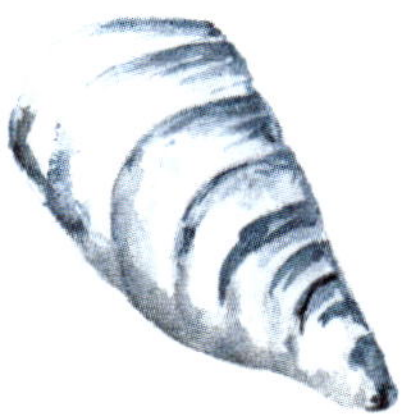

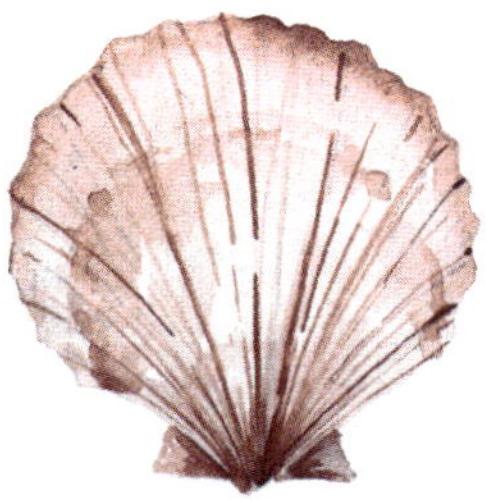

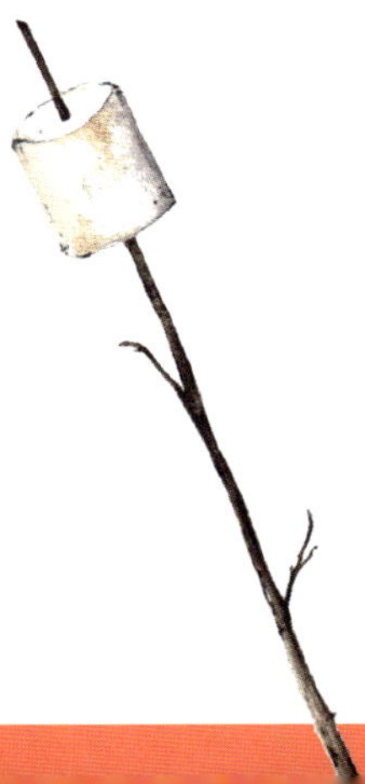

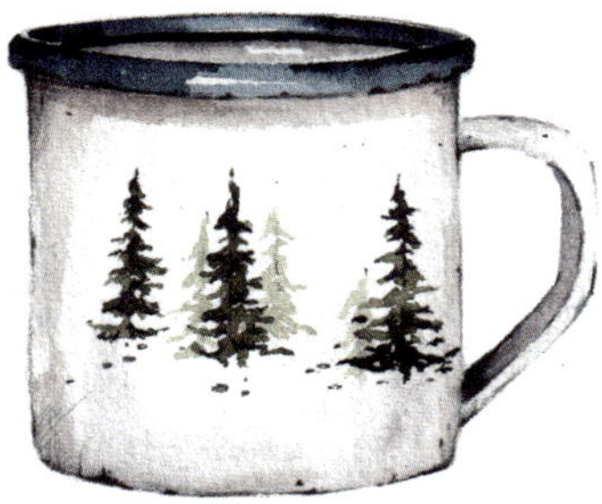

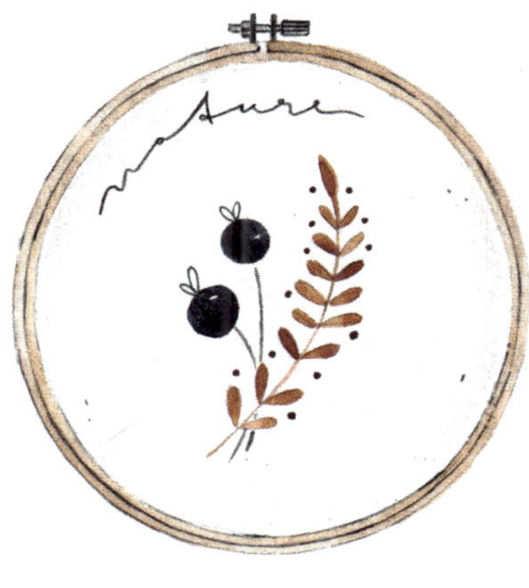
nature

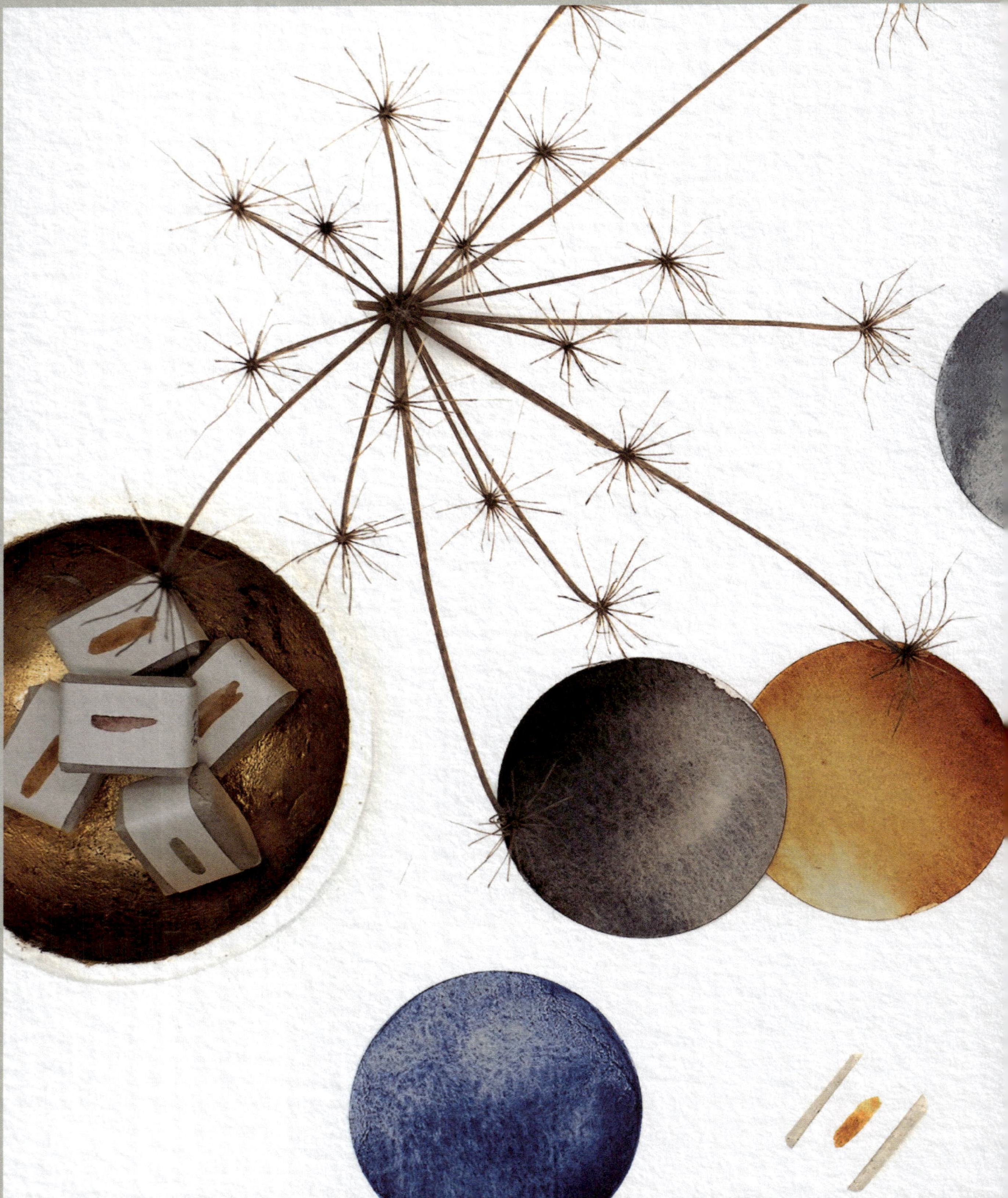

Exkurs

BLICK HINTER DIE KULISSEN

AQUARELLFARBEN AUS BACKSTEIN

Exkurs

DER WEG ZUR EIGENEN FARBE

FARBEN

Der Drang, aus den Dingen in unserer Umgebung malfähige Substanzen herzustellen, ist ungefähr so alt wie die Menschheit selbst. Die ersten Farben, welche man noch heute in berühmten Höhlenmalereien entdecken kann, entstanden aus Erden in wunderschönen Gelb-, Orange-, Rot- und Brauntönen.

Seitdem ist so viel passiert. Schau dich mal um, wie viele verschiedene Farben dich in diesem Moment umgeben. Lackierte Möbel, bunte Wandfarben und bedruckte Tapeten, gefärbte Stoffe, bunte Bücher. Alles, was uns umgibt, besitzt seine eigene Farbigkeit. Dabei liest sich die Geschichte mancher Pigmente wie ein Krimi. Längst vergessen und verbannt ist das hochgiftige Bleiweiß, das von Künstlern geschätzt wurde. Dieses Pigment landete sogar in Gesichtscremes, um die damals so begehrte vornehme Blässe zu erzeugen. Viele starben an den Folgen einer Bleivergiftung. Geschichten wie diese gibt es viele.

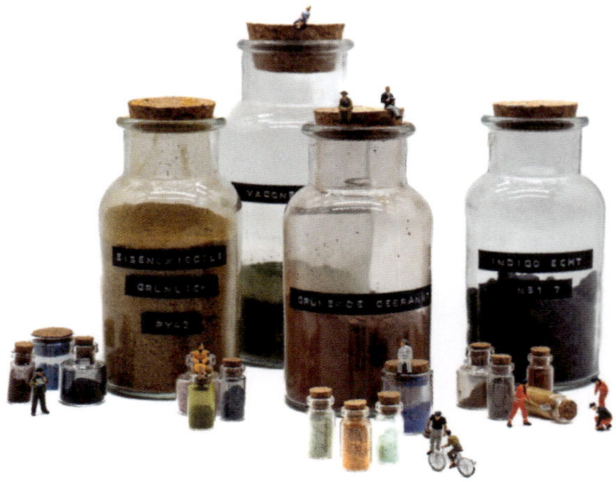

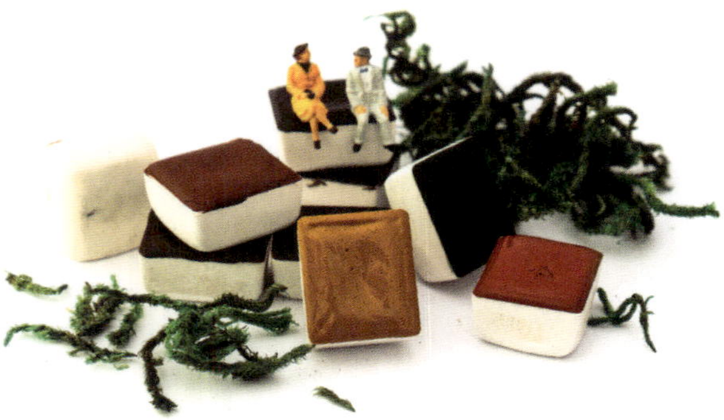

Noch nie war die Auswahl an Pigmenten und Farbstoffen auch dank synthetischer Herstellung so groß wie heute. Dabei sind synthetische Farben keine Erfindung der Neuzeit, sondern wurden bereits von den alten Ägyptern beherrscht.

Doch wie funktioniert es, eine Aquarellfarbe herzustellen aus den Dingen, die uns umgeben?

Bitte beachte, dass diese Anleitung für kleine Mengen unbedenklicher Pigmente mit dem Fokus auf den Gebrauch von Dingen gedacht ist, die du bereits zu Hause hast oder du leicht besorgen kannst. Der Prozess, eine eigene Farbe herzustellen, ist zwar aufwendig, doch er gibt einem ein ganz neues Gefühl für die Welt der Pigmente und Aquarellfarben.

SO ENTSTEHT EINE AQUARELLFARBE

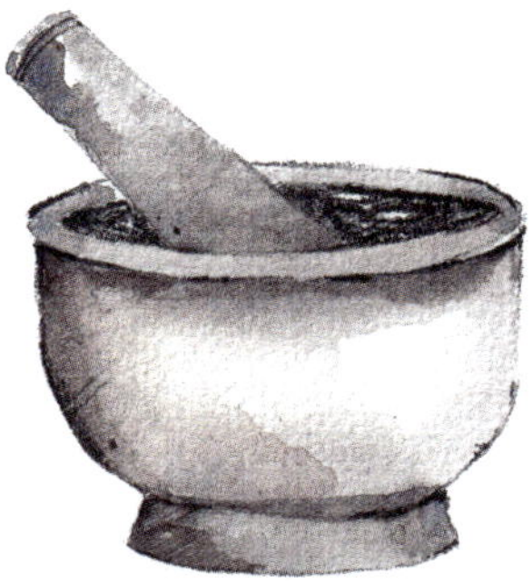

Du kannst mit offenen Augen einen Spaziergang machen und wirst bestimmt ein paar Pigmente finden. Entlang alter Gebäude und an Schotterwegen entdeckst du ab und zu ein paar Brocken alter Back- oder Ziegelsteine. Ihre Farben reichen von Tiefrot über Orange bis Gelb. Sie bestehen aus natürlichen Ton- und Lehmmineralien und eignen sich durch diese ursprünglichen Bestandteile gut zur Farbherstellung. Nimm dir ein paar deiner Fundstücke mit. Eine Handvoll reicht schon aus.

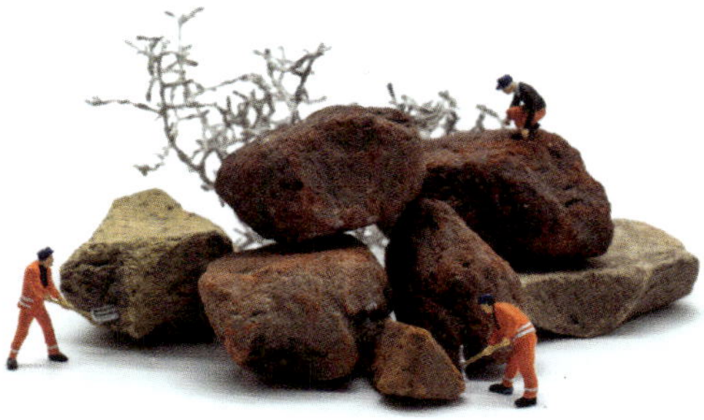

ÜBERBLICK – DAS BRAUCHST DU

- ein paar Brocken Backstein
- Mörser und Stößel
- ein feines Sieb
- ein großes Marmeladenglas
- einen tiefen Teller
- Gummi Arabicum, in destilliertem Wasser aufgelöst
- Glycerin
- etwas Honig
- Glasläufer (alternativ Wasserglas oder Kerzenständer mit planer Fläche oder Mörser und Stößel)
- eine Glasplatte (alternativ flacher, großer Teller)
- Palettenmesser
- Eichelhütchen, Muscheln oder Ähnliches zum Abfüllen

VORSICHT IST GEBOTEN

Im gesamten Prozess ist es wichtig, seine eigene Gesundheit und die seiner Lieben zu schützen. Meine Farben stelle ich mit Atemschutzmaske, Schutzbrille und bedenkliche Pigmente mit Handschuhen her, denn Pigmente gehören ins Näpfchen, nicht in die Lunge, ins Auge oder auf die Haut.

Da Pigmente aus Backsteinen herzustellen auch einige Tücken haben kann, bitte ich dich um folgende Dinge:

1. Trage bitte mindestens eine FFP2-Maske zum Schutz vor Staubbildung.
2. Eine Schutzbrille beim Mörsern bewahrt dich vor evtl. Schäden bei herumfliegenden Stücken.
3. Hab in der Zeit des Mörserns und des Anreibens keine offenen Getränke und Speisen in der Nähe.
4. Pigmentreste solltest du im Restmüll entsorgen (Backsteinpigmente sind jedoch unbedenklich).
5. Farben und Pigmente dürfen nicht mit Nahrungsmitteln in Kontakt kommen.

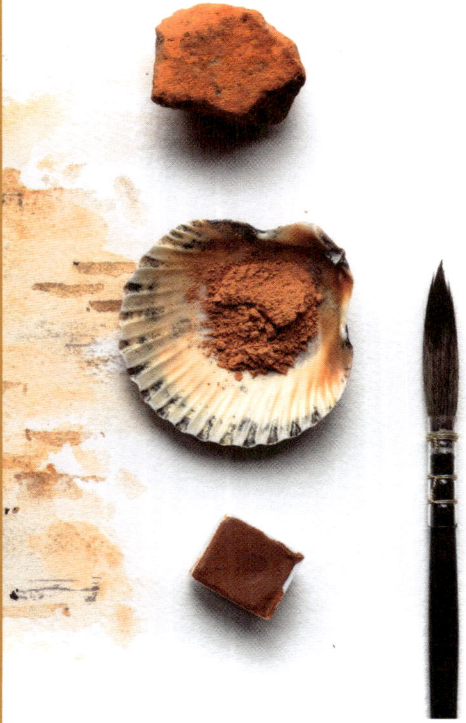

SO WIRD AUS EINEM BROCKEN ZIEGEL EIN PIGMENTPULVER

Zunächst solltest du deine Backsteinfragmente gut säubern und trocknen lassen. Nimm dir Mörser und Stößel zu Hilfe, um die Brocken grob zu zerstoßen und diese dann immer feiner zu zermahlen. Allerdings ist nach diesem Schritt das Pulver noch nicht fein genug. Siebe deshalb mit einem sehr feinmaschigen Sieb das Pigment in ein leeres Marmeladenglas.

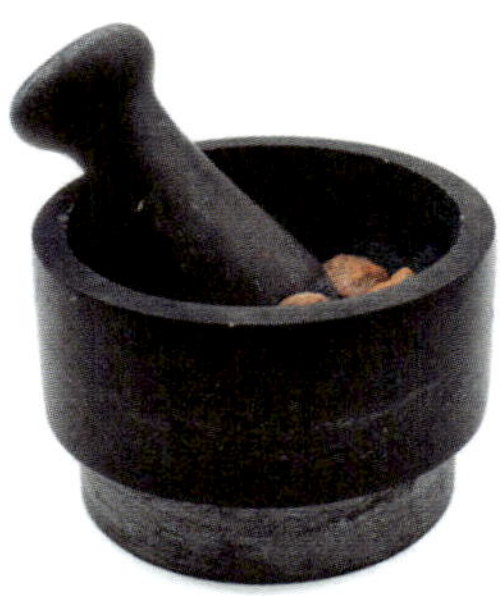

Zur Filterung der feinsten Teilchen für deine Farbe füllst du das Marmeladenglas mit Wasser, schraubst den Deckel darauf und schüttelst alles gut durch. Schon nach wenigen Sekunden sinken alle schweren Teilchen zu Boden. Im trüben Wasser befinden sich die kleinsten Teilchen, die eine fließfähige Aquarellfarbe ergeben können.

Die trübe Flüssigkeit gießt du nun vorsichtig auf einen großen tiefen Teller und stellst diesen an einen warmen sonnigen Ort. Nun brauchst du einige Tage Geduld, bis das Wasser nach und nach verdunstet ist. Übrig bleibt das feinste trockene Pigment, aus welchem unsere Ziegelsteinfarbe entstehen wird.

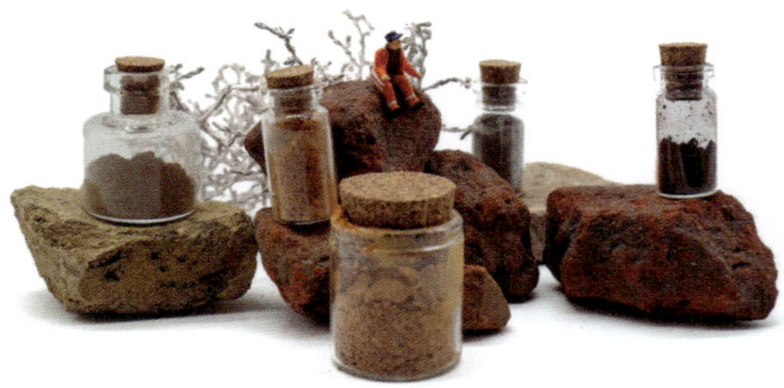

PIGMENTE ANREIBEN

Das Anreiben sorgt dafür, dass sich all die kleinen Pigmentteilchen mit dem Bindemittel verbinden und so am Papier haften bleiben. Mithilfe eines kleinen Glasläufers wird jedes einzelne Pigment mit dem Binder überzogen. Statt eines Glasläufers eignet sich für diesen Schritt auch ein dickeres Wasserglas oder ein Kerzenständer. Wichtig ist dabei, dass die Anreibefläche plan, also ganz glatt und eben ist. Als Unterlage dient eine weitere Glasplatte oder für die kleine Menge auch ein großer, flacher Teller.

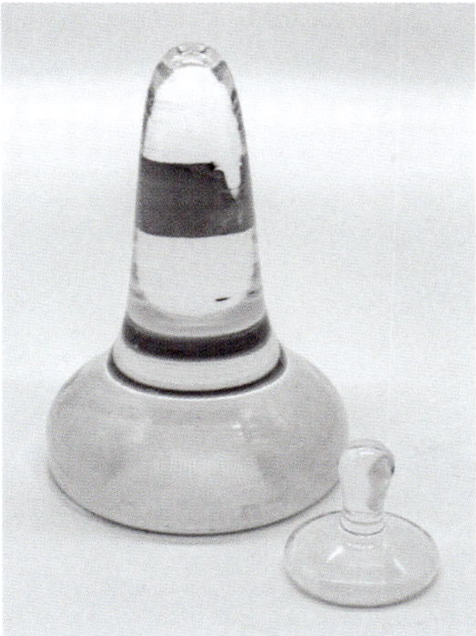

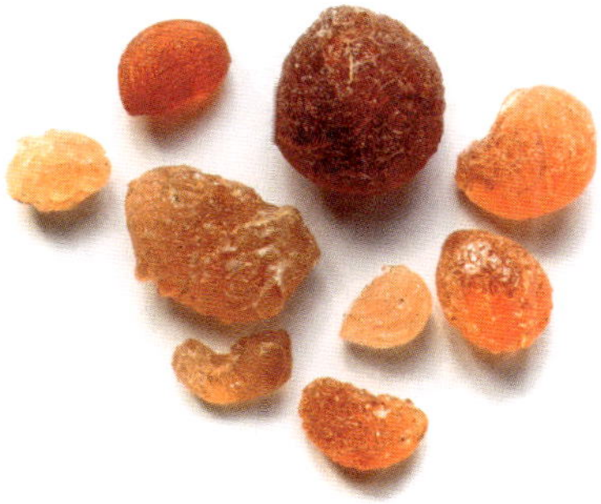

Gummi Arabicum

Durch kreisende Bewegungen des Glasläufers wird nun jedes Pigment umhüllt. Dieser Prozess dauert, du kannst dir dafür ein wenig Zeit einplanen. Schiebe die Farbmasse zwischendurch immer wieder von den Rändern zur Mitte und reibe weiter. Sobald du das Gefühl hast, dass sich alles gut miteinander verbunden hat, kannst du einen Pinsel befeuchten und deine Farbe auf einem Stück Aquarellpapier testen. Solltest du kleine Pigmentblasen (trockene Pigmente) entdecken oder die Farbe noch Schlieren ziehen, reibst du weiter. Lass deine Probeanstriche gut trocknen und teste mit Küchenkrepp, ob sie abriebfest ist. Solltest du nach dem Reiben über das Papier Rückstände am Küchenkrepp finden, helfen etwas mehr Gummi Arabicum und – du ahnst es – Weiterreiben.

DAS EINE REZEPT GIBT ES NICHT

Jedes Pigment hat seine eigenen Erfordernisse, deshalb wirst du keine grammgenauen Angaben finden. Betrachte die Anleitung daher bitte eher als groben Leitfaden.

Nun vermischst du mithilfe des Palettenmessers das Pigment auf der Glasplatte oder dem Teller mit im warmen Wasser aufgelösten Gummi Arabicum, bis die gewonnene Menge die Konsistenz von Kochsahne hat. Füge eine kleine Messerspitze Honig und ein bis zwei Tropfen Glycerin hinzu. Dies sorgt dafür, dass deine Farbe sich im getrockneten Zustand besser anlösen lässt und nicht spröde trocknet. Falls du vegane Farben bevorzugst, kannst du Honig durch Reissirup ersetzen, doch dieser hat nicht die für den Honig typischen antibakteriellen Eigenschaften.

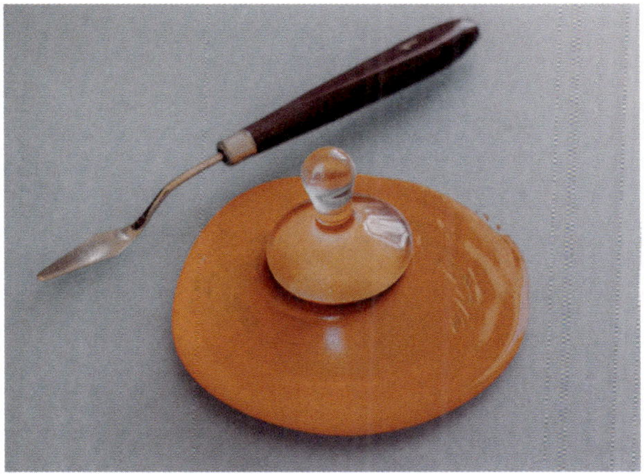

FARBEN ABFÜLLEN

Falls du keine leeren Aquarellnäpfchen im Haus hast, kannst du beim Abfüllen der fertigen Farbe noch einmal richtig kreativ werden. Wunderbare plastikfreie und natürliche Näpfchen sind zum Beispiel Eichelhütchen. Fülle mithilfe des Palettenmessers ein wenig Farbe hinein und lass diese an einem geschützten Ort einige Tage trocknen. Ein wenig Knete hilft beim Aufstellen der Köpfchen und verhindert das Umfallen.

Sollte, wenn du dies liest, die falsche Jahreszeit für Eicheln sein, eignen sich auch Muscheln wunderbar zum Befüllen mit Farbe. Oder du probierst aus, deine Backsteinfarbe in Walnussschalen trocknen zu lassen.

Wenn du mehrere Backsteine unterschiedlicher Farbtöne gefunden hast, kannst du den Vorgang für jeden Ton wiederholen und eine kleine Sammlung verschiedener Backsteinfarben erschaffen. Abgefüllt in deine natürlichen Näpfchen oder als Dotties auf Aquarellpapier sind diese Farben eine schöne Geschenkidee für deine kreativen Freunde.

Tipp

Mit einem Blütenstanzer kannst du dünneres Aquarellpapier in Form bringen und deine Farbproben zu einem besonderen Geschenk werden lassen.

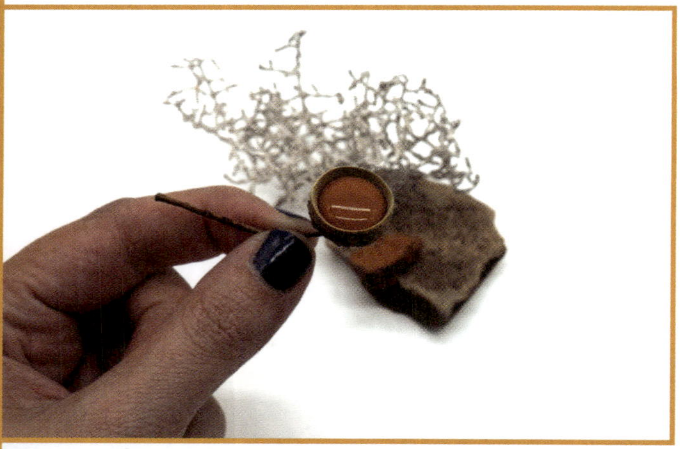

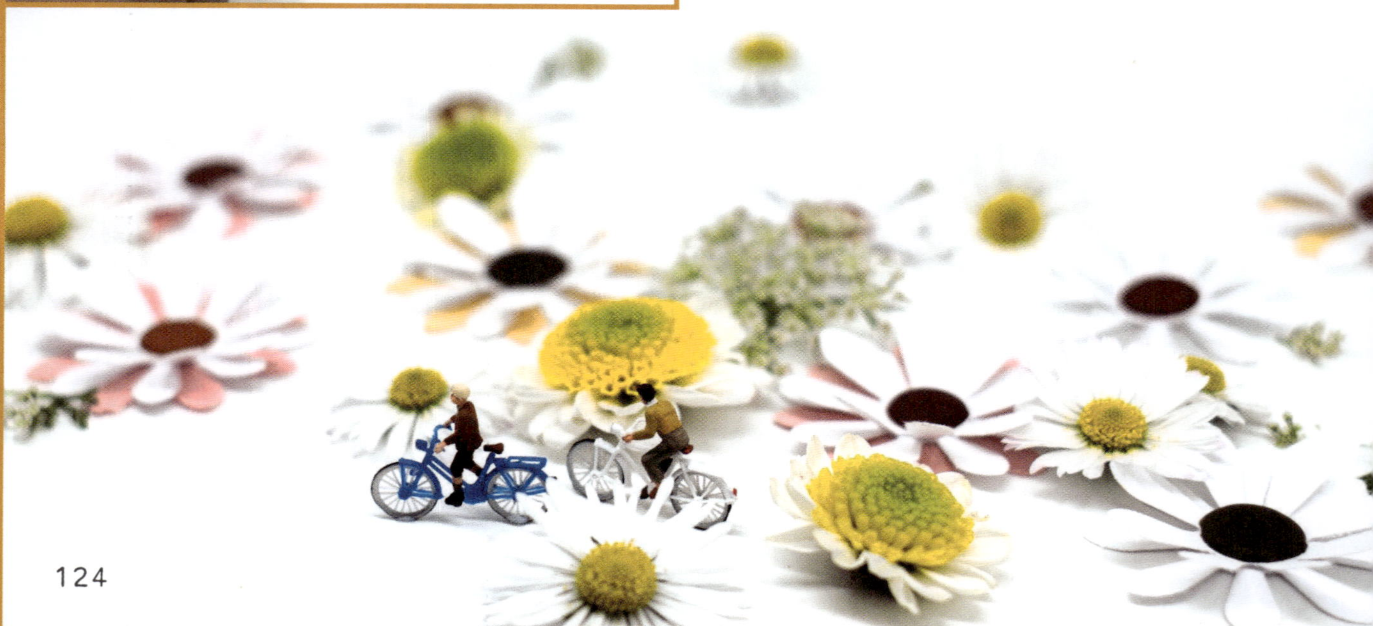

ILLUSTRIEREN MIT EIGENEN FARBEN

Es wird Zeit, deine erste eigene Farbe zu testen. Wie wäre es mit einer alten Backsteinmauer? Zusätzlich kannst du noch ein Fenster oder eine Tür skizzieren und deine erste Illustration mit eigener Farbe angehen.

Tipp

Probiere für die Backsteine verschiedene Pinsel aus. Mit dem Flachpinsel werden sie sehr akkurat mit dem Verwaschpinsel eher grob und ungleichmäßig.

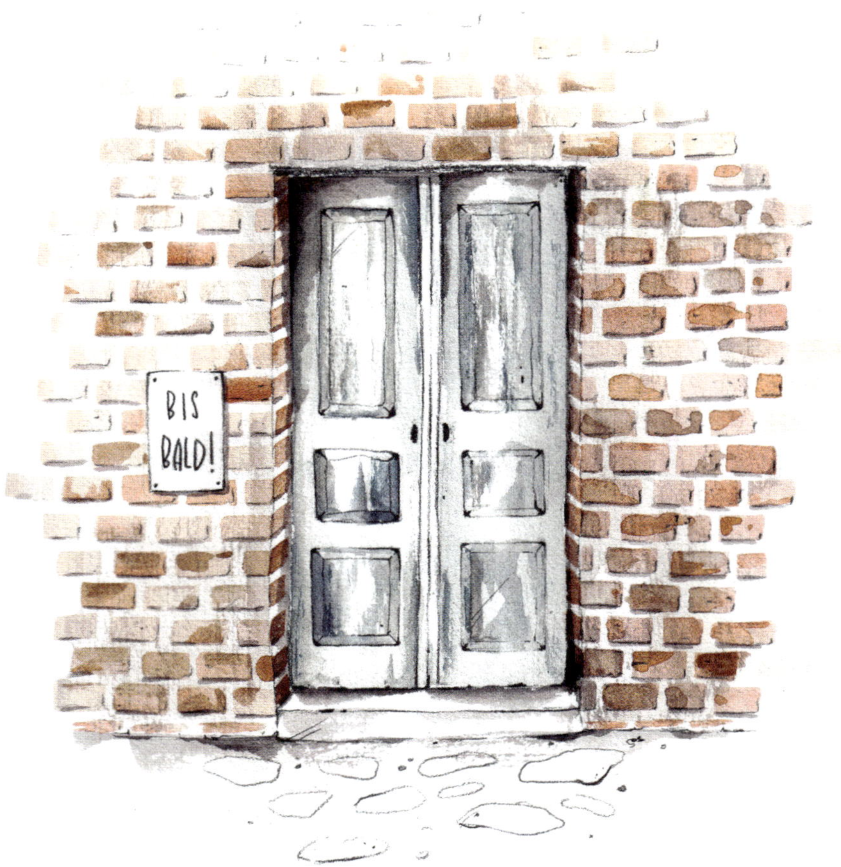

ÜBER DIE AUTORIN

Wohin mit all der Kreativität? Madeleine Zülke hatte irgendwann das Gefühl zu platzen. Immer mit tausend Ideen im Kopf und unerschöpflichem Wissensdurst erlernte sie unzählige Handwerkstechniken. Doch ihre Liebe gilt den Farben. Heute ist ihre Liebe zu Farben stärker denn je. In der bunten Watercolor-Welt fühlt sie sich zu Hause. Als Frau von Bommel lässt sie sich auf Instagram über die Schultern schauen, wie ihre detailreichen Illustrationen entstehen. Vor drei Jahren begann Madeleine ihre eigenen Aquarellfarben aus spannenden und oft fast vergessenen Pigmenten herzustellen und ihre ganz eigenen Farbwelten zu kreieren. Die Schätze aus vergangenen Zeiten spiegeln sich auch in ihren Motiven wider – zeitlos, nostalgisch und doch immer wieder neu.

Entdecke gerne ihre Farbwelt und Papeterie auf **www.frauvonbommel.de** oder besuche sie auf Instagram **@_frau_von_bommel_art_**

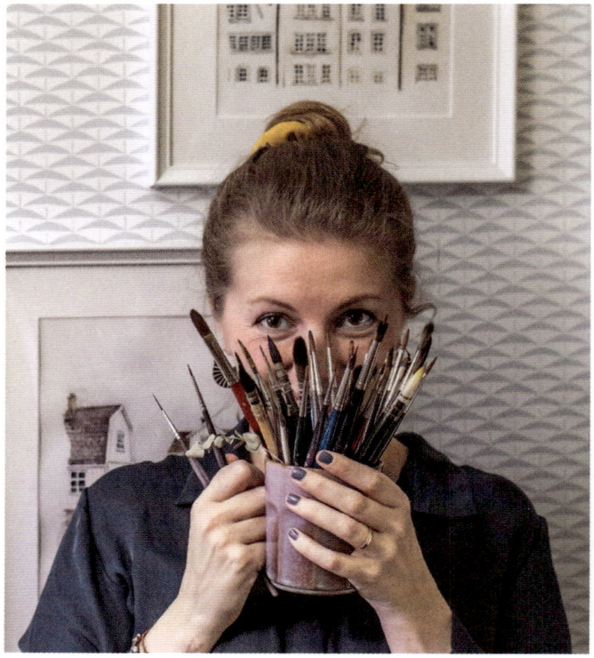

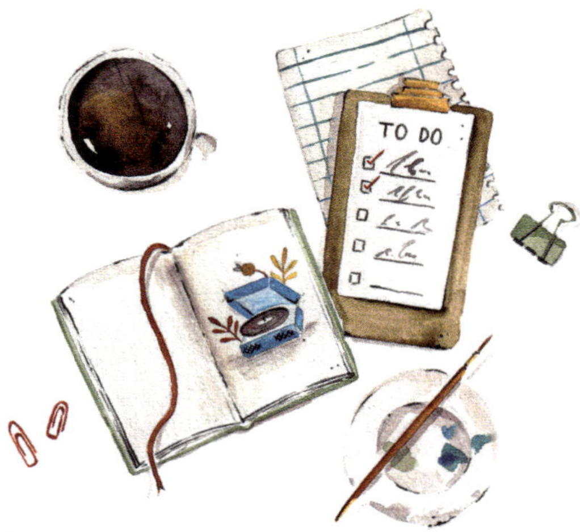

EIN DICKES DANKESCHÖN

... an alle kreativen Köpfe da draußen, die mein Leben bunter machen, mich jeden Tag aufs Neue inspirieren und mich anspornen, an meine Träume zu glauben. Besonders Sue, Yasmin und Katharina wissen vielleicht gar nicht, wie viel Kraft und Vertrauen sie mir in die eigenen Fähigkeiten geben.

... an Verena und Marvin, die wundervollen Gustavsons, die mich in diesem Projekt mit allen Materialien versorgt haben und keinen Wunsch offenließen. Du findest alle von mir verwendeten Aquarellpapiere und Pinsel in ihrem großartigen Onlineshop auf **www.gustavson.de.**

... an meine größte Unterstützung, ohne die dieses Buch nicht existieren würde. Mein Mann, der mir nicht nur den Rücken freigehalten hat, sondern auch bei all den Fotos und Details nicht müde wurde, mich zu unterstützen, der auch dieses Feuer, die Neugier und Leidenschaft mit mir teilt, sich stundenlange Gespräche über Farben, Illustrationen und die besten Pinsel und Papiere anhören muss und sogar will.

... an meine Tochter, für die in den letzten Monaten weniger Zeit hängen blieb. Für sie habe ich eine große Entscheidung getroffen, damit wir wieder jeden Nachmittag und Abend gemeinsam verbringen dürfen.

... an besondere Freundschaften voller kreativer Ideen, gegenseitiger Unterstützung und etlichen Lachtränen. Nicola, Isabella, Sabrina, Sonja und Julia, ich habe euch so gern.

... an Bina, durch die ich die Liebe zum Farbenmischen wiederentdeckt habe.

... und natürlich an euch, die dieses Buch in den Händen haltet und mich vielleicht sogar schon etwas länger kennen, die vielleicht schon mit meinen Farben malen, und all die lieben Menschen, die ich in meinen Workshops sehe. Jeder Einzelne von euch ist ein Geschenk in meinem Leben.

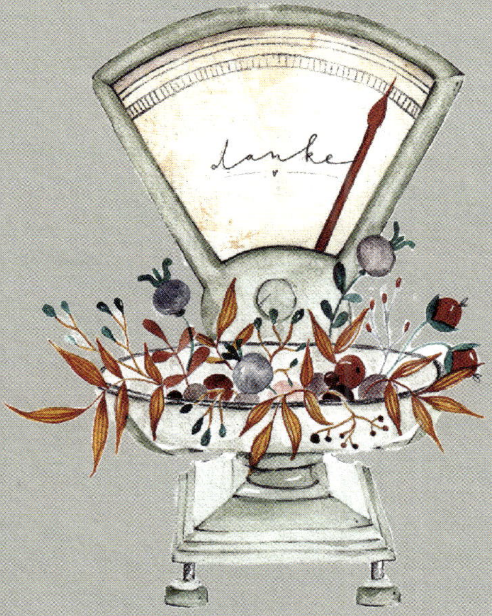

IMPRESSUM

Bibliografische Information der Deutschen Bibliothek.

Die Deutsche Bibliothek verzeichnet diese Publikation in der Deutschen Nationalbibliografie.

Detaillierte bibliografische Daten sind im Internet über http://www.dnb.de/ abrufbar.

EIN BUCH DER EDITION MICHAEL FISCHER

2. Auflage 2023

Covergestaltung: Alexandra Wolf

Redaktion und Lektorat: Katharina Kuczewski-Schmidt

Layout und Satz: Alexandra Wolf

Bildnachweis:
Alle Bilder, Illustrationen und dekorativer Bildaufbau von Madeleine Zülke ausgenommen:

Umschlag: Fotos von Illustrationen und Motiven: © David Zülke; Pinsel: © Anja Keller;
Innenteil: Porträtfotos der Autorin, alle Fotos für Moodbilder und von Illustrationen, Motiven und Utensilien: © David Zülke; S. 4–5, 26–27, 41, 47, 55, 61, 64–65, 69, 73, 77, 81, 92–93, 103, 107, 111, 115, 118–119, 127 (Aquarellpapierstruktur): © Borja Andreu/Shutterstock.

ISBN 978-3-7459-1608-9

Gedruckt bei PNB Print SIA „Jansili", Silakrogs,
Ropazu novads, LV-2133, Lettland

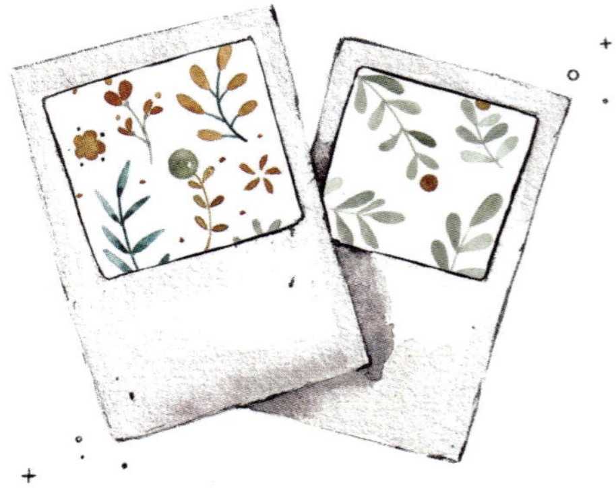

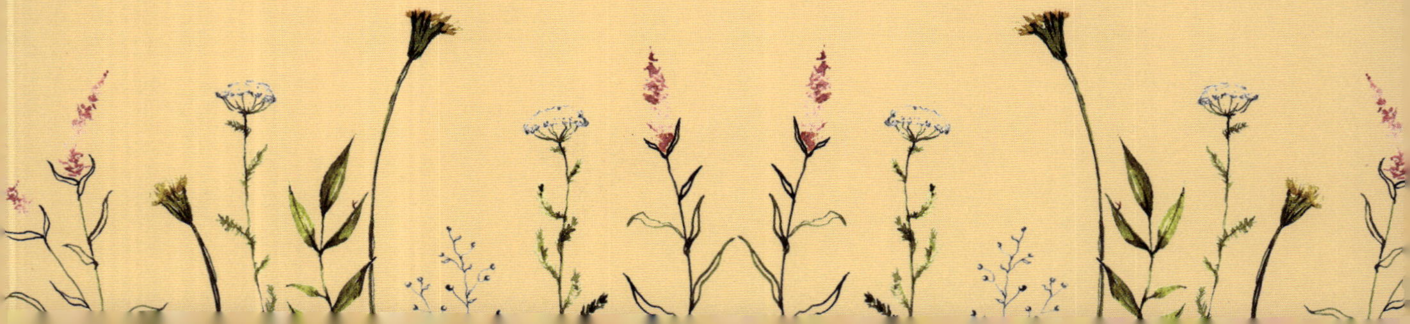